國家社會科學基金重大項目（21&ZD271）
全國高等院校古籍整理研究工作委員會科研項目
「十四五」國家重點圖書出版規劃項目
2021—2035年國家古籍工作規劃重點出版項目
國家出版基金資助項目

本書獲
南開大學文科發展基金首批重點項目
内蒙古大學内蒙古元代文學與文化研究基地
資金支持

全遼金元筆記

查洪德　主編

王海燕　編校

第一輯　三

國家出版基金項目
NATIONAL PUBLICATION FOUNDATION

中原出版傳媒集團
中原傳媒股份公司
大象出版社
·鄭州·

圖書在版編目(CIP)數據

全遼金元筆記. 第一輯. 三 / 查洪德主編; 王海燕編校.— 鄭州 : 大象出版社, 2022. 12

ISBN 978-7-5711-1659-0

Ⅰ. ①全… Ⅱ. ①查… ②王… Ⅲ. ①筆記-中國-遼金時代②筆記-中國-元代 Ⅳ. ①K240. 66

中國版本圖書館 CIP 數據核字(2022)第235125號

全遼金元筆記 第一輯 三

出版人 汪林中
項目策劃 張前進
項目統籌 李光潔 吴韶明
責任編輯 王大衛
責任校對 萬冬輝 張紹納
整體設計 王晶晶 杜曉燕
責任印製 郭鋒
出版發行 大象出版社
鄭州市鄭東新區祥盛街27號 郵編450016
製版 河南新華印刷集團有限公司
印刷 北京匯林印務有限公司
版次 2022年12月第1版 2022年12月第1次印刷
開本 640 mm×960 mm 1/16 21.5印張
字數 275千字
定價 86.00元

目録

遼東行部志

◎王寂撰

點校説明

《遼東行部志》一卷，金王寂撰。王寂（一一二八—一一九四），字元老，薊州玉田（今河北玉田）人。海陵王天德三年（一一五一）登進士第（《四庫全書總目》稱其「登天德二年進士」）。世宗大定二年（一一六二）爲太原祁縣令，之後歷任方山令、諫官、大理評事、平州觀察判官，十五年嘗奉使往白霫治獄。十七年，以父艱歸。明年起復真定少尹，兼河北西路兵馬副都總管。遷朝請大夫、通州刺史兼知軍事，又遷中憲大夫、中都副留守兼本路兵馬副都總管，尋入爲户部侍郎。二十六年，因事被黜爲蔡州防禦使。二十九年，章宗繼位，被命提點遼東路刑獄，以中路轉運使攝禮部尚書，終於是職。明昌五年（一一九四）卒，壽六十七，謚文肅。《金史》無傳，生平散見於《金史》之《章宗紀》《河渠志》《刑志》等。元好問《中州集·乙集》收其詩，提及其仕履，梗概而已。

王寂爲金代「國朝文派」代表之一，詩文俱可觀，「在大定、明昌間，卓然不愧爲作者」（《四庫全書總目》）。著有《拙軒集》《遼東行部志》《鴨江行部志》及《北遷録》（已佚）。

《遼東行部志》作於明昌元年，其時寂提點遼東路刑獄。是書記載其明昌元年二月十二日至四月七日之行程，按日紀事，述其所見所聞所感。於當地歷史沿革、宗教、風物、逸事、掌故，多有所記，於其本人之生平交遊也多有涉及。其中保存《拙軒集》所不載之詩五十五首、頌三首、偈二首、文一篇。詩多即事咏懷之作，「詩境清刻鑱露，有戛戛獨造之風」（《四庫全書總目》）。

是書久佚，清乾隆間劍舟居士從《永樂大典》中輯出，然未被收入《四庫全書》。世所流傳者，見有鈔本系統三：一爲《藕香零拾叢書》本，有繆荃孫跋，後被《遼海叢書》《叢書集成續編》收録；一爲沈寶畸輯入《晨風閣叢書甲集》者（簡稱晨本）；一爲丁氏竹書堂校録本（簡稱丁丙跋本），有丁丙跋，現藏南京圖書館，後被《續修四庫全書》收録。另據繆荃孫《已酉日記》，有陳善餘藏本，繆氏曾據以對校；據賈敬顔《王寂〈遼東行部志〉疏證稿》，有徐乃昌藏舊鈔本。本次點校選用《藕香零拾叢書》本爲底本，校以晨本及丁丙跋本。另有張博泉注釋本、賈敬顔疏證本、《金元日記叢編》本等，點校時亦有參考。

校勘記

明昌改元春二月十有二日丙申，予以使事出按部封，僚吏送别於遼陽瑞鵲門之短亭。是日宿瀋州。瀋州在有唐時嘗爲高麗侵據，至高宗命李勣東征，置安東都護府於平壤城，以領遼東。其後，或治故城，或治新城，實今之瀋州也。又韓穎《瀋州記》云：「新城即瀋州是也。」至於唐季，不能勤遠，遼東之地爲渤海大氏所有，傳國十餘世。當五代時，契丹與渤海血戰數十年，竟滅其國，於是遼東之地盡入於遼。予因念經行之路尚隱約有荒墟故壘，皆當時屯兵力戰、暴骸流血之地，於今爲樂國久矣。吊亡懷古，亦詩人不能忘情也。因賦一詩云：「李唐遭百六，邊事失經營。大氏十傳世，遼人久弄兵。戰場春草瘦，戍壘暮烟平。今日歸皇化，居民自樂生。」

丁酉，次望平縣。望平，本廣寧府倚郭山東縣也。朝廷以廣寧距章義縣三百餘里，路當南北之衝，舊無郡邑，乃改山東爲望平，治粱魚務，以適公私之便。是夕，借宿僧寺。寺中窣堵波，其上有大定二年春顯宗御題，下云「皇子楚王書」，即是當時未正春宫之號，從世宗自遼之燕，於此駐蹕時所書也。方將瞻拜其下，懷想天日之表，不意已爲寺僧掃去，令人歎恨不已。因作詩以紀其事云：「解鞅招提日已西，强將懶脚污丹梯。深藏舍利天龍護，高出枝撑野鶴棲。尚憶雲章留素壁，豈期俗物掃黄泥。低徊搔首無人會，風樹蕭蕭鳥自啼。」廣寧，本東陽羅郡，渤海時爲顯德府。遼世宗兀律以其父突欲歸中原被害，迎其喪歸葬於山之南，改顯德曰顯州奉先軍，以節度使治之。奉先者，以山陵在其側故也。

戊戌，次廣寧，宿於府第之正寢。以驅馳渴甚，斯須得秋白梨，其色鮮明，如手未觸者。予問驛吏，吏曰：「其法，大概候其寒燠而輒易其處。」食之，使人胸次灑然，如執熱以濯也。爲賦一詩：「醫巫珍果惟秋白，經歲色香殊不衰。霜落盤盂比玉卵，風生齒頰碎冰澌。故侯瓜好真相敵，丞相梅酸謾自欺。向使馬卿知此味，莫年消渴不須醫。」

己亥，以文祭廣寧公云：「伏以醫巫閭，維朔之鎮山；廣寧公，有唐之封爵。威行千里，血食一方，職司雖異於冥陽，類應不愆於頃刻。某祇服王命，周按部封，雪孤窮無告之冤，去乾没横行之蠹。仰祈英鑑，洞照微衷，期使事之告成，賴神休之陰相。尚饗。」

庚子，予昨晚以簿書少隙，攜香楮酒茗致奠於廣寧神祠，且訝其棟宇庳漏，旁風上雨，無復有補完者。予謂贊者曰：「醫巫閭，天下之名山也。况其神位置尊顯，而此邦之人獨不加敬，何也？」贊者曰：「人非不敬，以其神不妄作威福，故視之平平耳。」予笑曰：「淫祠祆鬼，厭飫血食，而兹神顧乃如此？」因賦長韻以發其不平之氣云：「千古廣寧廟，□楣榜舊題。名乘中祀典，秩賜上公圭。百鬼輿臺賤，群山部伍低。地封連薊北，天遣鎮遼西。檜影森旌節，松聲殷鼓鼙。雕梁通蜥蜴，畫棟落虹蜺。像古蟲書蘚，庭卑蚓篆泥。垂楊空裊裊，蔓草自萋萋。香火何嘗到，牲醪不見攜。覡巫俱掃迹，樵牧漫成蹊。物理多徼幸，人情固執迷。城狐爐鵲尾，社鼠按豚蹄。居士争求福，彭郎爲娶妻。吾生多坎軻，末路易推擠。白玉雖云潔，青蠅奈何棲。人言何恤是，神鑑自昭兮。扼腕聲悲壯，垂頭氣慘悽。虺隤伏櫪馬，進退觸藩羝。苟不登槐府，何如釣柳溪。乞骸謀已決，掣肘事仍睽。仰視威靈在，潛通肸蠁齊。遲遲歸未得，殘日亂鴉啼。」

辛丑，夜久不寐，步月中庭，偶得一絶句云：「晚來潑火雨猶寒，捲盡纖雲轉玉盤。想見梨花深院落，秋千影裏數歸鞍。」

壬寅，得故人王繼昌子伋書，爲乃父乞哀詞。予以埋没簿書，殊無好懷，漫賦二詩以寄之：「天上玉樓應斷手，便騎箕尾去堂堂。夢回失大槐安國，事往墮無何有鄉。命也使然濡末路，天哉或者付名郎。舊遊磨滅今餘幾，横涕無從酹一觴。」「吾家碧樹忽先摧，已矣誰能賦《七哀》。石椁正逢王果墮，玉棺獨召子喬來。山巔鶴去那容挽，牀上琴亡更不開。想到靈芝夢遊處，更無長樂曉鐘催。」

癸卯，是日得《海山文集》，乃遼司空大師居覺花島海雲寺時所製也，故目其集曰「海山」。師姓郎，名思孝，蚤年舉進士第，更歷郡縣。一日厭弃塵俗，祝髮披緇。已而行業超絶，名動天下。當遼興宗時，尊崇佛教，自國主以下，親王貴主皆師事之。嘗錫大師號曰崇禄大夫、守司空、輔國大師。凡上章表，名而不臣。興宗每萬機之暇，與師對榻。以師不肯作詩，先以詩挑之曰：「爲避綺吟不肯吟，既吟何必昧真心。吾師如此過形外，弟子争能識淺深。」師和之曰：「爲愧荒疏不敢吟，不吟恐忤帝王心。本吟出世不吟意，以此來批見過深。天子天才已善吟，那堪二相更同心。直饒萬國猶難敵，一智寧當三智深。」二相，謂杜令公、劉侍中也。後遇天安節，師題《松鶴圖》上進云：「千載鶴棲萬歲松，霜翎一點碧枝中。四時有變此無變，願與吾皇聖壽同。」師自重熙十七年離去海島，住持縉雲山，興宗特遣閤門張世英賫御書，并賜香與麻絲等物【一】。書云：「冬寒，司空大師法候安樂，比及來冬，差人請去，幸望不賜違阻。」末云：「方屬祁寒，順時善加保攝【二】。」詳其始終、問訊，禮如平交。非當時道行有大過人者，安能使時君推慕如此？然亦千載一遇，豈偶然哉？

甲辰，次閭陽新縣。閭陽，遼時乾州也。承天皇太后葬景宗於先塋陵之東南，建城曰乾州，取其陵在西北隅，故以名焉。本朝以其縣去廣寧府五里，改州爲縣。去歲，又以縣非驛路，移東南六十里舊南川寨爲縣治【三】。居民蕭條，亦無傳舍。寄宿於僧寺，主僧老且痺，謂予曰：「淵唯識令致再四。」意淵公初遊海山，其後駐錫遼西，住六和寺，前三日復經於此，再宿乃去，且留弃繻以示其信。予視之，果然。淵公者，蓋予祖父之孽子也。早年祝髮，聽天親、馬鳴大論幾三十年，所往攜鈔疏不下兩牛腰。一日頓悟向上路，遂語諸僧友曰：「佛法無多子，元不在言語文字。」乃以平生所業，東置高閣。自是遍歷叢林，求正法眼藏又數十年。今已罷參矣。但不得一見爲恨，乃作詩以爲他時夜話張本云：「了却三根椽下事，一瓶一鉢閱東州。邏齋生厭樹生耳，罷講似嫌石點頭。起滅無

【一】并賜香與麻絲等物　「麻」原作「磨」，據晨本改。

【二】順時善加保攝　「善加保攝」原作「善保加攝」，據丁丙跋本、晨本乙正。

【三】移東南六十里舊南川寨爲縣治　「川」原作「州」，據丁丙跋本、晨本改。

【四】聖宗女晉國公主黏米以從嫁户置城郭市肆　「米」原作「朮」，據晨本、張注本改。

波真古井，往來觸物信虛舟。門人定喜歸期近，松已回枝水復流。」

乙巳，次同昌，舊名成州，長慶軍節度使，始建於遼。聖宗女晉國公主黏米以從嫁户置城郭市肆【四】，故世傳公主成州者是也。是夕，假宿於南城之蕭寺。僧屋壁間作山水四幅，疑其真，即而視之，乃粉墨圖染勒畫而成者。因作二頌遺主僧智坦，他日遇明眼人，當出示之：「畫真猶是妄，何況畫非真。正做夢説夢，知是身非身。」「幻出丹青手，今人一念差。如觀第二月，猶見空中花。」

丙午，次宜民縣，宿福嚴院。宜民舊號川州，長寧軍節度使。或謂白川州，故至今地名白川。本朝天會間，改川州刺史。其後遭契丹之亂，殘滅幾盡，由是復降爲縣。予行宜民道中，是日熟食節，山林間居民攜妻孥上冢，往來如織，撩人歸思，殊無聊賴。又念壯歲獻賦上都，嘗出此途，今四十年矣。雖山川依然，而蒼顔華髮，殆非昔日。感今懷舊，漫作詩以自遣云：「蹤迹年來遍朔南，消磨髀肉困征驂。居民勝日一百五，倦客流年六十三。水性依然人自老，樹圍如此我何堪。瓶無儲粟猶歸去，待有良田已是貪。」

丁未，飯罷，寺僧出示畫十六羅漢像。予觀其筆意高遠，殆非尋常畫師所能到。視其背，有跋云：「熙寧二年九月，入内高班張俊送到羅漢十六軸。」又旁有小帖子云：「待詔侯餘慶等再定及第一品。」審知宋朝之舊物，非兵火流落，安得至於此耶？

戊申，次胡土虎寨。胡土虎，漢語渾河也。水邊野寺，舊無名額，殿宇寮舍雖非壯麗，然蕭灑可愛。因留詩壁間云：「斷橋環曲水，蕭寺枕橫波【五】。佛壁書蝸篆，僧窗網雀羅。天高延月久，地潤得春多。粥板催行李，驅馳奈老何。」

己酉，行約四十里，過小蘭若曰建福，臨洮總管蕭卞之祖所創也。其上有浮圖，高出於兩峰間，望之巍然，玉立可愛。馬上口占一絶云：「林野初疑盤野鶴，巖巔俄喜見枝撐。地偏絶勝臨平路，間與行人管送迎。」是日宿懿州寶嚴寺。懿州，寧昌軍節度使，古遼西郡柳城之域，遼聖宗女燕國長公主初古所建。公主納國舅蕭孝惠，以從嫁户置立城市【六】，遂爲州焉。舊名廣順軍。

庚戌，移宿於返照庵。是庵蓋僧介殊之故居也。予嘗兩過寧昌，皆宿於此。故北軒有予《自平州别駕審刑北道假宿寶嚴詩》。北軒雜花爛熳，所恨主僧行脚未歸，不得款接晤語。爲留三絶句，且圖他日重來，不爲生客，實大定甲午暮春二十有二日也。「塞路飛沙没馬黄，解鞍投宿贊公房。主人何事歸來晚，滿院落花春草長。」「桃李山僧手自栽，不應容易向人開。緑苔滿院重門鎖，爲問東風底處來。」「樹頭樹底花開盡，擺撼春風略不停。耐久何如種松竹，歲寒相對眼終青。」大定丁酉，予貳漕遼東，以朝命按治寃獄，復寓於此。是時始識殊公，過從者連日。臨分，殊乞言甚懇，因用前韻，是歲四月十二日也。「杏子青青小未黄，緑陰如染可禪房。腹摇鼻息平生足，更覺空門興味長。」「僧者道機元自熟，楞嚴塵掩不須開。擁爐諦聽談無上，天雨花隨麈尾來」。「枕簟清和消日

【五】蕭寺枕橫波　「波」原作「坡」，據晨本改。

【六】以從嫁户置立城市　「立」原作「市」，據丁丙跋本、晨本改。

永，軒窗明快喜風停。道人不掃階前地，愛惜莓苔一徑青。」明昌改元之三月，予又以使事按部經此，自甲午抵今，凡十有七年。雖屋宇依然，而主僧示滅久矣，北軒花木蕪廢殆盡，感念存亡，令人氣塞，遂復用前韻。此與劉夢得三過玄都觀留詩，況味殆相似焉。「梁上遺經古硬黃，前身僧永後僧房。葛洪澤畔中秋月，此夕相逢話更長。」「穠李夭桃滿院栽，當年留宿正花開。而今樹老僧行上，前度劉郎又獨來。」「露電浮生何足恃，風鐙短景若爲停。却尋舊日經營處，撲地楊花葉已青。」

辛亥，僧上首性潤邀予啜茶於東軒。壁間有張譚王樂之皇統乙丑歲遊山詩碑，中有《遊輞川問山神詩》云：「古棧松溪曲繞巖【七】，亂山隨步翠屏開。不知摩詰幽棲後，更有何人曾到來。」《代山神答詩》云：「好山好水人誰賞，古道荊榛鬱不開。一自施僧爲寺後，而今再見右丞來。」按公自序云：「頃在闕下，閱摩詰所畫《輞川圖》，愛其山水幽深，恐非人世所有，疑當時少加增飾。暨奉命來長安，暇日與都運劉彥謙、總判李願良同遊此川。將次藍田，望玉山，已覺氣象清絶。自川口至鹿苑寺，左右峰巒重複，泉石清潤，花草蒙茸，錦繡奪目，與夫浮空積翠之氣，上下混然，宛如在碧壺中。雖顧、陸復生，不可狀其萬一。方知昔之所見圖本，乃當時草草寓意耳。」時公方爲行臺尚書右丞，以王摩詰亦唐之右丞也，故尾句及之。又《鹿苑寺詩》云：「前旌臨輞水，一雨霽藍關。」予戲謂坐客曰：「前旌之説，大似松下喝道。」至其次云：「怒浪平欺石，晴雲猶戀山。」予

【七】古棧松溪曲繞巖「巖」，丁丙跋本、晨本作「崖」。

曰：「賴有此耳。」坐上爲之絶倒。然觀其《遊高冠古詩》中有「人間無此景，樹下悟前生」之句，平淡渾成，意趣高遠。向使生晉唐間，必當升陶彭澤之堂，入韋蘇州之室矣。蓋公胸次自有一邱一壑，故信口肆筆，絶無俗語。自公仙去，於今三十年，未嘗見如此人物。縱有，亦未易識也，悲夫！

壬子，飯素於經閣。座有老衲悟公，出示法書數幅，皆古銘文。《衣銘》曰：「桑蠶苦，女工難，得新捐舊後必寒。」《几銘》曰：「安無忘危，存無忘亡。熟惟二者，後必無殃。」《杖銘》曰：「輔人無苟，扶人無容。」又《杖銘》曰：「身之疲，杖以扶之；國之危，賢以圖之。」《觴銘》曰：「樂極則悲，沈湎致非，社稷爲危。」《鏡銘》曰：「以鏡自照者見形容【八】，以人自照者見吉凶。」《櫛銘》曰：「人之有髮，旦旦思理。有身兮，有心兮，胡不如是。」《枕銘》曰：「或枕或攲，有安有危，勿邪其思。」凡此七銘，皆人之服食器用，旦夕不可闕者。求其源，蓋出湯之《盤銘》，使行住坐卧見之，愀然不敢懈惰，豈小補哉！故併録之，亦將以自警耳。

癸丑，飯罷登閣。上有熾聖佛壇，四壁畫二十八宿，皆遼待詔田承制筆。田是時最爲名手，非近世畫工所能及。予以九曜壇像設殘缺，乃盡索行橐中，得十千，付寺僧溥公，令補完之。徘徊登覽，顧謂溥公曰：「此寺額『寶嚴』，人復呼爲藥師院者，何故？」溥曰：「嘗聞老宿相傳，此遼藥師公主之舊宅也。其後施宅爲寺，人猶以公主之名呼之。

【八】以鏡自照者見形容　「鏡」原作「銘」，據丁丙跋本、晨本改。

今佛屋，昔之正寢也。經閣，昔之梳洗樓也。」感其事而作一詩：「富貴剎那頃，興亡瞬息中。當年秦女第，浩劫梵王宫。翠閣鉛華歇，朱門錦繡空。給園與祇樹，千古共高風。」

甲寅，僧溥公出示故人王平仲所集《和蒙求》，始末皆用舊韻，至於對屬事類，親切不減前書。嚮其弟乞予爲序，將鋟木行世。予辭以不能，亦且不暇，將俟他日。平仲才學俱優，卒不爲世用，而遂與草木共盡，惜哉！

乙卯，觀銀字藏經，上題云：「高麗王王堯發心敬造。大晉開運三年丙午二月日。」又《大般若波羅密多經》一部，卷首云：「菩薩戒弟子高麗國王王昭。以我國光德四年，歲在壬子秋，敬寫此經一部。意者，昭謬將冲幼，獲嗣宗祧，機務既繁，安危所繫，是以每傾心於天佛。因勤力以祈求【九】，所感必通，事無不遂，故欲報酬恩德，輒有此願。謹記。」予按，宣和六年，徐兢撰《進高麗圖經》【一〇】，首著高麗王王氏宗系云：「王氏之先，蓋高麗大族。當高氏政衰，國人以王建賢，共立爲君長。時後唐長興三年也，請命於明宗，封高麗國王。石晉開運二年，建卒，子武立。乾祐末，武卒，子昭立。」自昭而下，凡十一傳至於堯。堯之襲封歲月雖不可考，以其父運立於趙宋神宗元豐六年，運立四年卒，子堯立，即是堯立於哲宗元祐二年也。今銀字經卻云「大晉開運三年丙午」「高麗王王堯發心敬造」。以予考之，堯即建之十三代孫。既建卒於開運二年【一一】，豈有堯造經於開運三年耶？斷無是理！況堯父名運，雖高麗用中原正朔，在本國亦當回避，此必妄

【九】因勤力以祈求　「力」原作「格」，據丁丙跋本、晨本改。

【一〇】徐兢撰進高麗圖經　「兢」原作「競」，據《宣和奉使高麗圖經》改。

【一一】既建卒於開運二年　「既」原作「即」，據丁丙跋本、晨本改。

耳。昭之所書經云：「以本國光德四年，歲在壬子秋，敬寫此經。」據圖所載，昭之父武卒於乾祐末。按《五代史》：劉知遠即位之明年改元乾祐，終於三年而已。既云武卒於乾祐末，是必乾祐三年也。計昭之嗣立，當契丹嗣聖滅石晉之後，終劉漢之世，昭未嘗朝貢。至郭周廣順二年，昭方遣廣評侍郎徐逢來。今經之跋文云：「以我本國光德四年。」既當時高麗未臣中國，宜止用本國年號也。然光德年號當更考於他書，則真贋可知矣。

丙辰，寶嚴僧上首溥公出示墨竹四幅，且求詩焉。余以紛紜簿領中，草草作此云：「橫枝出叢林，獨得回光照。慎勿作長竿，寒魚不受釣。」（右《弄晴》）「法雨漬雲梢，點點甘露滴。舌本自清涼，西江不須吸。」（右《洗雨》）「風過即安閑，風來即招颭。青青自真如，塵色終不染。」（右《披風》）「尊者老不枯，魁然挺高節。求心已無心，斷臂猶立雪。」（右《古節》）

丁巳晨，發懿州。是日大風，飛塵暗天，咫尺莫辨。驛吏失途，至東北山下，橫流洶湧，深不可濟。乃問路於耕者，却立謂予曰：「我非力田無以爲生，官人顧不得安閑耶？」乃熟視一笑而去。予愧其言，作詩以自責云：「逆風吹面朝連暮，蓬勃飛塵漲烟霧。前騶杳不辨西東，駐馬臨流不能渡。却尋山崦問津焉，山下野老方耕田。舉鞭絶叫呼不得，俯首傴僂驅烏犍。可憐野老頭如葆，龜手扶犁赤雙脚。爲言生理固須勤，盍避今朝風色惡。已而野老笑回頭：我自家貧仰有秋，官人富貴年如此，胡不收身覓少休？我初無意聊自謔，不意此翁反見誚。莫嗔瀧吏笑吾儂，自揣吾儂也堪笑。」是夕寄宿於靈山縣之佛寺。

戊午早，解鞅於慶雲縣。縣本遼之祺州【二一】，皇統間始更今名。予方解衣盤礴，從者攜束蒲以獻曰：「適得雙魚，鮮可食也。」發而視之，氣息奄奄然。即命貯之盤水中，少頃植鬐鼓鬣，頗有生意。予歎曰：「爾相濡以沫，相呴以濕，苟延斯須之命，何如相忘於江湖哉！」乃命長鬚持送於遼河之中流，圉圉然，洋洋然，幸不爲校人之欺也。戲作小詩以祝之云：「我哀濡呴輟晨羞，持送東城縱急流。此去更飢須閉口，莫貪香餌弄沈鉤。」

己未晚，達榮安縣，昔在遼爲榮州。借榻於蕭寺僧舍，壁間有《施食放生記》，乃墨蠟石本，裝飾成軸。三復其文，辭理俱妙。大概假賓主問答，云有大沙門於佛誕施食放生，時一居士謂沙門曰：「聚食施食，真汝慳貪；取生放生，真汝殺害。彼餓鬼等，以慳貪故；彼畜生等，以殺害故。不應利彼而隨墮彼。」云云。沙門即應之曰：「以實不食，施少分食，作無數食，一切餓鬼無不能食。以實不生，放今日生，令無盡生，一切畜生無不能生。」此其大略也，餘不具録。其後云：「至和二年四月八日，嘉禾陳舜俞記。熙寧七年五月七日，眉山蘇軾書。」予以宋史考之：至和二年，仁宗朝乙未歲也；熙寧七年，神宗朝甲寅歲也。又按三蘇文集：熙寧四年冬，東坡通守餘杭，七年秋，移守高密，以九月

【二一】縣本遼之祺州　「祺」原作「禖」，據晨本、張注本改。「州」原作「川」，據丁丙跋本、晨本改。

二十日辭天竺觀音去杭之密。今此記云「熙寧七年五月七日蘇某書」，即是猶在杭州時也。東坡忠厚，不妄許可，如歐陽永叔作《韓魏公德威堂記》，范仲淹作《狄梁公神道碑》，皆公手書。自餘非文章議論有大過人者，未嘗容易作一字。今陳公所記施食放生事，坡公特爲之書者，意可知矣。公往在黄州時，率錢救不舉之子；在儋耳時，臨江放垂死之魚。以是觀陳公之記，意必有會於心者，故爲書之。其字端謹，大小頗與《枕中經》相類，真所謂傳世之墨寶云。

庚申，以軍民田訟未判，爲留再宿。午飯後，信手取故書遮眼，乃《韓文公集》。開帙得詩云：「居閑食不足，從事力難任。二者俱害性，一生恒苦心。」三復其言，掩卷爲之太息：非韓公飽閲窮通，備嘗艱阻，斷不能作是語。予丁丑筮仕，凡四十年，俸入雖優，隨手散去，家貧累重，生理索然。汗顔竊禄，則不免鐘鳴漏盡之罪；謀身勇退，則其如啼飢號寒之患。行藏未决，閔默自傷，爲作五十六字云：「舉家千指食嗷嗷，不食誰能等繫匏。掠剩大夫湯沃雪，定交窮鬼漆投膠。春蠶已老不成繭，社燕欲歸猶戀巢。莫待良田徑須去，移文聊解北山嘲【一三】。」

辛酉，次歸仁縣，宿南城道院。歸仁在遼時爲安州，本朝改降爲縣。抵暮，得季弟元微書及《未央宫花頭瓦硯詩》。

壬戌，追念吾友高公無忌，天德辛未歲嘗爲歸仁簿。予時赴會寧御試，過此，高公館

【一三】移文聊解北山嘲　「文」原作「山」，據丁丙跋本、晨本改。

予甚勤，於今四十年矣。公大定丙午爲尚書右司郎中，扈從之金源。是歲，公之夫人與子相繼而歿，婢僕死者又數人。公自是絶無生意，期月之間，一夕暴卒。公平生知我最深，故予悲傷不能已也。遂作詩，且傷其不幸云：「晚景桑榆方見用，秋霜蒲柳已先彫。虞兮命矣甘爲土，鯉也天乎竟不苗。奇禍一門曾未見，旅魂萬里若爲招。傷心此地鸞棲棘，不見摶風上九霄。」

癸亥，次柳河縣，舊韓州也。先徙州於奚營州，後改爲縣，又以其城近柳河，故名之。予寄宿僧舍，視其榜曰「澄心庵」。予以周金剛公案【一四】，戲爲短頌以問主僧云：「心動萬緣飛絮，心安一念如冰。過去未來見在，待將那個心澄？」僧雖嘗講經，絶不知個中消息。問之茫然，卒不能對。

甲子，以妙香供旃檀金像。

乙丑，次韓州，宿於大明寺。韓州，遼聖宗時，併三河、榆河二州爲韓州。三河，本燕之三河縣，遼祖掠其民於此置州，故因其舊名，而改城在遼水之側。常苦風沙，移於白塔寨，後爲遼水所侵，移於今柳河縣。又以州非衝塗，即徙於舊九百奚營，即今所治是也。是日路傍見俗謂鷄兒花者，予爲駐馬久之。吾鄉原野間，此物無數，然未嘗一顧。今寒鄉久客，忽見此花，欣然有會於心。退之所謂「照壁喜見蝎」者，亦此意歟？其花形色與鷄絶不相類，不知何以得此名也。爲賦一詩：「花有鷄兒號，形殊意却同。封包敷玉卵，

【一四】予以周金剛公案　「剛」原作「綱」，據晨本改。

含蕊啄秋蟲。影臥夜棲月，頭駢曉舞風。但令無夭折，甘作白頭翁。」

丙寅，老兵自遼陽來，得兒子欽哉安信，又附到葛次仲集句詩。亞卿平日喜作此，是亦得文章游戲三昧者。至於事實貫串，聲律妥帖，渾然可愛，自非才學該贍，豈能自成一家如此？其《即事》云：「世路山河險，權門市井忙。」《田家》云：「雀語嘉賓笑，蟬鳴織婦忙。」《僧釋子》云：「有營非了義，無事乃真筌。」《送別》云：「世界多煩惱，人生足別離。」又云：「寂寞憐吾道，淹留見俗情。」《晦日》云：「百年莫惜千回醉，三月惟殘一日春。」《春望》云：「楊王盧駱真何者，許史金張安在哉？」《寄死達》云：「舉世盡從愁裏老，何人肯向死前休。」《秋郊寓目》云：「不堪回首還回首，未合白頭今白頭。」其偶對精絶多此類，東坡所謂「信手拈得俱天成」者，亞卿有焉。

丁卯，予臥榻圍屏四幅，皆著色畫大曲故事，公餘少憩，各戲題一絶句。《湖渭州》云：「相如游倦弄琴心，簾下文君便賞音。犢鼻當年卜偕老，不防終有白頭吟。」《新水》云：「徐郎生別一酸辛，破鏡還將淚粉勻。縱使三年不成笑，祇應學得息夫人。」《薄媚》云：「深知歲不利西行，鄭六其如誓死生。異類猶能保終始，秦樓風月却無情。」《水調歌頭》云：「墻頭容易許平生，繩斷翻悲覆水瓶。子滿芳枝亂紅盡，東君不管儘飄零。」

戊辰，予晝寢，夢到故山，幅巾藜杖，盤桓於柳溪之上。既寤，予意謂造物者責以漏盡鐘鳴，夜行不休，故神報如此。作詩以訟云：「嘗聞勞生佚以老，不謂區區老更忙。自笑頑軀檀青紫，誰求絶足鑑驪黄。苦無長策裨神主，大有閑山著漫郎。夢到故鄉猶可喜，幾時真個是還鄉。」

己巳，次胡底千户寨，宿温迪罕司獄家。胡底，漢語山也。以其寨居山下，故以爲名。路傍有野花，狀如金蓮而差小，其葉瑣細，大率如魚藻，土人謂之耐凍青。生於祁寒，撥雪而見之，已青青然。予擕以歸，置之坐上，終日相對，傷其背時失地，爲賦一詩：「耐凍雖微物，嚴冬不敢侵。蕊嫌宫額淺，色勝羽衣深。戲點人間鐵，閑鋪地上金。臘梅甘丈行，霜菊許朋簪。風雪窺天巧，泥沙惜陸沈。分無春借力，徒有歲寒心。采掇香盈把，欷歔淚滿襟。栽移損生理，汝勿念知音。」

庚午，次南謀懶千户寨。南謀懶，漢語嶺也。以其近分水嶺，故取名焉。借宿於术勃輦家。屋壁有兩横幅，畫江天風雪，水鴨、鸂鶒相對於枯荷折葦間。其水禽毛羽，毫髮可數，似有生意。乃命拂去塵埃，上有蠅頭細字，仿佛可見，云「前翰林賜緋待詔劉邊七十七歲寫生」。既稱前翰林待詔，是必宣政間人，因本朝混一之後，流落於漠北時所作也。予且觀且歎，爲賦一詩云：「枯荷不禁風，水鴨行且飲。折葦半攲雪，鸂鶒相對寢。風雪意未已，寒氣猶凛凛。屋煤昏細字，熟視僅可審。翰林前待詔，年過七十稔。想見宣政間，紆朱給官廪。權門收短幅，軸玉囊古錦。縱非列神上，猶足入能品。丹青雖由學，精絶固天禀。蛟螭失江湖，魚鮪初不淰。蘭孫遭踐履，生意羨葵荏。當年方得志，驕侈無乃甚。晚爲口腹累，吮墨博凡飪。畫工屹如堵，見此當斂衽。我欲與題跋，材非曹與沈。興廢姑置之，投牀就高枕。」

辛未，次松瓦千户寨。松瓦者，城也。寨近高麗舊城，故以名之。是日山行，始見水碓。予踟蹰良久，且歎其機巧，而傷其太樸之散也。作詩以紀其事云：「世人多機心，技巧變淳古。水碓誰始有，石臼而木杵。決流注其尾，尾抑首自舉。其法如權衡，輕重司仰俯。浮沈刻漏箭，動息記里鼓。木牛轉芻粟，摽弓殪貔虎。碾碓出一律，桔槔何足數？我昔居村落，升合給爨釜。晨吹課婢僕，繭足辭艱苦。是時此未識，自笑愚且魯。細思乃詭道，抱瓮應不取。文公圬者傳，信矣無浪語。食焉怠其事，殃禍嘗因睹。耕鋤瀝汗血，猶水旱風雨。況爾飽無功，天意恐不與。」

壬申，宿特撥合寨。特撥合，漸地也。晚登小山，山南杏數株，方蓓蕾矣。忽憶舊年京洛間，才元宵後，時有賣花聲。今春將盡，方得見此，爲賦三絶句云：「柳色含烟凍已回，杏花迎日暖初開。須知造化無南北，更遠春風也到來。」「杏梢如怯曉寒輕，相對無言却有情。憶得上都春睡足，隔墻時聽賣花聲。」「朔漠杏花初破蕾，南州梅子已垂枝。寒鄉倍費生成力，但得陽和莫恨遲。」

癸酉，宿闢羅寨渤海高氏家。闢羅，漢語暖泉也。以山間流水一股，經冬不冰，故以是名寨。予方解衣盤礴，忽聞檐間燕語，亟視之，蓋自春山行未見也。因念燕以炎涼兒女之計，不免羈棲於萬里之外，可嗟也：「平生便静今衰老，黄雀傍檐嫌啅噪。忽聞燕語絶可憐，亟出披衣任顛倒。呢喃似説經歲别，念我窮愁加慰勞。飛雲軒在容借不？故里故園聊一到。不然爲我達一信，問訊平安却相報。黎明與汝當遠别，汝可低頭聽吾告：稻粱多處足羅網，閉口忍飢無抵冒。芹泥深累要安穩，艾葉儻來休急躁。明年按部定經此，與汝相期永爲好。臨行叮囑主人翁，千萬莫將天物暴。」

甲戌，次叩畏千户營。叩畏，漢語清河也。宿耶塔剌處寨，漢語火鐮、火石也。是日，曲折行山溪之間，溪上有挑菜女三四輩，皆素面潔服，絶無山野塵俗之態。中有一人，植立於道側，尤非尋常八字眉可比也。馬上漫成四詩：「手攜籃子滿薪蔬，霧鬢風鬟立暝途。約束前驅休問訊，羅敷嫌笑使君愚。」「薺芽蒲笋繞溪生，采掇盈筐趁早烹。想得見郎相嫵媚，飯籮攜去餉春耕。」「蹋青挑菜共嬉游，不識風前月下羞。落日緩歌攜手去【一五】，新聲争信錦纏頭。」「羞將明媚鬥春妍，顧影徘徊祇自憐。消得風流黄太史，國香流落歎隨緣。」

乙亥，次和魯奪徒千户。和魯奪徒，漢語松山也。宿蒙古魯寨。蒙古魯，漢語木孟子也【一六】。是日，予以疲駑長路，困於跋涉，自念躍馬食肉，壯年之事，今老矣，尚作此態，宜乎不勝其勞也。乃作詩以自慰云：「深擁烏帽障黄塵，髀肉消磨浪苦辛。按轡澄清須我輩，據鞍矍鑠奈吾身。祇憑忠信行蠻貊，豈有文章動鬼神。南徹淮陽北遼海，可能無地

【一五】落日緩歌攜手去　「緩」原作「暖」，據丁丙跋本、晨本改。

【一六】漢語木孟子也　「木」原作「本」，據晨本、張注本改。

息勞筋。」

丙子，次鼻里合土千户營。鼻里合土，漢語范河也。是日，方作書，命取筆硯。主人攜一瓦龜，其闊六寸，長則倍之，至首尾蓋足皆具，去其蓋，則水貯其肩，墨磨其背。然予未嘗見也，因作《龜研引》：「村家瓦硯伏靈龜【一七】，意謂天産非人爲。足趺首尾如欲動，蓋畫八卦從庖犧。刳腸貯水濡毛錐，削背如砥磨玄圭。中邊俯仰皆中規，十手對面寧容遲。得非匠氏中野觀壞碑，揉泥想像得意生新奇。我知此物雖異制，其所由來非近世。陶泓乃祖爾苗裔，中表羅文爾其弟。何不捧玉堂閤老金蓮底，夜草麻辭拜房魏；又不隨春房場屋集計吏，衡石低昂較才藝。胡爲流落沙漠之窮鄉，何異越人章甫逐臭之都梁。苟不覆醬瓿，將支折脚之木牀，惜也不爲世用而令人悲傷。嗟予與汝兮，此生齟齬；雖欲自效兮，不知其所。明日啓行，則吾將以佩刀易汝，徑攜以歸，要注蟲蝦於環堵。硯兮，硯兮，行當渡遼，鼓枻於洪波，汝勿念枯魚之過河。倏然踴躍兮，如陶壁之飛梭；回首眷眷兮，蹴蹋於蛟鼉。使予瞻望不及矣，涕泗滂沱。嗚呼！汝轉棄予兮，予將如何！」

丁丑，次咸平，宿府治之安忠堂。咸平，禹别九州，其地則冀州之域。舜置十二州，即幽州之分。周封箕子，始教民以禮義。秦併六國，置爲遼東郡。及高麗既强，侵據其地，唐高宗命李勣東征高麗，置爲安東都護府。其後爲渤海大氏所有。契丹時，既滅大氏，卒入於遼，遂爲咸州，以安東軍節度治之。本朝撫定，置咸州詳穩司，後升爲咸平府，兼總管

【一七】村家瓦硯伏靈龜　「村」原作「材」，據晨本改。

本路兵馬事。昔予運漕遼東，居此者凡二年，以是，遷移區併，粗得知之。是日□易傳於山下民家【一八】，旁有古城，甚大，問路人，云此高麗廢城也。予駐立於頹基，極目四顧，想其當時營建，恃以爲萬世之計，後不旋踵，已爲人所有，良可歎哉！乃作詩以吊之：「句麗方竊據，唐將已專征。謂李勣也。國破千年恨，兵窮百戰平。信知宗子固，不及衆心誠。試望含元殿，離離禾黍生。」

戊寅，吾鄉人王生者見訪。生善星水，初爲人擇葬來此，因循不歸，餘二十年矣。今再見之，其貧如舊，所異者，蒼顏華髮耳。予欲勉其歸，以短詩贈之：「憶昔分攜如隔世，相逢驚見兩茫然。松楸河朔三千里，萍梗天東二十年。白髮可憐浮海粟，青囊不博買山錢。明年會約同歸去，里巷追隨作散仙。」

己卯，予公餘塊坐。因念舊年逐食於此，嘗遊李氏園。時牡丹數百本，方爛熳盛開【一九】，内一種萼白蕊黄者，風韻勝絶，問其名，曰雙頭白樓子。予惡其名不佳，乃改曰并蔕玉東西。後日復往，則群芳盡矣。所謂玉東西者，雖已過時，其典刑猶在。佇立久，少休於小亭，亭中有几案，置小硯屏，乃題絶句於硯屏上，今不知在否。因詢其家，李氏子取以示予，醉墨宛然，計其歲月，十有七年矣。

庚辰，數日前李花方破蕾，予命以瓶貯之。既而爛開，今日已復飄零。方歎息間，適有獻桃花者，於是以桃易李。桃以新泉漬而沃之，欣榮轉甚，照映李花，粉光如玉。予謂

【一八】是日□易傳於山下民家　據晨本，「日」下有一「□」，示缺。

【一九】方爛熳盛開　「開」字原缺，據晨本補。

桃李之品，素不能低昂，今一爲弃物、一爲珍玩者，無他，蓋時與不時耳。因物感情，爲賦一詩，且以雪李花之恨云：「江陵二月李花飛，安東三月花尚稀。春寒要勒開未得，枝上的皪團珠璣。秘壺滿插猶嫌窄，紅紫紛紛厭俗格。朝夕調護易新泉，約束不容纖手摘。縞裙練帨正可憐，遽爾玉減春風前。已恨色衰甘弃擲，桃花無賴鬥芳妍。李被桃欺休懊惱，豈有先開不先老？桃花得意能幾時，咫尺酴醾開更好。」

辛巳，予晝寢。既覺，觀卧屏上三僧圍棋於松下，二老者對弈，一癯者旁觀，一小僧洗滌茶具，一童子負葦山笠立於坐側。衣裾體貌，種種不凡，至於勝負之態，似見於顔色，惜乎不知畫手爲誰也。爲題一詩於屏上云：「人間龍象風骨奇，癯者精悍老不疲。得非石林洪覺範，參寥佛印相追隨。茶瓜却去香火冷，曦馭不轉松陰遲。口鉗未欲作詩債，坐隱聊爾逃禪癡。黑矜驟勝見顔色，白負少衄方低眉。宣州一著太容易，瓜葛争道真兒嬉。吾聞懶瓚有道者，寒涕不收從垂頤。又聞作止俱是病，况此念念傾人危。何如四脚棋槃一色子，一局輾轉無成虧。」

壬午，問囚既罷，因詢故吏：「予舊識王本者，今在何地？」吏曰：「弃家久矣，今住松山尹皮袋之舊居。」又問：「尹皮袋何人也？」吏曰：「本陝右人，居此山者凡五十年。無貴賤少長，皆以『尹皮袋』呼之。自稱曰『得得』。或問『得得』之説，渠云：『知得來處，知得去處。』世以此爲達人。有素約，雖風雨不愆。一日，山下渤海民家召飯，陰置蠱毒。既覺，輒嗽新泉，危坐數日，所苦良已。既而復召，復去。門人婁先生者，事尹歲久，切戒之曰：『今中毒凡五，幸無恙，當辭以不赴。』尹曰：『予不諾其請，則是家必不滿意也。』後竟爲蠱所困，乃閉目不食，嗽水凡七晝夜。晨起，謂婁先生曰：『汝嘗吾糞穢否？』婁有難色。尹笑曰：『汝尚有此爾。』乃自取以舐之曰：『無穢矣，吾將行上矣。』婁且泣且懇曰：『願師見教。』尹曰：『少吃鹽，莫吃醋。別人愛你你休做。』跏趺而逝。後數歲，有人持尹書以遺婁先生曰：『吾待汝於華山，汝宜速來。』婁即往焉。後不知其所終。尹尸經三十年，兀坐如枯株，亦不腐。大定丙午歲，咸平集真觀劉道士載歸本觀，火其尸而葬之。有識者，無不爲之歎恨。又説，初奉迎出故山時，冠服儼然。及臨風，衣袂飄揚，翩翩如飛蝶焉。獨幅巾宛然，無纖毫敗朽。市民郭氏者，以新巾易之，秘藏於家，晨昏香鐙，奉事彌謹。初道友往來，見時得瞻頂。自後其家頗厭人事，托以羽化焉。」

癸未，登紫霞山，觀宇文叔通撰《劉司空神道碑》。劉公，名宏，字子孝，唐燕王仁恭之七世孫也。仕遼任懿州寧昌軍節度使，收國初，以闔境歸附本朝。懿之生齒數萬，無蹈履之喪，公之力也。古人謂「活千人者必封」，如公，又豈止活千人而已，則劉氏之昌也無疑矣。

四月甲申朔，以先考諱日，飯僧於禪會。齋罷，易衣於方丈，壁間有著色維摩居士像，其隱几示病，揮犀語道，俱有生意。詳其顧盼領略，是必與文殊對談之際。惜乎兩幅之失其一也，予因以兩偈贊之云：「不悟維摩其病，却將天女相猜。要識本來面目，化身金粟如來。」「登玉座，餘半席。香積飯，惟一杯。可笑曼殊空利，區區却爲食來。」

乙酉，宿清安縣治之生明堂。清安，世傳遼太祖始置爲肅州，本朝改降爲縣。驛卒告予曰：「堂之北軒有櫻桃正發。」予亟往視之，乃朱櫻數株，長五尺許，每枝才三四花，憔悴有可憐之色。予問其故，答曰：「此方地寒，經冬畏避霜雪，輒埋於地，以是頓挫如此。」予因念丁未歲，嘗假守淮西，廳事之後，朱櫻四合，璀璨炫目。嘗夜飲其下，月色如晝，疏陰滿地，笙歌間作，都不知曙星之出也。感懷今昔，爲作詩云：「前年守淮西，官府頗雄壯。園池通遠近，亭榭分背向。炎方得春早，二月花已放。白紅與青紫，奪目紛萬狀。得非造物者，爲出無盡藏。朱櫻結嘉實，炫耀極一望。錢王錦繡樹，金谷紅步障。予時籍清陰，坐待佳月上。老妻勸我飲，稚子儼成行。長腰蘆花白，賓厨薦新釀。肴核既狼籍，鱠炙庖夫餉。烏烏長短句，付與雪兒唱。眼花亂朱碧，世事齊得喪。兒童雖見誚，官守幸不曠。年來客遼海，黄塵没飛鞅。芳時因奔走，安得有佳况？一從出山谷，風色如挾纊。春歸櫻始華，生意未敷暢。冬藏苦冰雪，所幸今無恙。我將話南州，人或疑誕妄。繞枝三歎息，回首一悽愴。退坐想繁華，蕭然覺神王。」

丙戌，復歸咸平，路經西山崇壽寺。昔予官守於此，寺已荒廢，今十有五年，頽毁殆盡，又非曩昔之比。低徊感愴，遂留詩於寺壁云：「紫霞山寺久不來，往昔破碎今摧頹。一鉢殘僧飫藜藿，百身古佛眠莓苔。門楣金烏經雨泣，殿脊鐵鳳含風哀。安得使君鞭紫馬？咄嗟檀施隨緣來。」

丁亥，謁先師宣聖廟，學生呂陽、銜作尹等陪位。禮畢，少憩於營道堂，程考諸生月課。既而話及與予友善者，楊、王、李三秀才相繼下世。又當時春秋二仲同來者，轉運副使郭重元幕客趙彬、趙莘，亦成鬼録。念念不覺惘然，因成一絶句：「舊僚郭趙身爲燼，先友王楊骨已枯。莫笑囁嚅翁不達，人間鬥在不如吾。」

己丑，謁侍御史范元濟於西塔寺。既別，登九曜閣，有蔡正父所撰《弘理大師碑》。

庚寅，宿銅山縣。銅山，遼之銅州也，本朝改爲東平縣焉。

附録

繆荃孫跋

壬寅夏日，劍舟居士屬館上供事，從《永樂大典》中録出。《遼東行部志》一卷，金王寂撰。寂字元老，薊州玉田人。海陵天德二年進士。世宗大定二年爲太原祁縣令。十五年嘗奉使往白霫治獄。十七年以父艱歸。明年起復真定少尹兼河北西路兵馬副都總管，遷通州刺史兼知軍事，又遷中都副留守。二十六年冬，由户部郎出守蔡州。二十九年被命提點遼東路刑獄。章宗明昌初召還，終於轉運使。《中州集》稱其著有《拙軒集》《北遷録》諸書。《拙軒集》，館臣在《大典》中輯成六卷，付聚珍板印行。又有《畿輔叢書》本、《金源叢書》本。而此録亦在《大典》中録出，《四庫》并未著録。僅載明昌元年二月十二日在提點遼東路刑獄任，於二月十二日出按，至四月七日止，一月零二十五日。所經之地、所辦之事、所作之詩文，均載焉。於地理并未詳述，而所載詩五十七首、文三首，均《拙軒集》所不載，可補一卷。金源著述傳世日稀，梓而存之，亦考古者所欲快睹也。志中年月屢經傳寫，不無訛舛，今取辛楣先生

「四朝朔閏表」核之。表云：金章宗明昌元年歲次庚戌，二月朔爲乙酉，十二日丙申。與志合。三月朔，宋丙辰，金乙卯。四月朔甲申，則金與宋同，與首一條干支恰合。餘皆據表訂定，庶不貽誤讀者。詩別鈔出，轉貽吴仲怡中丞，附刻《拙軒集》之後。宣統紀元閏花朝日。江陰繆荃孫跋於對雨樓下之南窗。

（《藕香零拾叢書》本卷尾）

丁丙跋

《遼東行部志》一卷。抄本。金王寂著。寂字元老，薊州玉田人，天德三年進士。興陵朝以文章政事顯，終於中都轉運使。謚文肅，有《拙軒集》《北遷録》。此明昌改元春二月，以使事按部，紀其山川、城郭、官吏之迹。元老長於詩，亦偶及之。明昌改元，上距元老登第之歲已三十九年矣。世無傳本，從《永樂大典》中抄得者。

（竹書堂校録本卷尾）

金毓黻劄記

《遼東行部志》雖寥寥短篇，而與《遼》《金》二史互證之處頗多。如謂劉司空名宏，字子孝，唐燕王仁恭之七世孫也，仕遼任懿州寧昌軍節度使。收國初，以闔境歸附本朝。懿之生齒數萬，無跨履之喪，公之力也。按《遼史·本紀》，天祚帝天慶八年十二月，寧昌軍節度使劉宏以懿州户三千降金。又《金史·本紀》天輔十二年十月，遼懿州節度使劉宏以户三千并執遼候來降，以爲千户。此可與《行部志》互證者也。謂收國初者，蓋約略言之，應以《遼》《金》二史爲斷。《行部志》中類此之事非一，姑舉其著者言之。

（《東北文獻零拾》卷一）

鴨江行部志

◎王　寂撰

點校説明

《鴨江行部志》一卷，金王寂撰。王寂生平已見《遼東行部志》點校説明。

《鴨江行部志》作於金章宗明昌二年（一一九一），是時寂仍按部遼東。此書記載明昌二年自二月初十日至三月十二日之行程（中缺二月二十四日），按日紀事，於遼東天氣、地理、名勝古迹、人物掌故等多有記載，尤重於詩文，其中多寓身世之感。

是書久佚，清修《四庫全書》時，四庫館臣從《永樂大典》中輯出，乃殘本，未收入《四庫全書》。後流入清宗室盛昱之手，輾轉爲海鹽朱希祖所得，秘不示人，爲海内孤本。民國時金毓黻編《遼海叢書》，向朱氏借此書而不得，乃録入朱希祖據此本所撰之《鴨江行部志地理考》，目之爲節本。《叢書集成續編》亦收録此節本。新中國成立後，朱氏後人將原本捐於國家圖書館。本次點校以《續修四庫全書》影印國圖本爲底本。本書另有賈敬顔疏證本，羅繼祖、張博泉注釋本，點校時亦有參考。

明昌辛亥歲二月己丑，予以職事，有鴨緑江之行。僚屬出餞于望海門，會食于白鶴觀之鶴鳴軒。白鶴者，蓋取丁令威故事也。東南望華表山，雲烟出没，顧揖不暇。鶴鳴軒題榜，醉墨淋漓，龍蛇飛動，殆非世俗書。詢其主者，云此道人孫公書。又問孫公謂誰，曰：孫本市民，業染以爲生。年三十餘，自厭塵緣，捨俗爲道士。初不識字，後因夢羽師見教，且付之詩云云。自爾篆、隸、行、草，無所不通，落筆盡得其妙。此額蓋天書雲篆也。自前歲被召赴京師，特賜紫衣師號，今主大天長觀事。予謂世間萬事，凡出耳目之外，有不可以理窮臆度者。如斯人，豈精誠純篤，感通上真，開悟其心，使能如此？不然，是因緣狂妄，有物所憑？皆不可得而知也。韓文公所謂「神仙之説何渺茫」者，豈是乎？是夕，宿靈巖寺。

庚寅，遊上方，禮九聖殿，登舍利塔，度水殿，瞻六祖畫像。東檐下觀王棲雲題詩云云。棲雲本武弁，名琢，馳馬擊劍外，尤喜作詩。舊寓夷門，與孔遵度、酈元與、高特夫皆莫逆也。至於故宮廢苑，飽賞爛遊，更唱迭和，雅有文字之樂。比歲自汴之燕，又嘗攜雙侍女，溪山佳處，把酒賦詩，輒留數日。時人望之，以爲神仙。東坡所謂龍邱居士者，抑斯人之徒歟？

辛卯，大雪，復登此山之正觀堂。堂，太后大師之故居也【一】。太后乃睿宗之后、世宗之母，可謂富貴極矣。蚤年厭弃榮華，喜修禪定，落髮披緇。初居遼陽之儲慶寺，又以

校勘記

【一】太后大師之故居也　「大」原作「太」，據《金史·貞懿皇后傳》及《通慧圓明大師塔銘》改。

人事紛紜，疲于應接，乃幽隱于此。凡六閱周星，焚修精進，始終惟一。自非夙植善根，道心堅固，豈能保任如此？是時，世宗尚居潛邸，未幾，留守遼陽，凡伏臘休沐，必躬詣焉，問安視饍，或留信宿。西巖浮圖之右，突兀一峰，頂平如砥，從横可十畝，長松數十本，環列如烟蓋雲幢，實自天成，非人力所營也。世宗每飯餘茶罷，散策經行，輒置榻其下。中一松，修直鬱茂，秀出林表，上尤注意，摩挲歎賞，終日不倦。其掄材容直之度，已見於此矣。惜乎無好事者，不爲構一亭，榜之曰「蟄龍」，名其松曰「御愛」。如此則佗年爲靈巖一段佳話也。故予有詩云：「幾經天步躡危峰，爲愛孤高壓萬松。不顧蒼髯緣底事，大夫曾是辱秦封。」

壬辰，大風雪，對目不辨牛馬，抵暮稍霽。扶杖遊龍泉谷。谷去寺三里而近。捫蘿梯石，困於登陟，左抱右掩，松柏參雲，殆非人世。但恨陰霾障蔽，不得窮幽極勝。泉上破屋數椽，殘僧三四，頗習禪定。相與坐於石壁下，少頃乃歸。因留一絶句云：「我來連日苦風霾，不見千峰劍戟排。要識玉山真面目，雪晴明月射蒼崖。」既歸，半塗望南山西崦，松檜間，懸崖石室，户牖如蜂房。問其僧，云此休糧谷也。初，一僧結廬於此，絶粒面壁，形如槁木。人或禮敬咨問，緘口不言。垂四十年，後不知其所終。故後人名其谷曰「休糧」。遼季，東京副留守高其姓者，一夕徒步徑隱於靈巖，翦去鬚髮，衲衣草履，遇夜，竊取僧行之敗履，親爲補綴，其用心濟物如此。一日，妻孥併至，哀鳴羅拜，懇請以歸。師默然坐，恬然視之，如陌路也。兒輩知其終不可回，號泣而去。後棲隱于休糧谷，躬負薪水，日一齋食【二】，閱二紀間，未嘗少懈，壽八十而終。闍維之日，得舍利若干。計其解印，方艾服官政之年，割弃浮榮，如脱弊屣，與夫龍鍾蹣跚，眷戀微禄，推擠不去者，豈可同日而語哉！

癸巳，次澄州，宿郡治之思政堂。

甲午，登明秀亭。此亭，蓋完顔信之參政大定癸卯爲郡時經創也。前列數峰，下臨一水。想見佳時勝日，掃榻開簾，横琴煮茗，晴嵐暖翠，烟水微明，盡得于几席之上，豈不佳哉！夫自有宇宙，有此溪山，惜乎無騷人勝士題品，遂使湮没無聞。今遼左從衡數千里，共指澄爲望郡，此所謂地因人興者耶？幸獲登覽，技癢不能已，因留惡詩云：「倚空欄檻出危墻，俯瞰巑岏枕渺茫。嵐氣拂檐冰塵潤，水光侵席葛巾凉。門楣健筆雲烟落，谷口豐碑歲月長。來者定知誰好事，舊居當榜具瞻堂。」

乙未，飯罷經行，駐屐于有宓齋【三】，亦信之手書。公餘每看書于此，今欹側似無人居者。墻角塵土中，有二板覆地，以手起而視之，乃左君錫、雷西仲、李子美、魏元道、李子安留題明秀亭詩榜，即命復置于亭上。何後政弗嗣，以至荒廢如此？明秀主人去此七年，已參大政。魏元道今爲尚書。左、雷、二李皆登鬼録。升沉存没，爲造物者所戲，可付之一笑也。

【二】日一齋食　原作「日齋一食」，據羅、張注本，貫疏本改。

【三】駐屐于有宓齋　「齋」原作「齊」，據羅、張注本，貫疏本改。

丙申，故人李子安之子翊來見。其應對進退，頗有典刑。皇統辛酉，吾先君來爲析木令，始識子安之父，一見氣義相感，遂定交於樽俎間，乃遣子安從先君學。自是與子安同硯席者再歲，相得甚歡。既而别去，十年之後，相見于京師，過從幾月，遂復參商，自爾聲迹杳然。前歲以使事來遼東，又方禁謁，不獲一見。今過其門，知亡已期矣，令人慚恨不已。乃作詩遺翊【四】，以叙其本末云：「憶昔先大夫，長才困州縣【五】。平生耻趨謁，誰闞三語掾？此來爲升斗，與物多冰炭。乃祖磊落人，眼若巖下電。傾蓋一如故，論交時扼腕。登堂出妻子，僕隸饜盤饌。予時方束髮，爾父亦既冠。差肩誦詩禮，交手同筆硯。相從草三緑，出處風雨散。參商十年後，俱赴吏部選。邂逅得相遇，固適我所願。通家問存没，且喜且驚歎。親情均骨肉，笑語徹夜旦。追隨不閲月，南鴻北歸燕。自爾各逐食，鱗羽音塵斷。謂渠頗挺出，立可致霄漢。胡爲隨糟麯，涇渭卒莫辨。飛黄厭局促，擺首謝羈絆。長歌老田里，高義激庸懦。嗟予仰寸禄，老作青紫楦。前年持使節，意有承晤便。豈其畏簡書？莫敢通一綫。相望不累驛，秦蜀隔雲棧。病不致一問，死不致一奠。幽冥負良友，此罪安可逭？朝來見遺墨，似對故人面。西城望墓木，使我淚如霰。恨無寶劍挂，聊以伸眷眷。一死一生間，交情庶可見。」

丁酉，子安妹尼智相早年學道，今已罷參。見送小壺十枚，以綫貫之，大率如數珠，堅完圓實，扣之有聲，視其中空空然。予平生亦未嘗見此。將命者且索賦詩，謾作俚語，以

【四】乃作詩遺翊　「翊」原作「詡」，據前「李子安之子翊」改。

【五】長才困州縣　「困」原作「因」，據羅、張注本改。

答其勤：「君不見汝陽仙翁初挂樹，長房出入猶平步。又不見晉陽幻師隱美婦，婦腹隱夫夫莫悟。神仙此事知有無，無乃狡獪相嬉娛。世間此物處處有，政比萊菔與落蘇。吾家慣見墻籬上，或類瓶罌或瓮盎。每趁秋霜未落前，爛烝去毛勿折項。我聞學佛比丘尼，得髓豈唯能得皮？胡爲尚有這個在？此着更墮黠而癡。何如深種菩提顆，莫望空花結空果。豈知磊落罷參人，倒置逆行無不可。」

戊戌，宿析木之法雲寺。析木，蓋先君之舊治。父老郊迎，歡呼塞路。及入城市，觀者如堵，里巷爲之一空。中有扶杖年高指予而言曰：「此吾明府君之子也。明府君清正仁恕，宜其有後乎！」歎仰不足，或有以手加額者。既而詢及故舊，得三人焉。乃胡奉歌、李狗兒、高當得，皆當時與予游戲者。自餘，墓木皆已拱矣。或得其子，或得其孫焉。嗚呼！吾先君去此凡四十九年矣。當時一門滿三百指，今之存者，唯予一老奴。然老奴早喪明，但尸居餘氣耳。予頃年侍先君，自雲中解官，道出鷄山，先君以幼歲嘗隨侍先大父過此，駐馬徘徊，作詩以道其事，意甚悽苦。其詩云：「記得垂髫此地遊，鷄山孤立水東流。而今重過山前路，山色青青人白頭。」以今思之，當日之情可見矣。爲賦四詩，以攄懷抱：「父過鷄山每駐鞍，思親詩句苦悲酸。而今却似鷄山下，白髮孤兒淚不乾。」「憶昔先君拙宦遊，一官匏繫此淹留。重來歲月知多少，去日垂髫今白頭。」「舊遊重到似前生，城郭人家幾廢興。莫道山川盡依舊，岸應爲谷谷爲陵。」「物色丁寧訪舊人，舊人能有幾人存？當時總角遊從者，傴僂龍鍾已抱孫。」

己亥，宿湯池縣護國寺【六】。湯池，本遼時鐵州，以其東有鐵嶺，故名之。隸耀州，今神鄉鎮也。護國寺之經始歲月無可考，獨寺僧言：老宿相傳，寺起於有遼，藏經亦給于有司。視其經背，皆有朱印，云「宣賜護國寺藏記」七字。又經藏梁記云「太康三年建」，則寺僧之説爲可信也。

庚子，出東城，道左百步，背山面水，有亭榭園圃，高低掩映。問從吏，云此坡陽邑人之別墅。因問其出處大概。吏曰：「李君名致道，字表民。初以從軍補官，累資轉兗州幕。一日謂同僚曰：『大丈夫逢時遇合，萬户侯何足道哉！今行年六十，猶紙尾署名，其頭顱可知矣。』乃投牒以歸。既而蒔花種柳，殖果移蓮，疊石以爲山，引泉以爲池，日與賓客把酒賦詩，徜徉乎其間，凡十有七年而終焉。」予樂聞其説，竊慕其爲人，解鞍少駐，徘徊周覽。堂有三，曰樹德，曰松菊，曰文會。文會之北軒曰覺軒，西偏曰休室，蓋取冬夏之宜也。亭有四，曰濯纓，曰遠山，曰摘實，曰觀稼。自餘柳溪釣臺，所至皆可觀，但不得少休爲恨。遂復南去，舉鞭回望，茫然自失。馬上爲賦一詩：「坡陽先生昔少年，青燈黄卷夜不眠。有司繩墨傷拘攣，不取巨筆如修椽。歸來高閣束殘編，短衣射虎南山前。一從王師去開邊，臨敵奮勇能當千。策勛偶爲人所先，耻與噲等相摩肩。兜鍪既不生貂蟬，脱幘掉臂歸林泉。千金賣劍買烏犍，耕田鑿井爲終焉。樽中有酒客滿筵，新詩醉墨揮雲

【六】宿湯池縣護國寺　「湯」原作「陽」，據羅、張注本，賈疏本改。下「湯池」同。

烟。醉鄉日月陶陶然，此意肯爲醒者傳。興來信手彈五弦，目送飛鴻下晴川。有時夜歸月滿船，浩歌長嘯扣兩舷。白魚黄能不足穿，我意欲釣横海鱣。嗚呼公今爲飛仙，坡陽之名塞天淵。嗟予潦倒真可憐，欲去未決良非賢。附郭安得二頃田？有田不歸吾欺天。」

辛丑，次辰州，授館於興教寺。寺宇荒凉，亦無碑記可考，唯經閣上有梁文云：維清寧四年，歲次戊戌，己巳朔，十四日辛未巽時建。

壬寅，故友玉林散人申君與之子攜乃父《龍門招隱圖》手軸以示予。予見之憮然。畫則廣莫道人武元直也。作記者，無可居士蔡正甫也。書記者，善善道人左君錫也【七】。題詩者，王元仲父子也。元仲父子今無恙，自餘諸公，盡歸鬼録。予掩卷流涕，殆不勝情，因以小詩悼之：「玉林賓主骨應枯，再見《龍門招隱圖》。政似白翁舊詩卷，十人酬和九人無。」又出示王羲之《得書帖》三十六字，獻之《賢弟帖》六十一字，漢張芝《消息帖》三十一字。羲、獻書，大率如游龍舞鳳，騰驤于天壤間，非凡鱗短翮所可追也。張芝書如秋鷹健鶻，擊搏於霜空木落時，所向無前，但氣韻差不及二王耳。又觀唐懷素《草書歌》，自上數行皆不可識，次可辨者：「衆賓離坐瞪目看，滿堂凜凜如生寒。」此下一句未詳。又有如：「驚鳥飛滿天。」前有張伯英，後有張顛兄。兩張萬古不相下，師與二張還抗衡。貞元十三年五月十九日，沙門懷素，時六十有一。」又唐僧亞棲書《觀懷素草書歌》亦雙幅，自上兩行讀不成文，其次可辨者：「狀同楚漢來相戰。湖南七郡凡幾家，

【七】善善道人左君錫也　「錫」原作「賜」，據前「乙未」條「左君錫」改。

家家屏障書皆滿。王逸少、張伯英，古來幾許虛得名？張顛老人不足數，吾師此藝不師古。故知萬事得天機，何必要見公孫大娘渾脱舞？對御草書，賜紫僧亞棲。」二僧書縱横倜儻，下筆如神，退之所謂「快劍斫斷生蛟鼉」者，信有之。然亞棲狂怪尤甚，如「事」字作蛇盤狀，矯首曳尾，蜿蜒如生。又，「舞」字落筆一掃，餘二尺許，如俠客睥睨，腰懸長劍，凜然有不可犯之色。意亞棲與懷素并馳，强欲出一頭地，乃作新如此，蓋棲有意爲，而素未之許也。

甲辰，次熊岳縣，宿興教寺。晚登經閣，南望王元仲海嶽樓，不及一牛鳴，但以謁禁，不得一登覽爲歎。舊聞京師名公皆有題咏，已刻石於樓下。命借副本，因得詳觀。蓋玉照老人劉鵬南爲之序。平章公張仲澤首唱「通」字韻詩，自餘賡和者，張御史壽甫、鄭侍講景純、蔡濰州正父、李禮部致美，如此凡二十五人。中間唯趙獻之作賦。又不用元韻者四人。玩味再四，有以起予，亦漫繼兩詩，他日登門，庶以是爲先容耳。然强韻傑句，皆爲人所先，要不蹈襲一字，亦出於倔强也。「飛甍縹緲拂層空，覽勝觀瀾左右雄。秋氣拍簾千嶂雨，夜潮春枕半天風。盟尋鷗去滄浪上，目送鴻歸滅没中。聖世文明方講禮，徵車行起叔孫通。」「先生勇退冀北空，坐笑百雌無一雄。咄咄諸郎有高著，紛紛餘子甘下風。龍媒懶行陸地上，鵬翼要舉青雲中。舊學淵源慎勿廢，逸書當續《白虎通》。」

乙巳，次龍門山雲峰院。昔武元直爲申君與作《龍門招隱圖》，正謂此也。龍門之南有大山焉，崇高峻拔，諸峰環列，皆北面事之，連延數十里。意謂此必態岳也，然詢及土人，無有知者。比龍門具體而微，其掩抱窈窕則又過之。欄楯穹窿涌出于西巖之腹者，佛屋也。佛屋之左右，連楹異户者，僧舍也。僧舍之東，崛起于疊石之上者，鐘閣也。鐘閣之東，枌栱岧嶢者，經樓也。經樓之南，飛跨於兩崖之間者，水殿也。水殿之下，厨廐庫庾，無不具焉。予是夕宿于主僧之禪寮。

丙午，遊北巖，觀瀑布水，野服曳杖，至於絶頂。其水初出于東北一峰之肋，懸流數十尺，盤轉于窪石之上，蓄之爲池，從横可二丈，池滿則傾瀉于石壁之下。水殿最爲龍門佳處。北望蒼巖瀑布，如千尺玉虹，飛落滄海。下瞰雲濤雪浪，春撞擊搏，其聲如奔雷驟雨，跳珠濺玉，倒射軒窗，雖六月不知暑也。少東有大石，屹然介于兩水之中，其平如掌，上可容三十客。方夏秋霖潦，水勢湍猛，非以此石殺其怒，則水殿無復有焉，大抵如瞿塘之灩澦堆也。壁有張仲宣、申君與留題歲月，又有紇石烈明遠留題三詩。蓋明遠嘗爲曷蘇館節度使，距此不及一舍，所以屢來登覽。其壬辰七月晦日詩云：「秋霽嵐光到眼青，層巒疊巘與雲平。解鞍暫借山僧屋，泉水潺湲漱玉聲。」此必領節之初，尚有佳興也。至癸巳立夏後三日詩云：「春盡山嵐碧轉加，攜樽來醉梵王家。桃花半折東風裏，應笑劉郎兩鬢華。」此必坐閲再歲，頗倦遊也。及甲午春分日詩云：「春半遼東暖尚賒，青山苦恨亂雲遮。三年絶徼勞魂夢，向壁題詩一歎嗟。」此以淹留歲月，未有歸期，感慨之情，發于歌咏也。予嘗觀李太白《廬山瀑布詩》云「日照香爐生紫烟」，意謂雄才健筆能潤色如此，以今日驗之，乃知詩人題品物象，必有所以然。午飯後，獨坐于中流石上，酌泉煮茗，俯仰溪山，方悟山谷《茶詞》云「口不能言，心下快活自省【八】」，只令日政使著也。逼暮，題兩絶句于殿壁云：「九天無路不容攀，誰挽銀河落世間。却恨青蓮老居士，祇將佳句賞廬山。」「强將懶脚挂枯藤，上到雲山第一層。幾欲刻詩題瀑布，却嫌千古笑徐凝。」

丁未，次曷蘇館，宿府署之公明軒。以公明名軒，自明遠始。題榜亦明遠之遺墨也。公平昔片言折獄，嫉惡若仇，自謂公明，亦不過矣。又其字剛正遒健，似其爲人。昔陳瑩中跋朱表臣所藏歐陽文忠公帖云：「敬其人，愛其字。」吾於明遠亦云。

戊申，予視睡榻四圍皆置素屏，迎明望之，猶有墨痕，依約可見，亟命濕去覆紙，皆明遠舊書也。其題云《奉謝登州太守符寶寄新鰒魚》，詩云：「疇昔珍鱐得屢嘗，流涎鮮嚼副牟平。太羹純湆味中味，明月半胎清外清。曾比臘茶猶劣似，直連楚國尚多卿。珍重寶隣賢太守，馳封新剗寄頳明。」其後跋云：「鰒魚，海錯之珍，酒邊咀茹腴濡，有味中之味。或問僕，何物可與爲比？對之以臘茶。人或退而笑曰：擬人物必以其倫，而曰鰒魚似臘茶，不亦異乎？或問予以爲定何似。曰：似蛤蜊。因識任昉亦不知味。暇日賦《乞茶》，語施丈，偶得此詩及評，併用一笑。煩元予舉似施丈，苟烹鰒魚之餘，真得一杯

【八】心下快活自省 「活」原作「恬」，據黃庭堅《品令·茶詞》改。

茶，便如『騎鶴上揚州』也。」予初見此詩，不知作者何人，亦不知謝者爲誰。及見跋文，乃知是明遠去文登之後，後政以鰒魚寄明遠，明遠以詩謝之。首句云「疇昔珍鱐得屢嘗」，是舊曾爲蓬萊閣主人也。然「嘗」字下押「清」字韻，豈非爲「清」「揚」字古詩亦通用耶？抑復效韓文公每寬韻輒旁出耶？不然，是誤書「烹」字作「嘗」字也。予恐誤者多矣。又以鰒魚比臘茶之說，「煩元予舉似施丈」，元予則必謂酈元予也，施丈者，若指施朋望言之。計明遠罷登州之後，施先生去世久矣。他日見元予，必當首問此一端也。又一幅前序云：「偶檢二十年前《干固哥林牙相公重午酒資詩》一首云：『牢落他鄉道轉孤，半生窮餓坐詩書。蕤賓況復當佳節，歸夢猶能到弊廬。屈子没江真是躁，田文及户亦成虛。公如不爲紅茵惜，願學前人一吐車。』」此詩，東平馮可所作也。林牙者，遼之文職也，班列在翰苑之上。但固哥相公者，不知其誰也。又一幅，全是高特夫、孔遵度兩書，并和「垌」字韻四詩。信乎明遠之於交親，可謂至誠也已。此去汴梁，相隔半萬里，所得詩文皆裝褾爲矮屏，是欲飲食起居皆得見之。聖師謂：「晏平仲善與人交，久而敬之。」明遠其庶幾乎？

己酉，遊西山石室。上一石，縱横可三丈，厚二尺許，端平瑩滑，狀如棋局。其下壁立三石，高廣丈餘，深亦如之，了無瑕隙，亦無斧鑿痕，非神功鬼巧不能爲也，土人謂之「石棚」。既無碑刻，故不知其所始。予爲作詩以記其異云：「片石三丈方縱横，平直瑩浄如楸枰。旁楮石壁作丈室，人力不至疑天成。此去東溟都咫尺，想見强嬴困鞭策。神仙游戲亦偶然，月斧雲斤滅痕迹。驂鸞翳鳳何時來，風雨灑掃絶纖埃。定應守護敕山鬼，陵遷谷變無摧頹。屹然萬古臨長路，曾閲漢唐如旦暮。山前怕有牧羊兒，更問金堂在何處。」

庚戌，啜茶于西園松下。茶罷，少憩于小軒。軒前花木頗有春意。予以舊圃荒蕪，命老兵芟除灌溉。已而不覺失笑，我亦行人，何戀戀如是？真所謂「客僧做寺主」也。因題一絶句于壁云：「莫道山城晚得春，柳梢桃萼已争新。出呼老吏治平聲。花圃，自笑行人作主人。」

辛亥，上巳日，是日陰霾，終夕面壁塊然坐。念往歲曲水流觴，笙歌鼎沸，年來奔走荒山，殊無聊賴，戲題一絶句云：「禊飲年年傍水濱，袚衣初試趁芳春。那知海上風沙惡，不似長安天氣新。」

壬子，行復州道中。辰巳間，風大作，飛沙折木，對目不辨牛馬。所幸者自北而南，若打頭風，則決不能行也。午後風勢轉惡，予怪而問諸里巷耆舊云：「飄風不終朝，何抵暮尚爾？」耆舊云：「此地瀕海，每春秋之交，時有惡風，或至連日。所以禾黍垂成，多有所損，固亦不足怪也。」昔東坡先生賦颶風，亦謂海南有之。大抵海氣陰慘，朝氛暮靄，雖晴霽亦昏然。況大塊一噫，崩濤怒浪，賈勇其旁，宜其不可當也。此豈亦颶風之餘種耶？乃作詩以記其事：「昨宵月暈如手遮，今日黃雲翻礮車。初聞窸窣動高樹，漸覺飛砂卷平路。滄溟浪滚三山摇，恐是海若誅鯨鼇。昏昏日轉更作惡，瘦馬側行吹欲倒。津吏告儂無渡河，枯河連海翻一作「掀」。驚波。」是夕宿于復之寶嚴寺。

癸丑，是日清明節，意緒不佳。自念來日無多，崎嶇道路。去歲清明，自廣寧赴同昌，今又寄迹於此。勞生有限，歸計未涯，聊以小詩自嘲：「去歲清明過廣寧，今年投宿水邊城。來春未改遼東節，更叱星軺底處行。」

甲寅，晝寢方寤，視卧屏後有草書數行。細觀之，乃一故絹扇圖，上有詩云：「金壺漏盡禁門開，飛燕昭陽視寢回。誰分獨眠秋殿裏，遥聞笑語自空來。」詞翰俱不俗，亦不知誰作也。其詩體致大似王建春詞，未知是否。

乙卯，僧屋壁間，有冰溪《魚叟詩》及後序。冰溪者，張仲文也。詩云：「七年重到舊招提，影轉南窗日轉西。粗飯滿匙才脱粟，藜羹供箸欲吹虀。城邊草木驚摇落，山下風烟正慘悽。欲覓前詩拂塵壁，已煩侍者掃黄泥。」後序云：「大定歲在重光赤奮若新正後八日，因審刑，旅泊此舍。嘗夢中得句云：『客舍青熒寸燭殘，思歸驚怪帶圍寬。夜觀星斗穿雲去，不怕天風特地寒。』題諸此壁，以俟再遊。至今歲在强圉協洽律中無射上休后六日，因勾當公事，復假館於此。尋曩日所題鄙語，已隨黄泥化爲烏有先生也。」予觀冰溪後來所作律詩，本以舊題夢中一絶句已爲人掃去，乃引用坡公「恐煩侍者掃黄泥」故事。前兩句歎旅食粗糲，次兩句言風物蕭條，其于「掃黄泥」之意似不相干。而夢中小詩，句法清勁，語意貫串，勝于律詩遠矣。二詩既出于一手，何前進而後却耶？得非文通之筆，有神相之？不然，無緣睡語勝于不睡時也，亦可一笑。且書生喜辨論，專以管見妄自分別，乃習氣使然。况人生大夢未覺，何者不爲睡中語耶？今予所評，亦是夢中説夢也。當姑置之。

丙辰，自永康次順化營。中途望西南兩山，巍然浮于海上，訪諸野老，云此蘇州關也。遼之蘇州，今改爲化成縣。關禁設自有遼，以其南來舟楫，非出此途不能登岸。相傳隋唐之伐高麗，兵糧戰艦亦自此來。南去百里，有山曰鐵山，常屯甲七千人，以防海路。每夕平安火報，自此始焉。西南水行五百餘里，有山曰紅娘子島。島上夜聞鷄犬之聲，乃登、萊沿海之居民也。爲賦一詩：「地控天巖險，天連四望低。荒烟連海上，殘日下遼西。戍壘閑烽燧，戎亭卧鼓鼙。陋邦修職貢，安用一丸泥？」予嘗觀《管寧傳》云：管寧與邴原厭山東多故，聞公孫度化行海外，即挐舟涉海，老于遼東。始悟先生之來，亦自此始矣。予自去歲按行部，凡遼東府鎮郡縣，封界之内，靡不至焉。每訪求先生故居之所，終不可得。如李斯井、子賤臺、屠兒墓、昭君冢，皆在魏晉之上，今猶宛然。蓋此方自李唐之季爲高句麗侵據，後爲大氐所有，繼至於遼，文物衰謝久矣。既當時太史略而不書，又無稗談野録，故先生遺迹，闃然不見於後世，惜哉！予路出永康，佇望海門，雲烟滅没，緬懷先生之去世，今已千載，海山奇勝，風景不殊。嗟歲月之不可留，傷古今之不復見。因作詩以吊之，亦李太白望鸚鵡洲悲禰正平之意歟。

丁巳，次新市，投宿於民家。其家亦頗好事，壁間畫齊趙魏楚四公子。予爲各賦一絶句。《孟嘗》詩云：「碌碌齊王世不聞，佳名惟重孟嘗君。三千賓客空蠶食，狗盜鷄鳴却解紛。」《平原》詩云：「趙苦秦圍力已殫，合從於郢授邯鄲。當時不試囊錐穎，誰捧同盟歃血盤？」《信陵》詩云：「信陵豪貴氣淩雲，折節屠兒意已勤。一挫雄兵四十萬，殺降絶勝武安君。」《春申君》詩闕。

戊午，宿龍巖寺。西去龍巖一舍而近，有山崛起，筆立五千尺，秀出諸峰，望之如浮圖焉。予怪而問之。路人云：此速魯忽山也。速魯忽乃尖刃之意。山之絶頂有池方丈，有鯉魚長餘尺許。舊年人欲取之，投網於水，立有風雷之變，由是異焉。咸謂龍神晦蟄于此。歲旱，亦嘗備牲醪禱於池上。予謂深山大澤，實生龍蛇，又何足怪哉！雖然，吾聞神龍變化，無所不可，何爲居此窮僻而甘心焉？豈非獲罪于天，羈縻于此耶？戲作詩以嘲之云：「孤峰亭亭如筆卓，直恐去天無一握。樵童牧豎每登陟，繭足汗顔疲犖确。山巔涌泉成丈潭，下徹海眼青於藍。中有鯉魚長尺半，金鱗火鬣絶不凡。往歲村夫投網罟，應手波翻起雷雨。況此本非池中物，狡獪豈容人力取。既能變化天地間，何苦局促留荒山？得非獲罪于上帝，幸免老蹇囚連環。嗟哉無久淹魚服，但恐輕遭豫且辱。快挽滄溟救旱苗，乘除功過聊相贖。」

己未，發龍巖。山前數十里，北望大山，連延不絶，數峰側立，狀如翠屏，秀色可掬。里人謂之「磨石山」，以出磨石故也。予惡其名不佳，欲改之曰「競秀巖」，所恨山民無好事者，何足與語此哉？已而凭鞍信馬，目逆而送之。不覺去山已遠，眷眷猶不能捨，詩興甚濃，忽憶坡公「前山正可數，後騎且勿驅」之句，豈特爲我設？况馬上看山之意，盡於是矣，故不復敢措一辭，但嗟賞諷誦而已。又行十里許，臨水有大石，圓瑩如鏡，從横餘丈，了無斧鑿痕迹，儼然天成。予目之曰「石鏡」，因作詩以識其異：「石鏡臨官道，規摹亦異哉。盤龍形偃蹇，飛鵲影徘徊。近水縈羅帶，憑崖挂玉臺。餘光依日月，纖翳奈塵埃。宿雨淬磨出，晨風拂拭開。還應望夫女，深夜弄妝來。」

庚申，赴大寧鎮，中路亂山重複，人迹僅通，然皆培塿，無可觀者。又東行四五十里，南望層巒疊嶂，空翠溟濛，百道飛泉，環流山麓。此下有「旁行臨水」四字，餘皆脱。

附録

金毓黻叙

曩讀《滿洲源流考》，引《鴨江行部志》，知其必與《遼東行部志》同出於《永樂大典》，以爲無好事者爲之輯出，其亡佚也久矣。近始知此書尚有輯本，舊藏盛伯熙祭酒家，後展轉入海鹽朱氏。譬如孔壁遺書，尚不隨秦火以俱盡，聞之喜可知也。第朱氏頗秘惜此書，迄未付刊以公諸世，人所得見者僅朱氏所撰考證一篇。原名《鴨江行部志地理考》，載入《地學雜志》第二十年第一期。稱引記文甚簡，可見厓略而已。考《滿洲源流考》凡三引此書，其一、其二皆爲湯池縣，其三爲蘇州關，而皆具於是篇，蓋原自《大典》輯出之遼東、鴨江兩《行部志》，皆非足本，撰《源流考》時所見亦僅此。此其所以可貴也。《遼東行部志》輯本既經江陰繆氏刊行，而此書見存於朱氏者，實爲人間孤本。函商借鈔，久未得請。姑以是篇附刊於《遼東行部志》後，過屠門而大嚼，縱不得肉，猶勝於無。仍望原本早出，庶不致終成《廣陵散》也。金毓黻校竟記。

（《遼海叢書》本卷首）

朱希祖跋

舊鈔本《鴨江行部志》一卷，金王寂撰。前有清宗室盛昱私印。按，寂有《拙軒集》六卷，由《永樂大典》輯出，已刻於《聚珍版叢書》。繆荃孫《藕香零拾【一】》又刻其《遼東行部志》一卷，從《永樂大典》輯出，然不載入《四庫全書》。其書作於金明昌元年，起二月丙申，訖四月庚寅，凡一月又二十五日，爲日記體。時寂提點遼東路刑獄，巡按各部，記其所事，故曰「行部志」。志載其《祭廣寧公文》云：「某祇服王命，周按部封，雪孤窮無告之冤，去乾没横行之蠹。」可以見其職掌矣。此《鴨江行部志》即巡按遼東次年所作，起明昌二年二月己丑，訖三月庚申，凡一月有二日。此二書於金上京、東京、北京三路地理頗多異聞，可以補正《金史·地理志》。余别有《遼東行部志地理考》及《鴨江行部志地理考》，此不贅述。《行部志》在金元之際似有刻本，元好問《中州集》王寂小傳言：「行記載其先人《鷄山詩》云：記得垂髫此地遊，鷄山孤立水平流。而今重過山前路，山色青青人白頭。」此詩今見《鴨江行部志》，惟「平流」「東流」稍異。元氏所稱「行記」，即《行部志》無疑。《遼東行部志》出於《永樂大典》，而《大典》必鈔自宋本。此《鴨江行部志》似亦由《大典》録出。乾隆四十三年敕撰《滿洲源流考》，曾引《遼東行部志》及此書三月「丙辰」條「自永康次順化營，中途

【一】藕香零拾　「香」字原脱，繆氏有《藕香零拾》，據補。

望西南兩山，巍然浮於海上，訪諸野老，云此蘇州關也」等句。《滿洲源流考》卷十一。則此二書曾入内府，而皆出於《大典》無疑。然不刻於《聚珍版叢書》，亦不收入《四庫全書》。四庫館臣爲《拙軒集》提要時，臚陳寂之著述，亦未嘗齒及，則此二書失傳久矣。今《遼東行部志》已由繆氏刊行，此書則尚未行世，余亦擬付刊以廣其傳。《中州集》言寂所著書有《拙軒集》《北遷録》，而不言二《行部志》，殆既引其行記，故略而不言耳。《中州集》卷二王寂《送張仲謀使三韓》詩注有閻子秀《鴨江行記》，今已不傳。此三書皆金門詔、盧文弨《補金史藝文志》所不載，可據以再補者也。《遼東行部志》有寂詩五十七首、文三首，爲《拙軒集》所不載，而《鴨江行部志》亦有詩二十六首、文三首不載於《拙軒集》，可以録出，別爲一卷，附於《拙軒集》之後。民國壬申一月三十日，海鹽朱希祖記。

（《遼海叢書》本卷尾）

清和真人北遊語録

◉尹志平述
◉段志堅編

點校説明

《清和真人北遊語録》四卷，金尹志平述，元段志堅編。尹志平（一一六九—一二五一），字大和（又作太和），萊州（今屬山東）人，祖籍滄州（今屬河北）。金世宗大定九年（一一六九）生，幼穎悟善記，能日誦千言。大定二十八年，拜於全真教劉處玄門下，自此出家。蒙古成吉思汗十五年（一二二〇）至十八年，隨丘處機西行覲見成吉思汗。二十年，得丘處機賜清和大師號。二十二年，丘處機仙逝，遺令宋道安提舉道門事，志平副之。宋道安以年老爲辭，志平遂嗣教，爲全真教第六代掌門。窩闊台汗十年（一二三八），傳掌教之位於李志常。海迷失后元年（一二四九），加封清和演道玄德真人號。蒙哥汗元年（一二五一），逝於清和宫。元世祖中統二年（一二六一），詔封清和妙道廣化真人號。著有《葆光集》三卷，述有《清和真人北遊語録》二卷，今存於《道藏》。另，玄全子編《真仙直指語録》中録有「清和尹真人語」，亦存於《道藏》。生平見李志全《清和演道玄德真人仙迹之碑》、弋彀《清和妙道廣化真人尹宗師碑銘并序》、王惲《大元故清和妙道廣化真人玄門掌教大宗師尹公道行碑銘并序》等。段志堅，生平里貫不詳，爲尹志平弟子。

《清和真人北遊語録》爲志平弟子記録其於窩闊台汗五年赴北京（治在今内蒙古赤峰市寧

城縣）、建州（今屬遼寧朝陽）、義州（今遼寧錦州義縣）一帶行醮事弘道之語録集，至晚於窩闊台汗九年前編成。其語言平實，善以身邊事講平常理。所録一爲於北遊諸道觀「夜坐」時對衆人弘道之語，一爲於義州通仙觀釋講《道德經》之語。其主旨乃闡釋克情制欲、行善去惡、以積累功行而復「道之天性」之内丹修鍊之道，反復强調「神仙之道」須以力行，力圖使全真教義由「無爲」轉向「有爲」，由山中清修轉向世俗塵勞。其中亦旁及其身世、交遊及其他全真教重要人物行迹等内容，頗有價值。

是書存於明《正統道藏》正乙部弁七至弁十、《重刊道藏輯要》第十八册昴集十。初版時尚爲二卷。《正統道藏》録爲四卷，蓋將原本以篇帙長短析而爲四，其前二卷爲原本之上卷，後二卷爲原本之下卷。其痕迹有三：其一，前二卷爲「夜坐」弘道，後二卷爲通仙觀釋講《道德經》，互不干涉，各自完足；其二，僅第一、三卷卷首記録有明確時間，第二、四卷則無；其三，第三卷末條與第四卷首條内容相連，應爲一條，其分離亦應爲强行割裂原章所致。《重刊道藏輯要》本不分卷。此次點校以《正統道藏》本爲底本，以《重刊道藏輯要》本爲校本。张繼禹《中華道藏》第二十六册、張廣保《尹志平學案》、董沛文《金丹元旨》中收有標點本，亦參考之。

卷一

癸巳秋七月，北京華陽觀，衆集夜坐。

師曰：自今秋凉，夜漸長，不可早寢，莫待招呼。即來會話，不必句句談玄是道。至於古人成敗、世之善惡之事，道無不存。凡稱人善，己慕之；稱人之不善，己惡之。慕善惡惡之念既存於心，必自有心去取者。行之有力，則至於全善之地。言之有益，兼聽者足以戒，亦有所益。若存心悠悠，不擇人之善否，凡己之所行，亦必不擇，因循苟且，流入惡境，終不自省。談成敗善惡，雖未盡學者之道，猶有所益，不賢於飽食終日縱心者哉？況修行之害，三欲爲重。食睡色。不節食即多睡，睡爲尤重，情欲之所自出。學人先能制此三欲，誠入道之門。人莫不知，然少有能制之者。蓋制之者志也，敗之者氣也。志所以帥氣，此志卑而氣盛，不能勝也。必欲制之，先減晝睡，日就月將，無求速效，自然昏濁之氣不生，漸得省力。吾在山東時，亦嘗如此，稍覺昏倦，即覓動作。日復一日，至二十四五日，遂如自然，心地精爽。衆等當行之。凡學道，雖卒未能到通天徹地處，先作個謹慎君子亦不虧已。然大聖大賢，皆自此出。他人只知縱心爲樂，殊不知制得心，有無窮真樂。

師曰：吾近日甚欲不言，只爲師家因緣，須當有言，然教法於人有益甚博。吾山東住觀時，但行寬裕之道，又以此教人，果得十數年間不起争端。凡住叢林，勸諭衆人，能尊賢容衆，和睦不争，實爲福田善行。當時衆中間，有一二人弗率，十九不容，吾亦優容之。但恐其人墮落，兼或害事，不免少責，然亦須方便，使人受得，不惟自己不苦動心，又得有過之人易悛改耳。

白鶴觀方丈，師與衆坐，有人獻新李，分食之。師因舉隋時故事云：當時天下一統，宫中創三山、五湖、四海、十六院，奇葩異果，畢植其中。時西院楊梅一株，一夕滋蔓，其大蔽畝。楊，隋姓也，時人皆爲榮慶。東院玉李一株，亦復如此。及結其實，則梅酸而李甘，人皆弃梅就李。又池中一大鯉魚，有「王」字在額。後隋滅，天下宗唐。唐，李姓，人始悟之也。故知興亡必有定數，爲五行運氣推移，不得不然。凡居陰陽之中者，莫不有數，所以人不能出陰陽彀中。惟天上無陰無陽，是謂純陽。俯視日月運行轉變，時數在運氣之外，又豈有寒暑春秋、興亡否泰之數邪？人處陰陽之中，故爲陰陽所轉，曾不知元有個不屬陰陽轉换底在。學道之人不與物校，遇有事來，輕省過得，至於禍福壽夭、生死去來，交變乎前而不動其心，則是出陰陽之外，居天之上也。如此，則心得平常，物自齊矣。逍遥自在，遊於物之中，而不爲物所轉也。先必心上逍遥，然後齊得物。故《莊子》首章説逍遥遊，有旨哉！

弟子曰：平常是道邪？

師曰：平常即真常也。心應萬變，不爲物遷，常應常静，漸入真道，平常是道也。世人所以不得平常者，爲心無主宰，情逐物流，其氣耗散於衆竅之中。《孟子》之説爲至，云：「志者，氣之帥也。」人能以志帥氣，不令耗散，則化成光明，積之成大光明。師父有云：「大光明罩紫金蓮。」蓮，喻心也，神明處焉。必先平常，而後能致此。孔子説「中道」，亦平常之義。又有云：「佛性元無悟，衆生本不迷。平常用心處，即此是菩提。」不知常，妄作凶，知常則明。

弟子曰：佛説與吾説，無有異乎？

師曰：以理即無異也。佛説、吾説、俗説，皆存妙理，只要自己心性上會得，則自然照見，恁時和心性也不要。有云：「也無心，也無性。無性無心，方得神通聖。」又曰：「有人來問道，須對達人傳。」若人心上先不通達，如何言語傳得過去？

長春師父升遐日，七月九日。於白鶴觀芳桂堂設祖師七真位致祭。道衆禮畢，坐，話及當世事，共賀吾門得享清安之福。

師曰：今日安居飽食，進修德業，豈可不知其所自邪？皆祖師天資超卓，所積福大，了悟大道，成己而後成人，陶鑄以次諸師真，遞相訓化，明徹心地，窮究罪福，了達者甚多。千魔萬苦，所積功行彌大，以致教門弘揚如此。長春師父嘗言：「千年以來，道門開闢，未有如今日之盛。」然師父謙讓，言之未盡。上自黄帝、老子以來，未有如今日之盛，天運使然也。緣世道漸薄，天生聖賢，相爲扶持。上古以道化，其後以仁義治。又其後風俗浸衰，佛教流入中國，以天堂地獄勸率之。至于今日，復生祖師，闡化以來，方七十年，成就如許。師真設大方便，以濟生民。然佛氏二十餘代後，所積功行深大，其教流至中國，益世甚多，後人不能遵繼，致此凋弊。都爲人久享其福，則業從而生。大衆不可不深知，亦不可不深戒。近見吾徒坐享其福，多所縱心，漸乖善行者，是生業之端也，去道益遠。夫人性本去道不遠，止緣多世嗜欲所溺，則難復於道。故孔子曰：「性相近也，習相遠也。」還能慎其所習，不爲物累，一心致虛，則所聞教言，自然解悟。吾之所得教言，皆師真處口傳心受，行持至今，豈不欲傳之後人？然罕有誠心聽受者，故常欲無言。縱有曾聞者，不務行持，與不聞同。教言如法籙，持之則有靈有驗，不持則空言也，彼此何益哉？赤脚老劉先生曾謂我云：「譚師父宜早了道。嘗共化飯，每見日省其心，晚則校勘自旦所起之念，旦則校勘自夜所起之念。日復一日，未嘗少衰。」師父言：「丹陽二年半了道，長真五年，長生七年。我福薄下志，十八九年。到通天徹地處，聖賢方是與些小光明，未久復奪之。」此吾所親聞。若論所積功行、歷過苦辛，縱有剛戾之人，亦須感動其心，苦辛功行，積成大福，以至化行天下。目今門人，雖功德未至者，便安受其福。如心上用功，念念在道，或勤勞接待者，庶可消得。如或不然，反喪其本。既生中國，得遇正教，復離俗緣，若不進修行，徒享其福，則他生豈復得入道邪？若享福太過，積業日深，人身亦不得保，豈非喪其本邪？古論云「招得來生不如意」，蓋此也。積善成福，積惡成業，非一朝一夕之故。人見小善爲無多益而不爲，見小惡爲無甚傷而不去，積之皆成其大而不可解。有云「滴水涓涓，漸盈大器」，可不慎歟？祖師與諸師真同心同德，立此教門，四海視如一家。大凡吾門之人，同得同失，一人進道爲教門之榮，一人作過爲教門之累，此尤不可不慎。但勿爲地獄中事。人而作過，心上便有地獄。佛説阿鼻，又説無間，吾教説酆都，皆不可誣。

粘合道人問曰：弟子嘗問修行於同門，人或教之苦鍛煉，或教之守自然。敢問如何則是？

師曰：道不可以言傳。人必心上先自有，而後可入。雖師真亦不能以道與人，惟教之重積功德爲入道之基。長春師父嘗言：「我與丹陽悟道有淺深，是以得道有遲速。丹陽便悟死，故得道速；我悟萬有皆虚幻，所以得道遲。悟死者，當下以死自處，謂如强梁人既至於死，又豈復有强梁哉？悟虚幻，則未至於死，猶有經營爲作，是差遲也。」此理非不明，蓋悟有淺深，各隨人所積福德厚薄耳。是以先輩雖一針一草之行，未嘗輕弃。古人謂「寸陰可惜」，一時刻無功無行，是爲虚費。雖一飲食，如何可消？學道必自粗入精，積微成著。於教門有力者用力，有心者用心。管領事務，調和人衆，無不是功行。如此則一衣一食，庶可消任。吾平日受人供養，自降心上消得。初在濰州時，老龍虎千户家常邀我輩十數人就其家，約奉給數月。未至十日間，衆已有悶人者，或至體中不安，彈琴弈棋，尚不能消遣。吾但無爲優游，未嘗一日不安。緣吾本無心，應命而動，收斂心情，不放外出，雖左右供給人，不識其面目，不知其名字，又飲食不令至五分之上，何爲不安樂？凡人之心，必有所好，但患不得其正。若好於外物，則無美惡，皆適於邪；若好任於道，則此心一切是正。此心既正，則外邪自輕，日漸輕省，至於無物。將多生相逐、輪回遷變底業識屏除亦盡，把好道也不要，廓然虚空，其中自有個不空者。故云：「非有非空，是謂真空。」不治其心，何以致此？故修行，治心爲要。既明損益，把世人一切所行事，心上都顛倒行過，則身中之氣亦自隨之，百骸自理，性自止，息自調，命自固，去仙道不遠矣。今之學人不循此道，開口便談玄妙，往往落於空妄，未見有成功者。復以此妄傳，誤人多矣。人人共知神仙可慕，終不肯力行所以得神仙之道，正如人言饅頭可食，果欲得食，則必耕田布種，然後得食。如告以土中覓，則無不笑其迂謬。然究其所來，未有不自耕種而得者。學仙之道，豈異於此！

師曰：初學之人，不知性命，只認每日語言動作者是性，口鼻出入之氣爲命。非也。性命豈爲二端？先須盡心，認得父母未生前真性，則識天之所賦之命。《易》曰：「窮理盡性，以至於命。」

師曰：人稟五行之氣以生，故亦隨其性。如木性多仁，火性多禮之類是也。此皆非吾之本真，須超出五行，始見吾之真性矣。太古最似坦易，然受人一食，必默與經十卷。後人欲不校細行，可乎？

師謁游仙觀，觀主李志韶拜問《悟真篇》所疑，師不答。至夜坐，謂衆曰：「張平叔平日積功行甚大，感悟一人，明指，有所開悟，故出語極有妙處。」遂舉所作《西江月》詞三首云：

天地纔經否泰，朝昏好識屯蒙。輻來輳轂水潮宗，妙在抽添運用。得一萬般事畢，休分南北西東。損之又損慎前功，命寶不宜輕弄。

二八誰家姹女，九三何處郎君。自稱木液與金精，遇土却成三性。更假丁公鍛煉，夫妻始結歡情。河車不敢暫留停，運入崑崙峰頂。

丹是色身妙寶，煉成變化無窮。更能性上究真宗，決了無生妙用。不待他身後世，見前獲佛神通。自從龍女著斯功，爾後誰能繼踵？

李長老同是遇真得道，所留教言，甚若與平叔不同。人謂李老不言命術，平叔不言性宗。性命本非二，此理甚明，但難以言形容，必得明達之人，則可傳。故云：「有人來問道，須對達人傳。」又曰：「可傳不可授。」如堯以天下傳於舜，舜傳於禹，以舜、禹有玄德聖功故也。傳道亦如是。若謂人人可以傳授，則當日祖師不離終南，是人皆得成就，又何必區區東極海上邪？既得四師真，復以弟姪子次之。丹陽爲弟，譚爲姪，長生、長春則子也。

後四師真成道，亦有遲速。丹陽二年半，長真五年，長生七年，長春師父至十八九年，以其志行通徹天地，聖賢方與之。各驗其所積功行淺深，故排次有等級，而成道有遲速也。師真尚如此，今之學者不積功行，直欲造道，必無此理。正如人欲買千金之貨，顧己物當其價，而後得果，愛其貨而不積其價，則徒起妄心，終無可得之理。爲道之要無他，積累功德而已矣。祖師初至登州，有介官人者，素好善事，常殷勤接待。後得馬、譚二師復過登州，介公率衆致齋，請出家。意謂祖師千萬方便，經二年方得馬、譚二人，今予自請，必將欣納。懇求再四，不許。他日復請，竟不許。介公退。祖師謂諸人曰：「二人於此，欲建大殿宇。一人則基址既立，材植既豐，未求匠工而匠工自往，何哉？材既備而功可成也。一人則指其立基之地而窪坎未平，一工未施，匠石望之而去，則不復顧矣。又如良田一畝，時種時芸，粒收倍石。薄瘠之田，良農不就，爲徒勞而無所成也。」觀此，不以功行爲本，焉可成道乎？昔嘗有碾劉道人，於關西持不語，化自然飯，志行苦卓，曾十六日不得食，亦不敢起別念度此一厄，後至十六年，師父亦憐其苦節。然性不循良，物有輕觸則猛暴如火。吾住玉清觀，曾來告住，後歸鄉里，二年中凡兩過，漸見氣象不佳，語言差互，時年已近六旬，後果聞還俗。此無他，初不以功行爲本，必致於此。往日乞飯坐圜者，皆是心上有所開悟，未至純一，是以居静涵養，體究真空。今之乞飯坐環者，多是少年，未有解悟，直慕虛無【二】，往往落於空妄。悲夫！今教門大開，舉動皆是功行，懇心低下，斷絶人我，

【二】直慕虛無　「慕」原作「墓」，據《重刊道藏輯要》本改。

苦己利人，其所以行此者，即是道性。勤勤不已，久而自有開悟。今人見人有善行，則曰有道心；見行不善，則曰無道心。推此意，豈非知道也？衆等無疑。

師遊北山，夜投通仙道院，在針綫營。與衆坐。李志韶舉舊詞，有句云「甲子天元到來也」。歌既闋，師戲謂曰：當道「甲子天元過了也」。衆不知所謂。

師曰：此長生師父屢言也。吾嘗親聞之云：「修行必當其時，此正天元甲子慶會之秋也。此時既過，修行將至難矣。」吾初聞之，未甚純信，蓋未深知也。於今入道既久，信時之義大矣。嘗觀長生師父掌教初年，修行人居静下功，行之未久，心上便有消息。如此者，歷歷可數。至末年，未見有所得者，何也？非其時故也。正如有人布種於仲冬之月，所用工力倍於尋常，然終無所得。不獨於此，凡世間之事，皆隨時盛衰，誰能違此！師父言：「儒家論道，《論語》《孟子》盡之矣。」吾少時讀此書，便得其味，後入道，又得其理。孔子謂顔淵曰：「用之則行，舍之則藏，惟我與爾有是夫！」聖人豈獨私於顔子？蓋餘子未可與此理。此理云何？時而已矣。可以進則進，可以退則退，可以久則久，可以速則速，無可無不可，動静無我，惟時之是從，則動静莫非道也。故《孟子》贊孔子曰：終條理，集大成，爲聖之時者也。或進或退，或無爲或有爲，其道一也。故《孟子》有曰：禹、稷、顔淵同道，易地則皆然。吾少時嘗問師父曰：「堯舜功德巍巍，恭己治世，有爲也。許由竟辭堯讓，無意於世，無爲也。何以并稱聖人？」師父曰：「有爲無爲，一而已，於道同也。」如修行人全抛世事，心地下功，無爲也；接待興緣，求積功行，有爲也。心地下功，上也。其次莫如積功累行，二者共出一道。人不明此，則不能通乎大同，故各執其一，相爲是非。殊不知一動一静，互爲體用耳。豈惟動静爲一？至於陰陽、晝夜、死生、幽明，莫非一也。能知生之道，則死猶是也。盡乎明之理，則幽亦猶是也。夫復何疑？故子路問事鬼神。孔子曰：「未能事人，焉能事鬼？」又問死。子曰：「未知生，焉知死？」爲子路者，當於言下達此至理。然此理必聰明人可達，此所以師父每見聰明之士，吹噓提挈，未嘗輕捨。如丹陽師父道童孫蓬萊，幼而聰敏，既長，無所不通。至於文章、醫藥之學，皆得其妙。以此見解，造道爲不難，常離群獨居。師父深惜之，欲置左右，竟不肯從。聰明固可達道，然則情多外感，守清静爲難。杜子美詩有云「中夜起坐萬感集」，乃知聰明人多感如此。凡聰明之士，惟天降神，雖至死亦復親乎上。然情欲不除，未免流轉。若能以聰明之資，力行其道，克盡人欲，純一無間，如嬰兒赤子，造真仙之地矣。人之性本如此，此外無非情欲。故諸子論性，或言惡，或言善惡混，惟孟子言性善，此所以亞於聖人，爲諸子之冠也。此言惟聰明之士可以知而行之。人之聰明，豈無其因故？實由多生積累功行以成其福，爲福所資，自得一性開覺，故天生聰明也。豈有無因故，而天生聰明者邪？今日教門大開，積累功行，正其時也，便當有爲爲入道基本。或有聽之不信，信之不行，偷閑放逸，蠶食於人，鮮有不墮落者。哀哉！

師曰：學人有多聞博知者，往往思前算後，利害心重，此篤信所以虧也。或有無所聞知，不知就利，不知避害，以其心志專精，或有入處。回愚參魯，故幾於道。大凡利害心重則不純，不純則不誠，不誠何以入道？

師曰：吾每欲以實語人，人將以尋常，不加精進，多謂通靈通聖方是道。嘗記有人勸師父少施手段，必得當世信重。師父不顧。至於再三，勸者益甚。師父大笑曰：「俺五十年學得一個實字，未肯一旦弃去。」乃知至人不爲駭世之事。亦如世人於財物，深藏厚積，雖造次顛沛，未肯輕發。是以至人有若無實若虚，不放一毫露出，甚至於佯狂混世，猶恐人知之。人或知之，一加欽敬，有損於己。故稠禪師一解虎鬥，遂革第三果，此皆實理也。奈何人必以通顯靈聖方是道，殊不知必自積累功行，既至深厚，心自靈，外緣自應，無非自得。若有心於求，必涉虚僞，其損性損福，不可勝言。

中秋夜，棲真觀露坐，衆話及礬山聖泉，云是黄帝誕聖之地。臨泉有樹，帝母嘗曝藉衣於上。其樹遂痀僂而俯柯葉蔭其泉，似不偶然也。父老云：將老，復有孫枝生其下，既長，其枝幹態度一如之。至於今，不知其幾代矣。或曰：既有如此，何爲不聞有大興建以發揚之？

師曰：吾嘗見小碣，讀之，乃唐時一縣宰輸己之俸以立。宋得天下之後，緣此地屬契丹，故不復振。凡大興必大廢，平常乃能久，物理固然耳。自帝至今三千六百餘歲，幾經世之興亡，而聖迹儼然，百世瞻仰，皆由平常，以致於此。師父廣讀書窮理，深知帝之德，常稱於人。人多未窮道理，直以爲虚誕，少有能聽信者。云帝非謫降，乃自降也。因上天議大行，以天上無可施爲，願施於下土。初世爲民，凡有利益於世者，知無不爲。再世爲官僚，其功以得濟衆。三世爲帝，遂貽萬世永賴之功。故知天人必施功德於世，使下民用之不竭，方始復升，安居其上。

觀主大師張公問曰：傳聞帝之先，有五紀焉，咸有聖德，民壽萬歲，可信然否？

師曰：以無書傳可考，則似誕妄；以理推之，則爲信然。人初禀道氣以生，亦必隨道

卷二

校勘記

氣之盛衰。當其天地始判，道氣精純，所生之人，性如赤子，皆服其氣，而壽數豈止於萬？道氣漸離，地産靈芝，當時人皆食之，猶得千歲。及乎道氣已散，而生百穀，人擇其精者食之，美滋味而嗜欲生焉，壽不滿百，不亦宜乎？以理言之，亦不可謂誣也。吾少時讀佛氏《蓮華經》，如云日之大若干，月之大若干，天有九霄，地有九壘，各高厚若干。初讀之直以爲誕妄，後因入道，乃得其理。謂如九霄，即虚無也。虚以實爲對，則地有九壘，亦固然爾。如地産金銀銅鐵之類，人見其金銀銅鐵也，是乃五行之氣在乎内而秀發於外而成形質，是自無而入於有。雖曰堅剛，然久則必還其初。昔有客嘗論及時尚以金飾衣段，計日所費，不下數百鋌，不意堅金亦復有壞邪？吾是以知世人不知天道如此。天道必還，非有心於還而自還之，此即理也。金出於地，亦何嘗欲於世用？人以機巧，取之不厭，則有傷於元氣。今者形質雖壞，而其氣則復於初。如或不然，則生生道息矣。生生之理，不獨於金水火土木之屬，凡物皆然也。吾從師父過陰山之北，沙漠有大林，雖無斧斤之伐，不以大小而舉林自朽，蓋所禀根氣既衰，不得不朽耳。然則其孫枝又復生其下，此即生生之道也。以此觀之，榮枯生死，莫非自然。人生富貴、貧賤、榮枯、壽夭，亦各有所命也。惟人不受其命，則苦心勞形，貪求不已，然則終不能於定分上曾有一毫增益。若或用心失正，積成罪業，其所損有不可思議者，非徒無益，而又害之。故曰無心是道。夫世道衰微，民不能明達此理，故天生大聖大賢以拯救之，以言教，以身化，發明斯理，將使復其常性。祖師設教，正爲此術。

師曰：凡人無故遭人欺罔困辱，或至殺害，莫非還宿債也。惟達人明理，故不敢欺一念，不敢凌一物，一言一動，惟恐有負於物，寧人負己，終不以己負人。欺人則自欺，害人則自害，如以刃自傷其身。

師與衆坐，論及世之人多剥於下而奉其上，以安其身。

師曰：何惑之甚也！取於衆而安其衆，身不求安而自安。若惟求安身而不恤於衆，則是反危其身，是不明損益之道也。故云「損之而益，益之而損」，此非世俗所能知。

中秋十七夜，棲真觀合衆露坐，塑師王才作禮求爲道像法。

師曰：凡百像中，獨道像難爲，不惟塑之難，而論之亦難。則必先知教法中禮儀，及通相術，始可與言道像矣。希夷大道，視之不見，聽之不聞。聲色在乎前，非實不聞不見，特不盡馳於外，而内有所存焉耳。而謂實不見聞，則死物也。如内無所存，而盡馳於外，則是物引之而已。道家之像，要見視聽於外，而存内觀之意，此所以爲難。世間雖大富貴人，其像亦甚易見。謂如富有之人，則多氣酣肉重，頤頷豐滿，然而近乎重濁。道像則不失其風骨清奇，而有大貴人之氣，見於眉目之上、天庭日月之角，又背若萬斛之舟，喻其重厚也。必先知此大略，其爲像庶幾矣。雖然，但當有其意，甚不欲圭角呈露，此所以爲尤難。世之富貴，雖大至於帝王，猶於術之中可求，惟道像則要於術外求之。術説外相，則窮到妙極處；至於内相，則術不能盡。然有諸内，則必形諸外，而可見於行事。事，迹也。所以行事者，理也。尋其事而理可知，故知内外可通爲一。惟道家貴在慎密不出，故人終不可得見。如列子居鄭圃四十年，而人莫識之。祖師以次諸師真，以其開闢教門，是故處處在在，開發秘密，明談玄妙。師父嘗云：「古人悟而不遇，今人遇而不悟。」古之人有志行高遠，抱樸含真，不遇至人明指而終其身者，不爲不多。今人幸遇至人大開教門，尚有終不可悟者，悲夫！古人云「千載一聖人出，五百年一賢人出」，言聖賢間出也。誰謂祖師以次諸得道師真，并見於世！今日師真雖不可見，其所貽教言具存。人但以言辭俚直，謾不加意，殊不知辭近而旨遠也。文人以文章規矩校之，則不無短長。蓋至人志在明道，而於文章規矩有所不恤。長生師父雖不讀書，其所作文辭自肺腹中流出，如《瑞鷓鴣》一百二十首、《風入松》六十首，皆口占而成；又注三教經，筆不停綴，文不足而理有餘，知者以爲脱神仙模範云，雖不讀其文而盡得其理。理者，道也。凡才士之於文章，百工之於技，妙處皆出於道，但終日行而不自知爾。凡物，無不自虚而生。因指其殿宇曰：只如此殿宇塑畫，自人性中幻出，人性自道中幻出，其妙用豈非道邪？天地雖大，萬物雖多，亦自虚而生。太極生兩儀，兩儀生四象，四象生八卦，相推相蕩，變化無窮。《經》云：「道生一，一生二，二生三，三生萬物。」復云：「夫物芸芸，各復歸其根。歸根曰静，静曰復命。」此道妙之極也。人生於道而能復於道，是不失其常性矣。聖賢有千經萬論，何嘗云飛騰變化、白日升天？止欲人人不失其常性。生死去來，分明由己，若不能處身應物，則失之矣。一失則千差萬别，雖六道四生，無不爲者。太古得道之後，嘗問於衆曰：「教言中何者最切於道？」或對以「不來不去」。太古笑曰：「此教法也，來去分明即是也。」師父在膠西時，亦嘗以此問衆。山翁以自心所得對，師説。後到沙漠，又以此問衆。吾對以「應念隨時到了，無障礙，自有根源」，師父亦許之。人誰無念？要知念之邪正，所欲去者邪念耳。凡損於精、損於神與氣者，皆邪也。學人不知此，多執絶念爲是。如依理作用，累功積行之正念，亦將絶乎【一】。絶之則又死物也，豈可通於道？正如人坐環堵，不敢交一物，不敢動一念，而欲守待其道。不識其道果可守待邪？果不可守待邪？吾將以天地爲環堵，逍遥盤礴於其間，而與物相周旋，綽綽然自有餘地，未覺有妨於道也。有云：「誰無念，誰無生，若實無生，無不生。」又有云：「雲去雲來天自静，花開花謝樹常閑。」又指其月曰：「此物但不爲青霄之下浮雲障蔽，則虚明洞徹，無物不照，人皆見之矣。」殊不知人人有此心月，但爲浮雲所蔽，則失其明。凡私情邪念，即浮雲也。人能常使邪念不生，則心月如天月之明，與天地相終始而不復昧矣。

師曰：前輩修行，塵塵剎剎，體究念慮，覺一念惡，則必自陳説於人，使自辱自耻，冀不復生於心。今之學者反是，有一小善則自矜自揚，惟恐人之不知；千惡萬惡自隱自恕，惟恐人知之。或知是終不能爲善也。

【一】亦將絶乎　「乎」原作「手」，據《重刊道藏輯要》本改。

師閑居，門弟子侍側。師使坐，相爲揖讓，久而不定。師曰：禮義亦貴真率，己無勝心而偶居人上，何傷？閑居則不必多讓，多讓則近僞。然禮以敬爲主，若不以義裁之，則不可行。居己以敬，臨事以義，君子也。敬，常也；義，變也。知常而不知變，是執一也，執一則不通矣。天之四時，温凉寒暑，風雨雷霆，變也。有感則變，雖鬼神不能測。人之於事亦如此，不獨於禮，凡一舉一動不可造次，隨機應事，要合其宜。爾等無以此爲末事而不盡心，道不外乎此矣。昔丹陽師父初立教法，以去奢從儉、與世相反爲大常，凡世所欲者，舉皆不爲。只緣人多生愛欲不休，以至迷却真性而不能復。故有道伴不過三人、茅屋不過三間之戒。至於建祖堂，亦止三間。其基址頗高爽，門人請一登臨，竟莫許。且曰：「吾於此未嘗施工，况登臨乃人之所欲，修真之士不爲。」《經》云：「如春登臺。」言暢情也。下觀春物熙熙，心意暢然，意暢則情出，景與情會，則流入愛境，而恐漸不知反，兼遊勝地實消人之福。嘗記師父初入長春宫，登寶玄堂，見棟宇華麗，陳設一新，立視良久乃出，衆邀之坐，不許。此無他，亦恐消其福也。時有一人，知其不可，故作意邀我坐，吾即從之坐。夫事有不可已者，已初無心以爲，而人以巧意構令爲之，已姑從之，又何害我？初無心故也。若藏機心，外雖不從人爲，亦安得無罪也！

師曰：祖師在崑崙山日，長春師父從之已三年，時年二十三。祖師以丹陽師父宿世功行至大，常與談論玄妙，以長春師父功行未至，令作塵勞，不容少息。一日，祖師閉户，與丹陽論調息法，師父竊聽於外，少間推户入，即止其論。師父内思之：調息爲妙，則吾之塵勞事與此正相反。自此之後，有暇則力行所聞之法。後祖師將有歸期，三年中於四師極加鍛煉，一日之工如往者百千日。錯行倒施，動作無有是處，至於一出言、一舉足，未嘗不受訶責。師父默自念曰：「從師以來，不知何者是道。凡所教者，皆不干事。」有疑欲問之，憚祖師之嚴。欲因循行之，而求道心切。意不能定，憤悱之極。一日乘間進問【二】，祖師答曰「性上有」，再無所言。師父亦不敢復問。後祖師臨歸，正臘月中，四師乞到錢物，令多買薪炭，大燃於所寢之室。室甚小，令丹陽、長真立於内而不任其熱，令長生、長春立於外而不任其寒。内不敢出，外不敢入，如此者久。長生師父不堪其苦，乃遁去。至正月四日，祖師臨升，三師立牀下。祖師曰：「丹陽已得道，長真已知道，吾無慮矣。長生、長春則猶未也。長春所學，當一聽丹陽命。長真當管領長生。」又謂長春曰：「爾有一大罪，須當除去。往日嘗有念云：凡所教我者，皆不干事。爾曾不知，不干事處便是道。」師父親説此言，吾初聞之，甚若無味，悟之則爲至言。凡世間干事處，無非愛境，惟不干事處，是道也。惟人不能出此愛境，故多陷入惡地。蓋世間之事，善惡相半，既有一陰一陽，則不得不然耳，惟在人之所擇也。習善不變，則惡境漸疏，將至於純善之地，惡念不復能生。習惡不悛，則惡境易熟，善念亦不能生矣。

【二】一日乘間進問　「日」原作「目」，據《重刊道藏輯要》本改。

棲真觀醮罷，師默坐久，衆起拜請教。

師曰：衆等無以吾爲隱。吾所以不言者，以其無承受之人。言之不聽，聽之不行，彼此無益，吾何以言爲？吾昔在濱州時，偶中風疾，内嘗自念曰：此生幸遇師真，所得玄微之旨，皆口傳心受，誓將傳於後人。儻因此疾以終，甚不副師真所傳之意。況今日嗣掌教門，而復有隱邪？祖師以來，教門如許。今四方之人所以有信於我者，以其曾親奉至真，必有所受耳。至真之道，吾豈不欲言？嘗記從師父濰州遭難北行，當時檀信甚衆，從之半月餘，願聞一言，終不可得。一日蕭老先生以達師父，乞少應衆意。師父曰：「何嘗無應邪？吾譬如一鐘，隨扣隨應。若有扣之大者，雖聲滿天地無難。」此吾所親聞也。吾生於大定九年，十年祖師升，是以不得親奉，以次師真，皆所親奉。太古師特爲我説《易》，皆世所未聞。玉陽師握吾手，談道妙。長春師父所授，不可具述。吾今年幾七旬，歸期將至，豈欲不付後人？凡吾言，皆本於實，人多好異，故聽之者不入。陳秀玉於師父則貼然心服，嘗謂人曰：「吾所以心服丘長春者，以其實而已。」嘗與論教，有云：「道釋雜用權，惟儒家不用。」非深明理者，不能有此語。蓋道釋之教，方便以化人，爲中人以下設，此聖人之權也。孔子有云：「中人以上，可以語上也；中人以下，不可以語上也。」是以聖人曲垂方便，循循然誘之，而使易入，至乎善則一也。故聖人之心豈有異哉？皆期於善而已。吾今以實言告諸衆，衆等聽之，非我之私言也，師真之言也。人之學道奉善，初心莫不精進，行之未久而退怠，以其妄有所求，卒不見其驗，則疑惑不能自解，故中道而廢。聖人設教，於天下後世，惟欲人去妄復性，而不使情欲亂於中，使其心得其平常，爲人道之本。聖人豈獨無情哉？能自不動其心耳。如天有四時，寒暑運用，雷霆風雨，萬變於前，而太虚之真體未嘗動。學人體究至此，是到平常地也。故有云：「平常是道。」先保此平常，其積行累功，皆由乎己，是在我者也。道之顯驗，聖賢把握，是在天者也。當盡其在我者，而任其在天者，功行既至，道乃自得。若有心以求，則妄矣。昔從師父到獻州，一縣令從師父左右，未嘗輒離。一日，乘間有問云：「某潛心在道，已静居十五年，人皆謂之清静，然自知其未也。」師父笑不答，既久，曰：「清静非一，有内有外，有無爲有有爲。公之所行，外也，有爲也。一男一女，世事之常。如公之行，亦未易得，然則非真清静也。無爲自得是謂真清静，聖賢與之也。」今之學人，或有存想吐納以爲事者，善則善矣，終不見其成功。正如人於冬時，能開諸花卉於覆陰中，非不奇也，然終不能成其實。惟無爲清静，是爲至極，無漏爲驗也。三年不漏，則下丹結；六年則中丹結，其事已有不可具言者；九年上丹結，轉入泥丸，三宫升降，變化無窮，雖千百億化身亦自此出。何以能致此？曰：必心地平常以爲本。心平則神定，神定則精凝，精凝則氣和，睟然見於面，發於四肢，無非自然，蓋初以心地平常爲本故也。此在乎己者，固不可不盡。係乎天者，不可以强致。惟其積累功行既至，則有所自得。長生師父屢言：「今之教門中，至誠進道之人，皆宿世遭逢。正陽、純陽真人曾結重緣。」今人要知此理，積德不休，則其超進未可量也。亦如朝廷百官，各分品秩，其黜陟進退，必驗其功過。既爲修行人，便出於常人一等。如九品之官，若有功無過，升進不已，則極品可期也。學人昧於此，而不務實功，直欲享極品之貴，天下豈有此理邪？觀諸師真得道等級不同，皆由所積功行有淺深。丹陽師父纔二年半得道，長真五年，長生七年。長春師父在磻溪、龍門近二十年，志氣通徹天地，動達聖賢，以道見許，後則消息杳然。師父下志益堅，纔得之，未久復奪去，只緣功行未全也。師真且如此，況餘人乎？學者惟當修進功行，無求顯驗，莫起疑心，行之既至，自然有所開覺。凡天資穎悟、迥出尋常者，非一生一世之故，其所積累者，必有漸矣。吾生三歲，其見聞之事，耿耿不忘於懷。五歲入學，不出冬三月，能記《孝經》《論語》二經，雖使日記千餘言，猶有餘力。先祖通陰陽之學，吾求學之，祖不許，曰：「一日中能記花甲子而後可。」吾堅請，過午授之，比日没，已能通誦。吾家本滄州大族，宋時游宦東萊，因而家焉。一母三生九子，皆讀書，登進士第、仕至刺史者蓋七人，而今碑刻具存。及大定間，家法尚有未墜者。予生三歲，皆預拜墳之列。吾方五歲，是歲寒食，僅百人，須日未出禮畢，既散歸，宴樂遊嬉，各從所欲。吾獨有所感，私念祖先悠悠，不知所往，人之有死，亦自不知所歸。心思惘然，坐於大桑之下，仰觀俯察，天地之所以立，萬物之所以生，此天之上地之下，又有何物爲之覆載，何物爲之維持？思察之極，以至於無思，而不知天地之大，萬物之多，但見水氣茫茫，通連上下，如卵殼之狀，冥然漠然，不覺心形俱喪。家人訪見之，始呼起，則日已暮矣。吾初亦不知其所以然，後入道遇師真，悟此忘心之趣。七歲遇關西王大師，一語相契。十四遇丹陽師父出家，父嚴不許。至十九，復驅入俗中，鎖於家，嘗默禱於北辰之下，每至千拜。一日，武官者劉先生，與客談道於中門之外，吾潛心跪聽，沙石隱入膝中不自覺。後竟逃出，復驅入。反復者三，始得出離於俗。曩雖在俗中，亦不知俗中之事。初昌邑縣西住庵，嘗獨坐一桃樹下，每過半夜，有時不知天曉。一夕，四更中，忽一人來，道骨仙風，非塵世人，金光玉澤，瑩然相照。吾一見之，正心不動，知是長生真人也。既至，揮刀以斷吾首，吾心亦不動。師喜，復安之。覺則心有悟，知師易吾之俗頭面也。後十日，復至，剖出吾心，又知去吾之俗心也。又十日，復至，持油糕一盤餉予，盡食之，過飽欲死。師即剖吾腹盡去之，蓋以吾性素自高，高則多所損折，故去其所損者。嗚呼！至誠感神，信不虛矣。若能盡心行道，聖賢相去不遠。此事未嘗語人，今乃大白於衆，衆等勿爲空言，忽而不行也。

建州開元觀夜話，衆論及人事興廢。

師曰：「觀天之道，執天之行，盡矣。」惟人不能觀察天道之微，又安得執而行之邪？天道至神，試舉其一二。如云百刻成日，但總言之耳，然其實不滿百數。又十干配以十二時，相推相盪，變化無窮。若日滿百刻，時干同數，則定于一而無所變。惟其能變，是以生生萬有而不窮。凡一物一植，雖由一氣之化成，有盛有衰，皆係乎時運。且如五穀，以至於百草，其種類不可勝數，若一種得歲之宜，其生氣倍盛於餘種，時運使然也。故云萬化隨時出，物之無情尚爾，况人通天地之靈者也。物理有盛衰，則人事亦不無興廢。上自國家，至於各門異户，無不然者。如西方之教，入中國逾千年，非因其時，何以致此？惟因時而出，亦必因時而廢。雖事物興廢皆係乎天，而天之真常未嘗少變。何哉？無心故也。人不能知此理，則憂喜妄作，逐物而遷，至失其正而不能復。是以達人無心，任萬變於前而不動，以其知吾之性本出於天，與天同體，故所行皆法於天。學人能至此，則始可與入道矣。

川州玉虚觀，道衆檀信奉師，終日勤勤，夜久未忍去。

師大白長春真人詩云：「白髮蒼顔未了仙，遊山玩水且留連。不嫌天上多官府，只恐人間有俗緣。」俗緣深重，害道爲多；人情貴華，與道相反。此殷勤眷戀，即屬愛情。有愛則有惡，以至喜怒哀樂，莫非情也。若不能出得情，又安得入道？父子之愛，可謂重矣，而達人亦不以爲累。如《列子》載東門吴是也。云其子死而不憂，人問其故，云：吾向日與無子同，今雖死，故不憂。【三】惟其無親，是謂至親，視天下之老皆吾之老，天下之幼皆吾之幼，物皆吾屬，同仁一視，非至親邪？故《莊子》有云：「至仁無親。」若親其所親，則有所不親；愛其所愛，則有所不愛矣。此世俗之情耳，爲道之士，要當反此。凡世之所愛，吾不爲甚愛；世之所惡，吾不爲甚惡。雖有喜怒哀樂之情，發而能中其節，而不傷吾中和之

【三】「云其子死」至「故不憂」　此處有脱誤。按《列子·力命》載：「魏人有東門吴者，其子死而不憂。其相室曰：『公之愛子，天下無有。今子死不憂，何也？』東門吴曰：『吾常無子，無子之時不憂。今子死，乃與嚮無子同，臣奚憂焉？』」

氣，故心得其平常，平常則了心矣。有云：「佛性元無悟，衆生本不迷。平常用心處，只此是菩提。」道本無爲，惟其了心而已。治其心，得至於平常，則其道自生。譬如治田，除瓦礫，剪荆棘，去其害苗者，依時如法，布種於中，不求於苗，而苗自生矣。故曰：「道本無爲，惟其了心而已。」又有云：「了心一法，萬行皆備。」豈不見諸師真親授教於祖師，然猶千磨百煉，以制其心，只緣其性雖出於道，一投於形質之中，則爲情欲所累。蓋形質乃父母所遺，禀陰陽之氣以成，有動有静，理也。縱復一念善生，則爲形氣所驅，而不果行。是以有志之士，知心性本出乎道，而不使形氣奪其志，久則克之，氣形俱化，而渾然復其天性。此皆由平心以致之，心平則神定，神定則氣和【四】，道自生矣。故曰：「形神俱妙，與道合真。」苟不去其情累以平其心，則徒苦其形骸，而能入於道者，未之有也。上根生而知，不爲情欲累其心；下根近愚，而不及情。情惟在於中，人若存若亡，可上可下，習善則爲上，習惡則爲下。善惡之分，豈止雲泥？孔子曰：「性相近也，習相遠也。」是故人不可以不知學。吾謂十經萬法，特爲中人設。教法者，教其所未知也；學者，學其所未覺也。既知所未知，覺其未覺，則欲其行也。行之既至，心與法同，則雖無法可也。法如藥餌也，病既痊矣，勿藥可也。學其未覺，惠也，功也。弘揚教法，接物利生，行也。積功累行，爲道基本。絶學遺法，乃可入於道。故曰：「絶學無憂。」無憂則乃見真空，不言而道自行矣。如天道運用，而四時自行，百物自生，夫何爲哉？

【四】神定則氣和　「和」原作「知」，據《重刊道藏輯要》本改。

義州朝元觀會衆夜話，話及教門法度更變不一事。

師曰：《易》有云「隨時之義大矣哉」，謂人之動静，必當隨時之宜，如或不然，則未有不失其正者。丹陽師父以無爲主教，長生真人無爲、有爲相半，至長春師父，有爲十之九，無爲雖有其一，猶存而勿用焉，道同時異也。如丹陽師父《十勸》有云：「茅屋不過三間。」在今日，則恐不可，若執而行之，未見其有得。譬如種粟於冬時，雖功用累倍，終不能有成。今日之教，雖大行有爲，豈盡絶其無爲？惟不當其時，則存而勿用耳。且此時十月也，不可以種粟，人所共知，非其粟不可，時不可也。然於春則可種，此理又豈可不知？吾始學道，悟萬有皆虚幻，損之又損，以至於無爲。後親奉師真訓教，究及造化之理，乃知時用之大也。嘗記玉陽大師握吾手而言曰：「七朵金蓮結子，今日萬朵玉蓮芳，然皆狂花也。」故知道本自然，然必自有爲行之，而後可得。積行累功，進進不已，外功既就，不求得而自得之。有云：「赫赤金丹一日成。」學人執此言，謂真有一日可成之理，則誤矣。本所謂功行既至，天與之道，頓然有悟於心，故曰「一日成」也。若果有不待功行一日可成之理，則人人得師真一言皆可入於道，而祖師暨諸師真又何必區區設教化人、修行勤苦如此？永嘉有云：「無明實性即佛性，幻化空身即法身。」所謂瞬目揚眉，運臂使指者是也。是即是矣，如何亦有入地獄者？必將無明幻化鍛煉無餘，然後性命自得，合而爲一。故知必自有爲入也。無爲、有爲本非二道，但顧其時之所用如何爾。孔子謂顏淵曰：「用之則行，舍之則藏。」用舍者，時也；行藏者，隨時之義也。若不達此，則進退皆失其正，何道之可明？何事之可濟？信乎隨時之義大矣！國家并用文武，未始闕其一，治則文爲用，亂則武爲用，變應隨時，互爲體用，其道則一也。教門之時用，何獨異於此？此吾聞於長春師父。師父之心至謙至下，大慈大悲，所出之言未嘗一毫過於實，常云：「無爲之道，視之不可見，聽之不可聞，行之卒不可至。長生與俺，尚多疑心，中道幾乎變易，故知後人未易行，都不若積累功行最爲有效。必有志於功行，莫如接待。凡所過者，飢得食，勞得息，時寒時暑，皆得其安慰。」德施於人者有如此，而功可不謂之至大乎？久而不易其誠，則當有神明報應。縱或未至，則必有外助，其暗中顯應，有不可具言者。吾所親經，未嘗言於人。凡人有功，一分即說一分，猶且本分；或說作二分，則前功盡廢；默而不言，其功得倍。故有云：「不求人知，惟望天察。」《經》云：「建德若偷。」己有善行，人或反非之，能不與之辯，則其功亦可得倍；若或辯之，斯不善已，縱復辯得是，又有何益？大凡修行人，無一時不與神明交，又何顧人之知與不知？《經》云：「善者不辯。」學者當明此理。

通仙觀方丈，夜久，趙志完歌師父《夢游仙》詞，既闋，衆起拜，請解其義。

師曰：丹陽師父未出家時，性豪縱好飲，然已學行功法，乃知性中自有道之根源。初見祖師，即知非常人，問曰：「如何是道？」祖師曰：「五行不到處，父母未生時。」至哉此言！吾少日粗學陰陽，故知人皆不出陰陽，且此生所受五常之性，即前生所好，既習以成，則有以感之也。謂如前生好仁，今生必得其木相；好禮，必得火相；好義、好智，必得金、水相之類；所好不一，則必得五行不純、駁雜之相。此之謂習性感化，又謂之因果。今之福業貴賤，皆不出五行因果也。本來之性有何習，無習有何感？無感無習，是五行不到之處，父母未生之時也。學人既知今之所愛是多生所習，便當盡除去。當從最深重處除取去，漸至諸習淨盡，心形兩忘，怳然入於仙界。故此詞首云「夢游仙」，人心上舉一妄念，即是迷雲，必須除去，乃得清明。故有云：「灝氣清凝，素雲縹緲貫無邊。」《莊子》云：「至人之息以踵，衆人之息以喉。」學人無實功夫者，中丹田且不能到，豈能漸漸入深，得至於踵？師父云：「至人豈止以踵，上下一段光明也。」故有云：「大光明罩紫金蓮。」金蓮，心也。學人儻遇惡境，莫令心上少有變動，如禪家道：「假若鐵輪頂上旋，定慧圓明終不失。」故云：「皆禀道德威權，神通自在，劫力未能遷。」重加鍛煉，使習性如綿之柔，進道之志如金石之堅，常在萬物之上，不令一物染着。學人當以道德爲根源，外事雖有萬變，皆是虛動，然隨而應之，吾之湛然真體未嘗動也。如以黄金鑄諸器物，然形狀有萬不同，而金之真體未嘗變也。故云：「應念隨時到了，無障礙，自有根源。」若人心上未有所見，不能知此詞旨趣，即當積功累行，功行既至，明有響應。學道之人未至洞達神明，不能見道。此真實之語，衆等識之。

校勘記

【一】不求於道而道自得　「自」原作「目」，據《重刊道藏輯要》本改。

卷三

癸巳冬十月，義州通仙觀，命郭志全講《道德經》。首章有云「玄之又玄」，志全云：「無極之妙也。」

師曰：大凡書中重稱之辭，皆不盡意，此非《論語》「時哉時哉」之類也，以明「天中復有天」之妙理。夫人稟元氣以生，性中各具一天，若人人能自通明，而所行盡合其道，則雖無經教可也。蓋緣衆人爲物欲所引，迷不能復，是故聖人重哀之，設此教法，以開覺拯救之。學者當因其經而究其用，貴在躬行，行之既熟，從容中道，尚何待？爲學未至此地，欲弃學，亦不可也。故有云：「人稟元氣以生，得其清者爲賢，濁者爲愚。」此特明其大概，曾不及其用。信如此言，則賢止於賢，愚止於愚，是絶爲學之路。吾聞師父嘗言：「道氣化生天地，長養萬物，其中把握，有至聖存焉。得其大者爲聖賢，小者爲常人。飛潛蠢動之屬，止得其偏者耳。」此至明之理，雖萬類不同，其出於道則一也。既出於道，而皆具道性，況人爲物靈，則有可復於道之理。只緣多生迷於所習，失其常性，不能自反。今者因經教明此至理，便合言下領受，將積習迷情一皆除去，不求於道而道自得【一】。《陰符經》三章：其一神仙抱一，無爲自然也；其二富國安民，積行累功也；其三强兵戰勝，物欲染習，害吾正性，兩者交戰，能以道勝之，非有志者不能。《經》云：「强行者有志。」又云：「自勝者强。」凡己之愛惡，一能反過，苦於己，利於物，自損自卑，任物欺凌而不動，此自勝之道也。初則强行，久則純熟，漸至自然，物欲净盡，一性空虚，此禪家謂之「空寂」，吾教謂之「清静」。此猶未也，至寂無所寂之地，則近矣。雖然至此，若無真實功行，不能造化，無造化則不得入於真道。須入真道，則方見性中之天，是爲「玄之又玄」。至此，則言辭舉動，凡所出者，無非玄妙，故繼之曰「衆妙之門」。

講「天下皆知」章，剖析六對，至「聖人處無爲之事」云：「此非有爲對待之無爲，乃無爲、無所不爲之無爲也。」故以堯讓許由之事證之云：「以迹觀之，則堯有爲而許無爲；以道論之，則堯未嘗不無爲，許未嘗不有爲也。堯雖居天下之大，如寄如托，而不有其天下，故雖天下之大，而不能累其心，其讓非無爲何？許之辭曰：『子治天下，天下既已治也。吾不爲名。名者，實之賓。』遂不受。且天下既已治則故不受，或當天下之未治，則許將若之何？亦必有所爲也。堯、許同道，易地則皆然。故曰：堯未嘗不無爲，許亦未嘗不有爲也。惟其應變隨時，處之合道，初無心於其間，是以并稱聖人。師曰：『學道之賓主，不可不明也。』學道是主，萬緣皆賓。凡與緣接待，輕重塵勞，一切功行皆是求道之資，無有不可爲者。惟不可有所着，一有所着，則失其正矣。今之積累功行人甚多，然少有功成不居、爲而不恃者。既有恃着，止是有爲福德。若爲一切功行，無恃着之心，則受虛無之功，獲自然之福。雖曰『有爲』，吾必謂之『無爲』矣。凡一切功行塵勞，實爲求學之資，非爲功名也。正似農人竭力耕稼，及百工日用其技，其心主於謀食，而耕稼及所爲之技皆是賓也。要終日經營，而無着於經營。雖聖人，豈無經營？獨不主於經營耳。故有云：『聖人有經營之迹，無經營之心。』凡所經營者，皆迹也。一着於迹，則便有對待。能不着一物，透入虛空，方可出於對待。吾嘗有云：『踏破虛空離六對。』又永嘉云：『諸行無常一切空，此是如來大圓覺。』修行人體至於此，則入未始有物之地。祖師云【二】：『五行不到處，父母未生時。』盡矣。」

講「不尚賢」章終。弁云。

師曰：此章之義，道德已過半矣。學人必先通異名異象，而後看諸經文，則少惑。如龍虎嬰姹等語，不出元氣陰陽。如釋氏曰「教」，又曰「禪」，名殊而理一也。還能心上轉換過，則無不爲己所用。此章首言治國之道，又何異於治身？心即君主，百體皆臣庶也。君治則國治，心治則百體自理。嘗記師父大定間宣見時，論及諸功法，惟存想下丹田爲最。然止一法耳，於道則未也。近年隰州王道人以此爲至極，以授諸人，曾不知有爲之僞法，終不可入於真道。吾嘗言：「如以術能開諸花卉於寒冬之時，然終不能結其實。」嘗來參問，吾以真實告之。出而有言曰：「言性不及命，此是何言邪？」一物不累，清虛

【二】祖師云　「祖」原作「神」，據《重刊道藏輯要》本改。

其心，十二時中皆是福德，不求腹實而腹自實也。損之又損，一念不生，其志弱矣。志弱則骨强，亦莫非自然之道也。此外又復有所謂命者，則吾不知也。大凡學人，初莫不有志於道，然多中道而廢，止緣有求速成之心，卒未見其驗，則疑心生，此所以廢學。人心上未了，正如人抱大疾，必求諸醫，服行所授之法；或久未驗，則必求他醫；行之又無驗，則疑心生。至於再三，則雖復有名醫之言，亦不信也，終不肯回顧自己緣命如何耳。凡得道之人，人但見其今世得道，殊未知其五世、十世至於百世所積修，功行既大，成於此一世也。豈不見諸師真未出家時，皆已有心地。玉陽大師嘗言：「太古師二十八歲山東賣卜，一日偶書一詩，其語意非得道人莫能及。」後遇祖師入道，便言爲道不難。沃州橋下四十日了道，非有宿積之功，能至此乎？吾住玉清觀，境中見天門開，吾嘗以問師父。師父曰：「此猶未也。比之了道，如此妙境不可具言。道氣内充，恍恍惚惚，正如乾卦九四『或躍在淵』之理，深信大光明罩紫金蓮也。」吾初不知，後入道，乃知人人具足此理。丹陽師父初開教門，止言道之易成。門人敬信其言，或三數年不見其驗。一日，衆集上問曰：「師言爲道之易，弟子等嘗觀得道人，皆是宿緣所致，非一世所能成。」師嗔目大喝曰：「既知，如何不下手速修！」衆皆退，服其言。今日爾等但勿有疑心，休虧日用，遇有惡境莫使心動，一回忍是一回赢，慎勿因循苟且，積成罪根，定有墮落。吾言不妄矣。

會集諸家之解，講「谷神不死」章終。衆請師指證。

師曰：諸家之説各有理。然河上公神人也，故其注於性命則詳，於外事則略，却如諸家罕言治内之事也。修行人聽受得用最多者，莫如河上公。夫「谷神不死」一章，爲道用之極致，而初學者便欲爲用，則失之矣。吾謂必先行盡前五章之義，始可用此「谷神」之道，是故爲第六章。嘗記師父濰州時，遊息於花園草亭，吾與趙虚静先生、老蕭先生及龍虎千户侍。師嘗授此章之大義云：「俺於大定間入見時，進詞畢，承旨求道。俺心許傳『谷神』一章。以萬乘之君懇心求道，况乃實有德行，亦足以傳，然必能持戒七日，而後可。曰：不能。減至五日。又曰：不能。又減至三日。近侍猶以爲難，遂止。俺與丹陽同遇祖師學道【三】，令俺重作塵勞，不容少息，與丹陽默談玄妙。一日，閉其户，俺竊聽之，正傳『谷神不死』調息之法。久之，推户入，即止其説。俺自此後，塵勞事畢，力行所聞之法。行之雖至，然丹陽二年半了道，俺千萬苦辛，十八九年猶未有驗。祖師所傳之道一也，何爲有等級如此？只緣各人所積功行有淺深，是以得道有遲速。丹陽非一世修行，至此世功行已備，用此『谷神』之道當其時耳，故速見其驗。俺之功行未備，縱行其法，久而無驗，固其宜也。」修行人必先全拋世事，齊修萬行，使一物不累，一心致虚，至寂無所寂之地。功行兼備則福至，福至則心開，一點光明透入，即天地之根，二物自然合而爲一，方用「綿綿」之道以存養之，使之充實，則永劫不死矣。故張平叔有云：「鼎内若無真種子，猶將水火煮空鐺。」入道自有等級，皆驗福德清静以進升。今之人或不務

【三】俺與丹陽同遇祖師學道　「俺」原作「掩」，據《重刊道藏輯要》本改。

實功實行以成其福，而徒勞空想，要入真道，未有不落空者。哀哉！昔日山東堂下有一客來參問，本西路富商，有遇正陽真人傳授微訣，即日盡弃其財，世欲淡然，自忘於心。師父惟教之積福，慎勿馳騁於外。外人既知，則必加尊重，久而有所損折，難以成道。是知雖遇真傳，亦須重積功行以資其福，方有所成也。

弟子問《經》中「出生入死」之義。

師曰：河上公注可取。「十有三」者，蓋言十之有三，四體九竅，或七情六欲是也。出之則生之道，入之則死之道。惟人以生生之厚，則動而之死地，故善之生者，使無死地，雖虎兕甲兵，俱不能爲害。凡人，既有所積惡業，則便有死地，自有惡氣隨之，故遭惡對，皆是還報宿債也。人無惡債，與人交則自然得和。和亦非一，有面和，有神和。顏色相和而無惡者，面和也，然猶有離間。神和者，面未熟而神先和，則無間矣。此無他，素無惡積故也。永嘉有云：「了則業障本來空，未了應須還宿債。」善惡皆有還報。且如我，以和悦之色奉人，則人亦以和悦答我；我以暴慢之色加彼，則彼亦必以暴慢復我矣。自然之道也。小逆小順，尚必還報，果有損人害物之惡，豈得無報？必欲無報，莫如無業。業從身出，有身則有業。七情六欲内外交攻，盡心制御尚有不能，若或縱之，動成其咎。玉陽大師有言最切，云：「欲要修行罵假軀。」蓋言使人業根不絶而有死地者，皆爲此假軀也。能斷諸業根，使無其死地者，惟丹陽師父一人而已。若有一分之業未盡，則猶有一分之報。嘗謂萬法皆通一理，且陰陽家推人之命，謂如大率以十分内有三分犯惡星曜者，而其性果有三分之惡。夫何故？以其前生習性中有三分之惡未盡，其惡星蓋自感也。然遇物即有三分之惡爲對，有十分則十分爲對，各隨己有之分數，或遭惡人、遇惡事之類是也。如影逐形，如響應聲，處處在在，無有可離之理。昧者不自知察，或遇人無故與己爲惡，即欲忿去其人，殊不知外惡未去，己惡轉生，比之元惡又不知加幾倍，此所以人多習至全惡而終不自省。不如將己之惡去盡，則是無對，外惡何從而生？修行人止是自治，或獨居，或與百千人居，亦止自治而已。既明此理，即要人當下承當，不然則來生又如是。何哉？蓋習性中帶着種子故耳，是謂種性。

或問曰：師嘗言，人稟五行之性，皆習性所感化。亦此理邪？

師曰：然。還能捩過，此來便是提挈天地、把握陰陽五行不到處也。故師父有云：「列碎中間一點，便超得岸神舟。」凡人心上，物物無礙，方是圓成。若有一物過不得，則猶未也。師父初學道，下志列心，縱有難列之習，不過百日，未有不净盡者。自言：「俺無懼於猛虎，見神剎塑像而有懼心，時時故往見之，或就宿其廟。如此者三年，懼心方盡。」故知人心上應有難過底事，無非客情，以志列之，未有不能克勝者。惟患無志。

講至「載營魄」章終，請師指證。

師曰：老莊之書，言不盡意，非得道人，難以知其微。禪語如謎，令人難解，亦非故爲如此，其理有不容名言處，是以不得不耳。

志全曰：禪家近似老莊之言。

師曰：禪家專明宗性，其妙處不出老莊之所云，故假其言以傳其妙，非其言則無以拈弄。其語言三昧，人人游戲，若非得道之士，未有能忘之者。又得道之人，豈一一皆自經教中來？未有經教時，豈無得道之士？玉陽大師得道後方看《道德經》，然欲講演，則必假於言。此「載營魄」一章，如引握人手，教之修行之事。嘗記病王先生學道，立志苦卓，忘形忘世，食不暇擇，但充腸而已。如此者四年，所行甚合此章之義。忽一日靜中覺氣候冲溢，頂上作一聲，其頂開裂，而甘液沛降。自此後，殊無消息，遂生疑心，就師父堂下參問。凡住者有問疑心，未嘗不受師父嗔喝，意謂學道復有何疑。師父素知此人之誠，故容參問。師曰：「豈不見《道德經》所云『天門開闔』乎？」此後師父時時問及，知其再無消息，即令住觀院接待積功行。是知雖有苦修，而無功行，終不能成。玉陽大師自居家時，不知欲事，出家不漏。後在鐵楂山，忽一夕有漏，哭泣至慟，意欲食之，感諸天以布冲和之氣。後三日，乃得心地。此後方是千磨百煉，曾於沙石中跪而不起，其膝磨爛至骨，山多礪石荆棘，赤脚往來於其中，故世號「鐵脚」云。如此三年，舊業始消盡。學道之人要明此個道理。

或問曰：有人多積功行而不能成大福者何？

曰：只緣逐旋受用，却正如人積財，隨得隨使，終不能至大富矣。

師曰：玉陽大師見吾觀馬，歎曰：「馬曾做人，人亦曾作馬。俺第二十七劫曾爲牛，故今生之性猶昏而不識文字。牛母嘗來求拔薦於我。佛教云：得道人能超三世父母。俺謂能超億曾萬祖。」

師曰：長生師父預言未兆之事甚多，未易一一舉似。如呼老冀先生來堂下，不數日化去。朱二官人亦無故召至，七日化。冀公，人號冀山岡，爲其家以陰陽二宅爲業，弃妻子出家，有大志，住神山十五年，不復窺其門。長生師父問人曰：「萊州誰氏爲極富？」人以其極富者對。師曰：「俱不富於冀山岡先生。此公已得清静果，雖滿地金玉，如何買得此，非極富者乎？」朱二官人心地雖未至此，其功行甚大。

講至「寵辱若驚」章終。

師曰：就教門下直說，衆人易知。一言可斷之曰：戒着假。既知身是假，則不可着，着則喪我之真。故無其身，非弃其身也，但不有其身耳。身且不有，况天下乎？聖人亦不是弃天下，但如寄如托【四】，而不有其天下。所謂寵辱等事，吾何爲驚？

郭志全曰：《列子》「鄭人得鹿」一章，其大義以謂人不知道，則於得失之際，無非謬妄，故實獲鹿者，妄疑於夢而失之。或者用彼疑妄之言而得之，彼與彼將自以爲真得失也。殊未知所得所失，俱非其正，是故士師而令中分之。故知儻來之得失皆猶夢幻，又何

【四】但如寄如托　「如」原作「女」，據前文改。

以妄爲「寵辱若驚」邪？

師曰：人多不識得夢。祖師有云：「夢中識破夢中身，便是逍遥，達彼岸頭人。」夢有根，念爲之根，念有真假，夢亦如之，如影附形也。不止夜夢爲夢，念念皆夢也。何者爲真假？惟不傷道德神氣者爲真，此外莫非假與妄也。雖聖人，亦豈無念？然應萬念曾不失其真，真爲根源故也。師父有云：「應念隨時到了，無障礙，自有根源。」夫知道之士，或毁或譽，或寵或辱，千變萬化，曾不動心，何哉？只緣識破此夢幻也。有云：「夢裏明明有六趣，覺後空空無大千。」《列子》所謂「鄭人得鹿」，只緣妄境上得，只於妄境上失。此説無他，止是戒有心也。

師曰：穀之始生，自吐芽布葉，以至出秀，皆得名爲穀。然必結成子粒，乃得穀之實。收而貯之，變而爲食，能復爲種，是得穀之用也。然則有苗而不秀者，有秀而不實者，或捨之不芸則不成實，或揠而助長則反爲害，皆失其道也。惟當時種時芸，待其天成而已。學人自初地以至得道節次地面，皆可名爲道，然必得入於真道，始得道之實。或有退怠者自止，太急者反害，間有無此太過、不及之病，而有所得者【五】，猶未至實地。或不能藏密待時，自矜自揚，爲師爲範，些小光明散去，不復再得，終所成【六】。苗而不秀，秀而不實，此之謂也。

講至「視之不見」章終。

【五】而有所得者　「有」，原作「育」，據《重刊道藏輯要》本改。

【六】終所成　「終」後疑缺一「無」字。

師曰：通得此章之義，正是自家教門行事。丹陽師父，全行無爲，古道也。至長春師父，惟教人積功行，存無爲而行有爲，是執古道爲紀綱，以御今之所有也。《經》曰：「能知古始，是謂道紀。」凡學人先執持己之道性爲紀綱，而後積累功行以應諸緣，無施不可。丹陽師父云：「無爲心内慈心起，真行功總屬伊。」功行既到，心地自得開悟，聖賢與之道。奈何有功之人，多懷倚賴功行望道之心。還能將此心忘却，便是爲而不恃。師父嘗云：「俺今日些小道氣，非是無爲静坐上得，是大起塵勞作福上聖賢付與。」得道之人皆是功行到，聖賢自然與之。丹陽師父因乞飯中聞道，長真師父路中行次得之，長生師父坐於洛陽瓦市中，至七年得之。

卷四

師父嘗説：徐神翁在家大孝。傭賃於酒肆中三年，所得工價，奉養其母。凡塵勞之事，不擇輕重，見無不爲。一日，有客畫鶴於門壁間，神翁出觀之。客回目一顧，神翁遂得其傳，即於稠人邊静坐忘形，至七日心開悟道。若非先有博大功行，何以致此！以其有之，故聖賢來點化。畫鶴者，即純陽之化身。又馬自然者，早年知道，苦行勤修，至六十四歲尚未有成。一朝發憤，將投河以弃其身。忽遇人曰：「公之功行已備，惟欠此一着爾。」遂止之。果百日了道。以二公觀之，一無爲，一有爲。欲明無爲有爲之正，實難分解，只要功行成滿，自有所得。師父自言：「俺學道，下志把握心情，自内觀其心，至寂無所寂地面，前後百日，雖鬼神至靈，不能窺測。然忽一念横起，自不可遏，用盡智力，終無可奈何。此無他，只是少闕功行故也。若果功行周全，聖賢自來提挈。」學者勿疑。

講「古之善爲士」章終。

師曰：所講析盡其理，然未盡其用。往日咸陽老王先生深通經教。一日來堂下，師父問：「即日看何書？」對曰：「《華嚴經》。」師令講其義。師曰：「句句皆妙用，惜乎能演而未能明也。」此章爲學道之人大戒。己之抱道，不欲人知，人知則有損。如藏珠玉，慢則招人窺竊，兢兢猶豫，如冬涉冰，惟恐其失，又恐人知。是以若畏四鄰，儼然若客，無敢妄有動作，此外慎也。涣若冰釋，敦兮若樸，曠兮若谷，言内性也。慎其外而護其中，然尚守其弊，不爲新成，將以成其大成也。故《經》云：「大器晚成。」今日學者，或有些子光明，自盈自足，惟恐人不知，不能固守，其弊正玉陽所謂「狂花」也。學道始則甚易，得愈深則愈難見。往日遠方道人欲來山東堂下，未至時無有無敬心者，想像堂下皆有道之士。既至，相見未久，惟見其無甚異於人者，則敬心稍衰。殊不知，道愈深而人愈難見，此所以爲「深不可識」。師父常應人談説俗話，連日不止，外人初聽者，無不疑訝。當時大有塵勞，師父一一親臨，至於剥麻之事亦爲之。堂下人亦曰「丘大翁」。山公嘗有疑心而問於我。我對曰：「得道人不可於言語細事上看。道性既成，應俗而言，雖終日言而未嘗言，言既終則復其性。」豈非「濁以久動徐清，安以久静徐生」乎？豈如俗人勉强説道，内心不覺，俗念已生？學道之人異於此，本志於道，凡百塵勞之事，隨動隨作，勞而不辭。己既未免日食，塵勞事亦未可免。此功行豈肯教人奪却？然事畢，一皆忘之，復其學道之性。若一毫不忘，則禪家謂之「住相」。止要道心重，道心重則外緣雖多，無不壓下，如此行持，自合《經》之大旨。五千言正説反説，止欲令人見道。當以八十一章合爲一章，復以一章爲一句，又復以一句爲一字，和一字亦撇脱早回，不是可道之道。

講「致虚極」章終。志全復曰：「静曰復命。」此一句終不能究其極，敢問。

師曰：經教中無有不明之理，惟性命爲難明。往日山東李道人善談理性之妙，人謂之「李長老」，與赤脚老劉先生爲道伴。一日問於師曰：「人之性得於父邪？得於母邪？」師父聊復答之，蓋亦難言也。李後至五十八歲疑心尚在，遂退而還俗。故知學道必須窮理，然亦不可求之太過，太過則正如物之芸芸矣。嘗記孟先生平峪庵中養病，一日出門見娠婦汲水。孟揖之曰：「吾將死矣。當托生於伊，伊即我母也。」婦聞之驚走。不數日果亡。其婦生一女子，頂上隱隱有冠痕，即名之曰孟仙，今方五歲矣。又于師叔之父于官人，住山東日，嘗夢游一所，樓臺花卉之麗，迥非人間。後有一亭，數仙子列坐於上弈棋，一童子捧子侍立。于揖拜讓，令升，其童子視于有眷慕意，衆仙遂付于。領而出，乃驚寤，時報内閤生子。後年十五六，殊不喜俗事。既娶，三年不與妻同處，親族皆欲重責，其父始曰當日之夢，乃從其所好。父亡，遇丹陽師父出家。以此觀之，則人之性果得於父邪？果得於母邪？胎未成而入邪？胎已成而入邪？亦嘗有母感而生者，履巨人足迹，孤竹端木之類是已，誠感化之自然，必欲窮其因地，則不可。師父有云：「遽蘧覺閑，想因緣。【一】」「閑」字極有意味。學人雖於理上有所未明，只勿有疑心，但當積行累功，道在其中矣。莫欺天，莫虧人，至誠與得道人結緣，結之至深，今生後世，直至提挈了當。師父言：「俺惟與祖師結緣素深。昔在磻溪日，至於不令食鹽，未至夜半不令睡，比細事亦蒙一一點檢。忽一夕，境中見祖師膝上坐一嬰兒，約百日許。覺則有悟於心，知吾之道性

【一】遽蘧覺閑想因緣　「遽蘧」，丘處機《夢游仙》作「處處」。

尚淺也。半年復見如前境，其兒已及二歲許。覺則悟吾道性漸長。在後自覺無惡念一年，又如前境，其兒三四歲許。自能行立後，不復見。乃知提挈直至自有所立而後已。凡人能懇心學道，必遇至人開發，然則非有真功實行，則不能遇。修行人積福一分，心上一分安爽，一切事來皆要消息。凡有大寵辱，人皆難過、衆所不容者，已都能輕省過去，及能忍納包容，此之謂消得，實學道之福也。學人當記取此關節，無以智力求之。若果智力可求，則强心有力者皆得成道，恐無此理也。

講「太上」「大道廢」「絶聖弃智」三章。云云。

師曰：所講經教，字字是妙用。人必心上有此理，所聞皆有契處。心上先無，則不能入也。此三章之義，本明道氣下衰，聖人設教隨時。自失道而後以德，至於用禮，皆不得不然。如全真教門，丹陽師父教法與長春師父甚有不同，亦不得不然耳。孔子以仁義禮智爲教，然則孔子之道，又豈止於仁義禮智哉？聖人懷道而不弃仁義禮智者，要應一時之用，應過則復於道。修行人内含其真，在仁爲仁，在義爲義，在禮爲禮，在智爲智，而不失其真，任世下降而獨能復於古。學人止要内守其真，應一切之用，而無所着也。吾雖當此時，而未嘗不守其真，夢境中猶着衲衣，作塵勞事，化飯食。凡出家不免應緣，常能不忘道性，必有前程。此生一志於道，縱復再出頭來，又是一個好道人。今之出家人，或有不念此理，常欲在人之上，惟恐失其假德外望，對人則瞑目拱手作坐忘態，無人則無所不作，雖名曰「道人」，果道人也哉？

講「絶學無憂」章終。

師曰：爲學非難，絶學爲難。嘗記馬禪師有《十勸》，其四云：「勸君四：廣學多聞心上刺，情忘見盡絶馳求，信手拈來無不是。」忘情忘見則不馳不求矣。因有情，故見解出，不是馳騁，則是貪求。《經》云：「見素抱樸，少私寡欲。」「素」謂素分，識素分則抱樸矣。「私」謂己私，「欲」謂貪欲，私不能無，能少私則寡欲矣。聖賢廣説詳説，欲人知而行之，奈何不知不學，則終無所知而已，學而知者，泥於學而不行其所知，皆虚度也。上智不行，與下愚相去何遠？過猶不及，正謂此也。無學者不知聖經之義，多惡其有學者。聞「絶學無憂」之言，則愈謂爲學者非也，不道不學者更不是。聖人豈不欲人爲學？所以戒者，戒其學而既知，尚不能忘其學。然學者或有理義難通處，且當放過，時下不得，後或自得，既知其不知，即是知矣。孔子曰：「知之爲知之，不知爲不知，是知也。」戒不可以强爲知也。《經》云「絶學無憂」者，戒知而不能忘，則有憂矣。若云便當絶學，聖人何爲説五千言？道人雖未能廣學，《陰符》《道德》《清静》三經，又豈可不學？

講「孔德之容」章。

師曰：嘗記師父問及我輩曰：「經教中何者最爲近道？」山公先以伊之所得爲對。

吾以此章對。「谷神不死」，藴奥難見，此章便得用度。云「恍兮惚兮」，其中有物象存焉，若行到則自可見矣。道雖窈冥難見，其可見者德也，施之及物則爲功行，原其所來則實出於道，顯諸仁，藏諸用。道德、功行本是一源，未有無道心而有實德者。雖初地人亦能深知，何人有道心，何人無道心。凡一切美惡自然呈現，故指而言之曰：「以此言，以此可見，非爲難也。」又云「其中有精，其精甚真」，此一言爲亘古及今不去，以此至精化生人物，是故學道不敢起絲毫塵心，惟恐精神散失。禪家有一説：一婦人乘車過門，一僧偶見之，佇目凝視，其車遂增重。蓋其精神已被車載得去也。玉陽大師有言更親切，云：「着物太深者，至滅其性。」師父亦曾説：「人尸上實精英，棺槨多年，化爲魍魎，豈不是有光明邪？」故知人之光明隨物分了，且如一碗水，騰倒於百碗中，碗碗不能瀝盡，皆帶餘濕，其元水已盡矣。人之光明不可散失，光明大則性大，光明小則性小。以此光明照察他人，真僞無遺，還能回光自照，則光明都在於己。惟有志之士能把握，不至散失。雖然，不得真功實行相配，則不能變化。有人曾問道於師父，答曰：「外修陰德，内固精神。」故知雖有精神，不得功行，終不可成道。然有功德於人或及物，無得有恃賴之心。師父有詩云：「莫問天機事怎生，惟修陰德念長更。人情反覆皆仙道，日用操持盡力行。」若有一毫恃賴，則謂之「住相」，功德小却。又知無爲有爲本無定體，無爲，有所恃着即有爲也，雖有爲，無所恃着即無爲也，又何嘗有定體哉？

師曰：人多將自己光明，照他人之過，無毫髮遺貸，還能返照於己，則不復敢見人之過。師父每見人過，欲加教訓，而必先言曰彼此衆生性，然後方言其過。其意謂：彼與我皆有衆生性，我先覺者，是以先覺覺後覺也。其教人之道，曲盡如此。於中下人，則明明指教。但於有靈識者，則聊舉其意，而聽其自悟。吾從師以來，體其動静語默，無不是教，惟顧其學者如何耳。果能體究盡心，則日自有進。今之學者，惟當自照，不可察人之過。如此行持，漸自有得。

師曰：吾聞行教須用權，以方便化人。是也，然則不無失其實。常體師父所言，無一不本於實。常曰：「吾心知方便，而口不能道。」吾亦曾與完顔先生論及此，初則是説方便，久則習慣於口，化爲常言，不自知覺，其心亦與之俱化。此當爲學者深戒。

師曰：學道只在一念之間。一念舉則爲進，一念疏則爲退。進進不已，方是學道。且如百工爲技，或幹用諸事，必待安排布置，然後可爲。惟學道，不待安排布置，只是澄心遣欲，逐時處處皆做得，不以行住坐卧、時寒時暑、與人同居或獨居，無所不可。學人當下承當，如前輩得一言則行持一言，往往有所持者，云某時下手，某時理會，日復一日，志氣漸衰，終無所成。

講「跂者不立」「有物混成」二章終。

師曰：天下有自然之理，人多不知，知者必不爲不自然之事。事有真妄，甚不可不明。未達者以妄笑妄，終不自知其爲妄。學道之人心性中先知真妄，或有得處未得處，以經爲證，是以經配性，心與經合，則終身不妄。玉陽大師初不讀書，出言合經，得其本故也。今人有深解經文而不知其本者，執着古人言語，反成迷惑。不道古人言語，是無言之言，若只得其語言之妙，自己性上不得妙用，全不濟事。學道，至識心見性得真空才是，要盡力行持。玉陽大師有云：「自從得遇真空伴，都把塵情拚。」長生師父嘗走筆作《瑞鷓鴣》一百二十首，内有云：「内心未驗色心魔，牢捉牢擒越念多。」丹陽師父云「牢捉牢擒生五彩」，與此正相好。長生師父言：「未得真空時，越把捉則越念多矣。」丹陽師父言：「已得真空則内容開，要功夫把握，故云『牢捉牢擒生五彩』。」長春師父「要離生滅」詞云：「既得性珠天寶，勘破春花秋月。」此得真空之地也。復云：「恁時節，鬼難呼，惟有神仙提挈。」前云「身心百煉」，次云「得性珠天寶」，尚云「惟有神仙提挈」之語，此非至真至實，誰復肯出此言？禪家以真空便爲了徹，故每笑此詞云：「既得性珠天寶矣，又何復云神仙提挈邪？」吾謂其實未知也。乾卦六龍，初九，「潛龍勿用」，確乎不可拔；九二，「見龍在田」，光明自見；九三，「終日乾乾，夕惕若厲」，始得無咎；九四，則親上與神明交接，或上或下，有時而隱，有時而見，故云「或躍在淵」，躍則升上也，在淵則復在下也，恍恍惚惚，正欲聖賢提挈；至於九五，始得變化無窮，前必身心百煉，而後神仙提挈，方能至此。學道之人，不先百煉身心，便欲求道，豈可得邪？玉陽大師曾說：「一道人不肯修持，云：我打無爲，顛狂自縱，惹起官魔棒死【二】。當時待打無爲，却被無爲倒打死。」又說：「見性有二，真空亦有二。悟徹萬有皆虚幻，惟知吾之性是真，此亦爲見性。既知即行，行之至，則又爲見性。初悟道爲真空，直至了處亦爲真空。既至真空，功行又備，則道炁自然一發通過。道氣居身中，九竅無心而自閉，至此際則方是真受用。」一手執吾手，一手畫空【三】，三横一竪，二作兀樣，云：「無門無户，四通八達，是元始地面。若衆生性未盡，欲憑心力閉塞九竅，則左閉而右發，互相變亂，不可制御矣。此言未嘗輕泄，今特發之也。」吾拜受之。此皆人性分中事，止爲人不知保守，故不能達此地面。纔有些子光明，早不肯低下，自矜自滿，必欲求異於人，故不能成其大。光明如水之將聚，愈卑下則愈深，人之積德亦如是，實有所得，愈宜深畜，若或輕泄一言，則有損非細。又如世人千萬苦辛，積聚財貨，或不自慎，偶非理傷觸他人，事不可已，一旦盡費其財，其所損豈細邪？故曰積之爲難，保之尤難，還能自保，認得性分之外，一切事皆是虛妄，惡之如污物，真如餘食贅行，方是到得自然處。如未真知，贅尤爲醜，更於頭上安頭，反謂我之所有、他人之所無，自矜自夸，終不自悟。如此者，欲明所謂自然之道【四】，不亦難乎？

講「知人者知」章。

師曰：「死而不亡者壽。」其旨甚明。玉陽大師嘗云：「賢人死而爲鬼，下愚則逐物

【二】惹起官魔棒死　「魔」，《長春道教源流》引《北遊語録》作「府」。

【三】一手畫空　「畫」原作「晝」，據《重刊道藏輯要》本改。

【四】欲明所謂自然之道　「所」原作「沂」，據《重刊道藏輯要》本改。

遷化。」吾謂賢人者，必生而有賢行，是以得賢名，雖至於死，吾實謂之不死。又云「自勝者强」，云「强行者有志」，修行人降心進道，專以志爲主。志不立者，至於一食非美則胸中不納，是萬神不納也。有志者雖每惡食，不爲病，志既壯而萬神從之，物亦隨之而變，不知其味惡也。人有萬神，非志不能帥。大志既行，如大帥之行也，滿身之氣皆助之，何事不能克勝？《孟子》曰：「志者，氣之帥也。」吾行之甚效，故愈信其爲善。云「不失其所者久」，「所」字，如子産使校人畜魚，校人云「得其所哉」之「所」。經中之言，初欲得知，知而欲爲己用，若泥於言而不爲用，則反爲病。然經中之言多反復不一，最要人明此。云「强行者有志」，有云「弱其志」，有云「學則不是」，有云「不學亦不是」，有云「静則不是」，復云「動亦不是」，反復抑揚，初無定義，惟恐學者過與不及，或着在一邊。左右扶救之，令立於中道。學者所宜深究。

講「執大象」一章，引諸家之説。内蘇子由云：「大象即淡乎無味，視聽不足見聞之大道也。上執此道，則天下無不往者，樂餌治術也。一時之善治，非不能使人親附，如過客之止，然不可以久。」

師曰：解經人悟道本，故不費辭，子由爲當。《莊子》有云：「仁義，先王之蘧廬。」蓋此意也。

志全曰：五十四注，多宗政和，政和多引《易》《莊》。

師曰：三玄本一宗，徽宗道性本自高，故取焉。吾謂知此非難，行此爲難。吾初入道門，但見老宿所行之德，後觀透此經都是前人所行。今日教門，凡一切外事，無異以樂餌而止過客，甚不可住着於此。當捨前人所行之道，且能不失其本。今日門人進修道業無世人之苦，必有因地，而不徒然至此。求其所因，實自學道上得，此豈可一日忘？

講「上德不德」章終。

師曰：《經》云「上德不德，是以有德；下德不失德，是以無德」，以教門中所行事説，最爲易見。云「暗積功行，不求人知」，則是不自以爲德。既不自德，是謂上德。不使人知，則若失其德。吾謂外其德而德愈存，豈不是實有其德？故曰「是以有德」。若有功行即使人知，則若不失其德，即爲下德。人知則必加敬重，其德漸損，故曰「是以無德」。既將功行用在聲名上，隨時失去，還能用在虚無道中，何者是自己實得底？

講「道生一」章。云云。

師曰：聖人之道，本没多子。學人少有明得此理，只爲未能忘我。朝暮所爲，凡不合於聖人者，皆是自己性子，直須撇了自己底，自然合着聖人。道生一，禪家參到此際，實爲徹處。止是此地上不能定得，則别生事端。邵堯夫先生有云：「請看風急天寒夜，誰是當門定脚人。」吾嘗論之：玄妙之言，不可以示衆，中下人聞之誤行者多。往日有人參學性宗甚明，而不持戒律，無所不爲。達者曰：「此不是地獄種子邪？」其人曰：「此又何妨於道?」」其弊乃至於此。

講「治人事天,莫若嗇」章。云云。

師曰:「嗇」,嗇愛也,愛其道也,此學人之日用。此一字爲一章之要。「服」,服食也。「早服」,食道之味。「重積德」,自損己利物,以至於治人事天,盡其道之用,則通天徹地。是故學道以積德爲大本,必有實德,然後有所味,道家謂「受用」。學人皆能知心無雜念,氣候冲和,即爲「受用」。然少有得其味者,以其不知「重積德」也,不有真功德爲本,實無所得。勞心極想,雖至終年,至十年,乃至百年,亦終無所得。功德既積,不求所得而自得。何謂「真功德」?曰:爲而不恃,不自以德爲德,是謂「真功德」。

講「爲無爲」章。云云。

師曰:「報怨以德」,聖人舉世人最難爲者言之,且報怨尚以德,於其餘事上無所不用德。世之人不能行此,以怨報怨,無有休期,至於禍不能解。聖人欲絶其源,故特垂訓。學人能明此理,又何怨之能生耶?

講「勇於敢則殺,勇於不敢則活」章,諸家之説或利或害。有云:「勇於不敢則利,勇於敢則害。」是也。蘇子由總解云:「不敢則生,敢則死,此物理之大常。然或敢者得生,或不敢者得死,此或然耳。世遂僥幸其或然,而忽其常理。以耳目觀天,見其曲而不睹其全,未有不疑天網之疏而多失也。惟能要其終始,而盡其變化,然後知其恢恢廣大,雖疏而不失也。」

師曰：子由之説得之。「孰知其故」，「故」，因故也。云「或利或害」之因故，雖聖人猶且難之。難之者，疑之也。「難」或作去聲，更易見。雖難之，終無可疑也。吾教説因果，人或有一分之善，却爲有業障未除，時雖未報，雖經百千世，業障消盡，即得一分之福。或有惡，亦如此。以其大數觀之，如天網之恢恢也。善惡必報無遺，則是雖疏而不失也。

附録

李進序

嘗觀南伯子葵問女偊之聞道，對以聞諸副墨之子，副墨之子聞諸洛誦之孫，乃至瞻明、聶許、需役、於謳，逮夫玄冥、參寥，極於疑始也。足見自非生而知之、目擊道存者，曷嘗不假修心煉性，漸證漸悟，自日益至於日損，自有爲至於無爲，道成功就，住世成仙，固亦有次第矣。然則修道之教，忘言之言，詎可已乎？清和尹真人傳長春師之道，嗣掌天下大教，重闢玄門，宜演正派，如景星、丹鳳，争先睹之爲快也。内則脱屣摳衣者不下千計，外則送供請事者不遠千里，道價德馨，被於夷夏，天下翕然推尊之，誠一代之宗匠也。嘗赴北京運使侯進道等醮事。門人集師《北遊語録》一編，乃師資答問，講論經法，諄諄然以真實語指平常心，提正玄綱，折中妙理，誠入道之筌蹄也。沁郡長官杜德康將大書鋟木，與四方信士、林泉幽人共之。遂釐爲上下二卷，冀覽者因言悟入，同證長生，顧不韙歟？噫！今真人退堂就閑，終日静坐，將與造物者遊於無何有之鄉，面且不得見，而况其言乎？歲在强圉作鄂秋一日，古陶李進書。

（《正統道藏》本卷首）

張天祚序

昔孔子嘗謂弟子曰：「予欲無言。」子貢曰：「子如不言，則小子何述焉？」故聖人之於道也，必以言傳。如或不然，何以明道？今清和真人尹公，白幼出家，從長春師父五十餘年，朝參夕問，未嘗少怠，在衆中素號傑出者矣。遂親授訓墨，俾掌其教事，天下尊之。每於閑宴之際，與衆講論全真妙旨，至於終日，亹亹不倦。言甚簡當，析理易曉，與夫談玄説妙、干時惑衆者，固有間矣。故諸弟子恐其遺落，各記所聞，纂爲一編，目曰《清和真人語録》，分爲二卷。庶使四方修真之士皆得披讀而易於入道也。以力未能就，嘗爲歎照。會銅川長官杜德康迎師南邁，聞而樂之，遂命工板行，欲永其傳。一日，平遥太平興國觀提點王志寧，洎李志方，懇求予爲序。義不敢辭，抑又嘉仁人君子之用心深也，聊摭其實以叙其始末云。時丁酉歲七月立秋日，南軒老人張天祚題。

（《正統道藏》本卷首）

李志常序

夫大道無象，至理無言，且無象之道既不可得而見，其無言之理烏可得而明？理何以明？由言而明之。然言之則不類矣，故古之君子强爲之言。言必有宗，言有宗則理爲言筌而出之。以是知理在言外，得其理而言自忘矣，故曰「至理無言」。無言則無象矣，故曰「大道無象」。見無象之道、言無言之理者，非真得真知，其孰能哉！既可得而言矣，廣説而不爲之太過，約説而不爲之不及，即能動則有法，静則會極，「與道玄同」之謂也。若人之出世，亦豈易遇哉？今清和真人繼踵長春，綱領玄教，積有歲年，四方修真之士，造席請益者，歲無虚日，久而益敬，遠而益親，争先睹者不啻若景星之與鳳凰也。偉哉至人！平日以誠接物，以慈利人，不求保於人人保之，其人天之真依者歟？一日，知宫張德方諸君捧北行所録若干卷來謁，曰：「在長春先師之門者，唯師知公最深，其所托亦可謂重矣。今將以是書刻梓，若得公之文序之，以廣諸方後學願見之心，豈不美乎？」余竦爾而謝曰：「余言何足謂之文邪？惟真人道純學奥，當代之偉人。其真得真知，無間乎語默，人得其一言一話，録而成書者久矣，又何待余言而傳？」德方曰：「不然。挈裘者必以領，升堂者必自階。願借一言鈎深發至，列之卷首，庶使學者由領而舉，自階而升，亦非小補。」余不敢復辭，乃筆以授之。時庚子秋七月初吉，嗣教真常子李志常題。

（《正統道藏》本卷首）

文辨

⊙王若虛撰

點校説明

《文辨》四卷，金王若虚撰。王若虚（一一七四—一二四三），字從之，號慵夫，金亡後自號滹南遺老，稾城（今屬河北）人。幼穎悟，早年從其舅周昂學，於文論、詩論受其影響甚深。金章宗承安二年（一一九七）擢經義進士。調鄜州録事，歷管城、門山二縣令。用薦入爲國史院編修官，遷應奉翰林文字、同知制誥。嘗奉使西夏，還授同知泗州軍州事，留爲著作佐郎。金哀宗正大初，預修《宣宗實録》，書成，遷平凉府判官。未幾，召爲左司諫，後轉延州刺史，不拜，遂入爲直學士。金亡，微服北歸鎮陽。卒於泰山。若虚滑稽多智，雅重自持，謀事詳審，博學卓識，善持論，不苟同於衆。金元之間，於經學、史學、文章，均爲一時翹楚。元好問稱之「文以歐、蘇爲正脉，詩學白樂天，作雖不多，而頗能似之」（《内翰王公墓表》）。著有《慵夫集》（已佚）、《滹南遺老集》各若干卷。《千頃堂書目》《天一閣書目》等載若虚另著有《尚書義粹》，或云二卷，或云三卷，已佚；後張金吾於黄諫《書傳集解》中輯出，今存。生平見於《金史·文藝下》卷一百二十六、《中州集》卷六、元好問《元遺山集》卷十九《内翰王公墓表》等。

劉祁稱若虚「貴議論文字有體致，不喜出奇，下字止欲如家人語言，尤以助辭爲尚」，且「多發古名篇中疵病」（《歸潛志》卷八）。其「多發古名篇中疵病」者，蓋指《文辨》。《文辨》

點評《左傳》《史記》《漢書》及韓、柳、歐、蘇、黄諸名公文章之優劣，大抵以蘇文爲典範。主張爲文應出之自然，合乎義理，如「肺肝中流出」「惟求真是而已」，避免蹈襲，盡其所長而各自名家。反對以辭害意，文辭「須是典實過於浮華，平易多於奇險」，「求其當否」「適其宜」而已，凡過求則不美，故雕琢巧飾、逞才使氣之語，皆所不取。若虚論文雖有毛舉細故之嫌，不無偏頗之處，然瑕不掩瑜，不失爲金元間一傑出文學理論家。

《文辨》未見單行本，存於《滹南遺老集》卷三十四至卷三十七。《滹南遺老集》或稱《滹南集》《滹南王先生文集》，原爲四十五卷，初刊於蒙古海迷失后元年（一二四九）。其後板爲王復翁所得，王復取《中州集》内若虚詩輯爲一卷附於後，乃爲四十六卷。是書國内存有多種善本，今舉其要者於下：現存最早者爲明山陰祁氏澹生堂鈔本，有吴焯校跋，此本後被收入《石蓮盦彙刻九金人集》；清吴氏繡谷堂鈔校本，爲吴焯據澹生堂本鈔録，此本漏録卷三十四之部分條目，上海涵芬樓鈔本、《四部叢刊》本、《四庫薈要》本均祖此本；清定州王氏謙德堂刻本，即《畿輔叢書》本，《叢書集成初編》本即據此排印。本次點校以《四部叢刊》本爲底本，校以《畿輔叢書》本、《四庫薈要》本、《石蓮盦彙刻九金人集》本。底本卷一所闕之條目，據《畿輔叢書》本輯録於書後，校以《石蓮盦彙刻九金人集》本。此外，《文辨》之標點本見於《歷代文話》《滹南遺老集校注》諸書，亦用以參考。

卷一

相如《上林賦》設子虛使者、烏有先生，以相難答，至亡是公而意終。蓋一賦耳，而蕭統別之爲二。統不足怪也，至遷、固爲傳，亦曰：上覽《子虛賦》而善之，相如以爲此乃諸侯之事，故別賦《上林》。何哉？豈相如賦《子虛》自有首尾，而其賦《上林》也復合之爲一邪？不然，遷、固亦失也。

張衡《二京》，一賦也，而《文選》析爲二首；左思《三都》，一賦也，而析爲三首。若以字數繁多，一卷不能盡之，則不當稱某京某都，而各云一首也，豈後人編輯者之誤而不出于統歟？然《世説》載庾亮評庾闡《南都賦》，謂可以「三《二京》而四《三都》」，又何也？

《晉》《宋書》載淵明《歸去來辭》云：「善萬物之得時，感吾生之行休。已矣乎！寓形宇内復幾時【一】，曷不委心任去留，胡爲皇皇欲何之？」「已矣乎」之語，所以便章而爲斷，猶「系曰」「亂曰」之類，則與上文不相屬矣。故當以「時」字、「之」字爲韻，其「留」字偶與前「休」字相協而已。後之擬者，自東坡而下，皆雜和之，然則果孰爲韻邪？近見陶集本作「能復幾時」，此爲可從。蓋八字自是兩句耳，然陶集云「胡爲

校勘記

【一】寓形宇内復幾時　「宇」原作「字」，據諸本改。

乎逴逴兮欲何之」，殆不可讀，却宜從史所載也。

劉禹錫《問大鈞賦》云：「楚臣《天問》不酬，今臣過幸，一獻三售。」上二句脱兩字。《何卜賦》云：「時乎時乎，去不可邀，來不可逃，淹兮孰舍操【二】？」夫「操」所以對「舍」也，上當脱三字。又云：「堇之毒豕苓，鷄首之賤毛。」亦有脱誤處。《禹錫集》《文粹》所載皆然，安得善本而考之？

東坡《杞菊賦》云：「或糠覈而瓠肥，或粱肉而墨瘦。」諸本皆同。近觀秘府所藏公手書，此賦無「瓠」「墨」二字，固當勝也。

東坡《詩論》，其末云：「嗟夫！天下之人欲觀于《詩》，其必先知夫興之不可與比同，則《詩》之意可以意曉而無勞。」而其中又有云：「嗟夫！天下之人欲觀于《詩》【三】，其必先知比興。」此十六字蓋重複也。不惟語言爲贅，其于上下文理亦自間斷，此灼然可見，而諸本皆無去之者，蓋相承其誤而未嘗細考也。

左氏文章不復可議，惟狀物論事，辭或過繁，此古今之所知也。如韓原之戰，晉侯乘鄭駟，慶鄭以其非土産而諫之，言其「進退不可，周旋不能」，足矣。至云「亂氣狡憤，陰血周作，張脉僨興，外强中乾」，何必爾邪？

左氏書晉敗于邲，軍士爭舟，「舟中之指可掬」。《獻帝紀》云：帝渡河，不得渡者皆爭攀船，船上人以刃擽斷其指，舟中之指「可掬」。劉子玄稱邱明之體「文雖缺略，理

【二】淹兮孰舍操　「舍」原作「含」，據諸本改。下「夫操所以對舍也」之「舍」，亦同。

【三】天下之人欲觀于詩　「天」原作「人」，據諸本改。

甚昭著。不言攀舟以刃斷指，而讀者自見其事」。予謂此亦太簡，意終不完，未若《獻帝紀》之爲是也。

洪邁《容齋隨筆》云：「石駘仲卒，有庶子六人，卜所以爲後者。曰：『沐浴佩玉則兆。』五人者皆沐浴佩玉。石祁子曰：『孰有執親之喪而沐浴佩玉者乎？』不沐浴佩玉。此《檀弓》之文也。今之爲文者不然，必曰：『沐浴佩玉則兆。』五人者如之。祁子獨不可，曰：『孰有執親之喪而若此者乎？』」似亦足以盡其事，然古意衰矣。」慵夫曰：邁論固高，學者不可不知，然古今互有短長，亦當參取，使繁省輕重得其中，不必盡如此説也。「沐浴佩玉」字實多兩處。夫文章惟求真是而已，須存古意何爲哉？

邵氏云：「讀司馬子長之文，茫然若與其事相背戾。《伯夷傳》曰：『予登箕山，其上有許由冢。』意果何在？下用『富貴如可求，雖執鞭之士，吾亦爲之』『歲寒，然後知松柏』等語，殊不類其事，所以爲宏深高古歟？視他人拘拘窘束，一步武不敢外者，膽智甚薄也。」慵夫曰：許由之事何關伯夷？遷特以其讓國高蹈【四】，風義略等，而傳聞可疑，因附見耳，然亦不足爲法也。若夫「富貴不苟求」「歲寒知松柏」等語，此正合其事矣，安得爲不類？且爲文者，亦論其是非當否而已，豈徒以膽智爲貴哉？遷文雖奇，疏拙亦多，不必皆可取也。邵氏之言太高而過正，將誤後學。予不得不辨。

洪邁云：「司馬遷記馮唐救魏尚事，其始曰：『魏尚爲雲中守，與匈奴戰，上功幕府，

【四】遷特以其讓國高蹈　「讓」原作「議」，據諸本改。

一言不相應，文吏以法繩之，其賞不行。臣以爲陛下賞太輕，罰太重。』而又申言之曰：『且雲中守魏尚，坐上功首虜差六級，陛下下之吏，削其爵，罰作之。』重言雲中守及姓名，而文勢益遒健有力，今人無此筆也。」予謂此唐本語，自當實録，何關史氏之功？若以文法律之，則首虜差級、削爵罰作之語，宜移于前，而前語復换于後，乃愜。蓋始言者其事，而申言者其意，次第當如此耳。重言官職、姓名，其實冗複，吾未見其益健也。宋末諸儒喜爲高論，而往往過正，詎可盡信哉！

洪邁云：「文之繁省者，各有當。《史記·衛青傳》云：『校尉李朔、校尉趙不虞、校尉公孫戎奴，各三從大將軍獲王。以千三百户封朔【五】，爲涉軹侯；以千三百户封不虞，爲隨成侯；以千三百户封戎奴，爲從平侯。』《前漢書》但云：『校尉李朔、趙不虞、公孫戎奴，各三從大將軍，封朔爲涉軹侯，不虞爲隨成侯，戎奴爲從平侯。』減《史記》二十三字，然不若《史記》爲朴贍可喜。」予謂此本不足論，若欲較之，則封户之實當從《史記》，而校尉之稱《漢書》爲勝也。

司馬遷之法最疏，開卷令人不樂。然千古推尊，莫有攻其短者，惟東坡不甚好之，而陳無己、黄魯直怪歎以爲異事。嗚呼！吾亦以千古雷同者爲不可曉也，安得如蘇公者與之語此哉？

晉張輔評遷、固史云：「遷叙三千年事，止五十萬言；固叙二百年事，乃八十萬言。

【五】以千三百户封朔　「以千」原作「以以」，據諸本改。

繁省不同，優劣可知。」此兒童之見也。遷之所叙，雖號三千年，其所列者幾人、所載者幾事？寂寥殘缺，首尾不完，往往不能成傳，或止有其名氏，至秦漢乃始稍詳。此正獲疏略之譏者，而反以爲優乎？且論文者求其當否而已，繁省豈所計哉？遷之勝固者，獨其辭氣近古，有戰國之風耳。

邵公濟嘗言遷史、杜詩，意不在似，故佳。此繆妄之論也。使文章無形體邪，則不必似；若其有之，不似則不是。謂其不主故常、不專蹈襲可矣，而云「意不在似」，非夢中語乎？

唐子西云：「六經已後，便有司馬遷；《三百篇》已後，便有杜子美。故作文當學司馬遷，作詩當學杜子美。」其論杜子美，吾不敢知。至謂「六經已後，便有司馬遷」，談何容易哉？自古文士過于遷者何限，而獨及此人乎？遷雖氣質近古，以繩準律之，殆百孔千瘡，而謂學者專當取法，過矣。

馬子才《子長游》一篇，馳騁放肆，率皆長語耳。自古文士過于遷者爲不少矣，豈必有觀覽之助始盡其妙？而遷之變態，亦何至于是哉？使文章之理，果如子才所説，則世之作者，其勞亦甚矣。其言吊屈原之魂云「不知魚腹之骨尚無恙者乎」，讀之令人失笑。雖詩詞詭激，亦不應爾，况可施於文邪？蓋《馬氏全集》，其浮誇多此類也。

洪邁謂：「《漢書·溝洫志》載賈讓《治河策》云：『河從河内北至黎陽，爲石隄，激使東抵東郡平岡；又爲石隄，使西北抵黎陽、觀下；又爲石隄，使東北抵東郡津北；又爲石隄，使西北抵魏郡昭陽；又爲石隄，激使東北。百餘里間，河再西三東。』凡五用『石隄』字，而不爲冗複，非後人筆墨畦徑所能到。」予謂此實冗複，安得不覺？然既欲詳見其事，不如此當如何道？蓋班氏之美，不必言是，特邁過愛而妄爲高論耳。

退之于前人，自班固以下不論。以予觀之，他文則未敢知，若史筆，詎可輕孟堅也？

揚子雲《解嘲》云【六】：「爲可爲于可爲之時則從，爲不可爲于不可爲之時則凶。」此不成義理，但云「爲于可爲之時，爲于不可爲之時」，或云「可爲而爲之，不可爲而爲之」則可矣。

陳後山曰：「揚子雲之文，好奇而卒不能奇，故思苦而辭艱【七】。善爲文者，因事出奇，江河之行，順下而已，至其觸山赴谷，風搏物激，然後盡天下之變。子雲唯好奇【八】，故不能奇也。」此論甚佳，可以爲後學之法。

退之《送窮文》以鬼爲主名，故可問答往復。揚子雲《逐貧賦》但云「呼貧與語」「貧曰唯唯」，恐未妥也。

謝靈運嘗謂：「天下才共一石，子建獨得八斗，我得一斗，古今共得一斗。」茆璞辨其不然。慵夫曰：此自狂言，又何足論？然璞復云「可當八斗者，唯坡云」，亦恐不必道。坡文固未易及，要不可以限量定也。

【六】揚子雲解嘲云　「揚」原作「楊」，據《畿輔叢書》本、《四庫薈要》本改。下「揚雄」「揚子雲」之「揚」，亦同。

【七】故思苦而辭艱　「苦」原作「若」，據諸本改。

【八】子雲唯好奇　「唯好奇」原作「雖奇」，據《畿輔叢書》本改。

凡爲文，有遥想而言之者，有追憶而言之者，各有定所，不可亂也。《歸去來辭》，將歸而賦耳，既歸之事，當想像而言之。今自問途而下，皆追録之語，其于畦徑，無乃窒乎？「已矣乎」云者，所以總結而爲斷也，不宜更及耘耔嘯咏之事。退之《感二鳥賦》亦然。《歸去來辭》本自一篇自然真率文字，後人模擬已自不宜，況可次其韻乎？次韻則牽合而不類矣。

庾信《哀江南賦》堆垛故實，以寓時事，雖記聞爲富，筆力亦壯，而荒蕪不雅，了無足觀。如「崩于鉅鹿之沙，碎于長平之瓦」，此何等語？至云「申包胥之頓地，碎之以首」，尤不成文也。

杜詩云：「庾信文章老更成，凌雲健筆意縱横。今人嗤點流傳賦，未覺前賢畏後生。」嘗讀庾氏諸賦，類不足觀，而《愁賦》尤狂易可怪。然子美推稱如此【九】，且譏誚嗤點者，予恐少陵之語未公，而嗤點者未爲過也。

張融《海賦》不成文字，其序云「壯哉水之奇也，奇哉水之壯也」，何等陋語！

【九】然子美推稱如此　「推」原作「雅」，據諸本改。

校勘記

卷二

退之《盤谷序》云「友人李愿居之」，稱「友人」則便知爲己之友，其後但當云「予聞而壯之」，何必用「昌黎韓愈」字？柳子厚《凌準墓志》既稱孤某「以其先人善予，以志爲請」，而終云「河東柳宗元，哭以爲志」。山谷《劉明仲墨竹賦》既稱「故以歸我」，而斷以「黄庭堅曰」，其病亦同。蓋「予」「我」者自述，而姓名則從旁言之耳。劉伶《酒德頌》始稱「大人先生」而後稱「吾」，東坡《黠鼠賦》始稱「蘇子」而後稱「予」，蘇過《思子臺賦》始稱「客」而後稱「吾」，皆是類也。前輩多不計此，以理觀之，其實害事。謹於爲文者，當試思焉。

崔伯善嘗言退之《送李愿序》「粉白黛緑」一節當删去，以爲非大丈夫得志之急務。其論似高，然此自富貴者之常，存之何害？但病在太多，且過于浮艷耳。餘事皆略言，而此獨説出如許情狀，何邪？蓋不唯爲雅正之累，而于文勢亦滯矣。「其于爲人賢不肖何如也」，多却「於」字。

退之《行難》篇云：「先生矜語其客曰：某胥也，某商也，其生某任之，其死某誄之。」予謂上二「某」字，胥、商之名也，下二「某」字，先生自稱也，一而用之，何以别乎？又曰：「某與某何人也，任與誅也非罪歟？皆曰：然。」「然」者，是其言之辭也。今先生問胥【二】、商之爲人何如，己之任、誅當否，其意未安，取决于衆，而皆以爲然，何所是而然之哉？又云：「其得任與誅也，有由乎？抑有罪不足任而誅之邪？先生曰：否，吾惡其初。」又云：「先生之所謂賢者，大賢歟，抑賢于人之賢歟？齊也，晉也，且有二與七十，而可謂今之天下無其人邪？」又云：「先生之與者，盡于此乎？其皆賢乎？抑猶有舉其多而没其少者乎？先生曰：固然，吾敢求其全。」其問答之間，所下字語，皆支離不相應，觀者試詳味之。

退之《行難》篇言取士不當求備，蓋言常理，無甚高論，而自以爲孟子不如，其矜持亦甚矣。

退之《原道》云：「寒，然後爲之衣；飢，然後爲之食。木處而顛，土處而病也，然後爲之宫室。」三「然後」字慢却本意。又云：「責冬之裘者曰『曷不爲葛之之易』，責飢之食者曰『曷不爲飲之之易』。」「葛之」「飲之」多却「之」字。

凡作序而併言作之之故者，此乃序之序，而非本序也。若記、若詩、若志銘皆然，人少能免此病者。退之《原道》等篇末云「作《原道》《原性》《原毁》」，歐公《本論》云「作《本論》」，猶贅也。

退之《送温處士赴河陽軍序》云：「洛之北涯曰石生，其南涯曰温生。」全篇皆從

【二】今先生問胥　「今」原作「令」，據諸本改。

傍記録之辭，而其末云「生既至」「其爲吾以前所稱，爲天下賀；以後所稱，爲吾致私怨于盡取」。此乃方與他人言，而遽與本人語。亦有方與本人語，而却與他人言者。自古詩文如此者，何可勝數哉！

「伯樂一過冀北之野，而馬群遂空。夫冀北馬多天下，伯樂雖善知馬，安能遂空其群邪？解之者曰：吾所謂空，非無馬也，無良馬也。」此一「吾」字害事。夫言群空及解之者，自是兩人；而云「吾所謂」，却是言之者自解也。若作「彼」字、「其」字，或云「所謂空者」「吾謂空者」【二】，皆可矣。又云：「生既至，拜公于軍門：其爲吾以前所稱，爲天下賀；以後所稱，爲吾致私怨于盡取也。」二「爲吾」字，當去其一。

退之評伯夷，止是議論散文，而以頌名之，非其體也。

退之《送石處士序》云「河陽軍節度、御史大夫烏公，爲節度之三月」，重却「節度」字，但作「至鎮」「到官」「莅事」之類可也。又云「先生仁且勇，若以義請而强委重焉，其何説之辭」，「之」字不妥。又云「先生起拜，祝辭曰：敢不敬蚤夜以求從祝規」，當去「祝辭」字。

退之論時尚之弊云：「每爲文得意，人必怪之；至應事俗作，下筆自慚者，人反以爲好【三】。」王元之嘗謂《祭裴少卿文》當是，蓋得之矣。然《顔子不貳過論》，亦此類耳，而置集中，何也？

【二】或云所謂空者吾謂空者　「或」原作「故」，據諸本改。

【三】人反以爲好　「反」原作「及」，據諸本改。

退之《祭柳子厚文》云「嗟嗟子厚，而至然耶？自古莫不然，我又何嗟」，而其下復用「嗟」字，似不可也。

《石鼎聯句詩序》云「斯須曙鼓動鼕鼕」，何必用「鼕鼕」兩字？當削去之。

《李于墓誌銘》：「豚魚鷄三者【四】，古以養老。反曰：『是皆殺人，不可食。』一筵之饌，禁忌十常不食二三。」多却「不食」二字。

《師説》云：「萇弘、師襄、老聃、郯子之徒，其賢不及孔子。孔子曰：『三人行，必有我師。』」此兩節，文理不相承。

《圬者王承福傳》云：「又曰：粟，稼而生者也。」「又」字不妥，蓋前無承福語也。

《猫相乳説》云：「客曰：『王功德如是，祥祉如是，其善持之也可知已。』既已，因叙之以爲《猫相乳説》云爾。」「既已」字不妥，「爾」字亦贅。

《仲長統贊》云：「自謂高幹有雄志而無雄才。」「自」字不妥，言「嘗」可也。

《樊紹述墓志》云：「紹述于斯術，其可謂至于斯極者矣。」「斯極」字殊不愜。古人或云「何至斯極者」，言若是之甚耳，非「極至」之「極」也。

退之論許遠之事云：「城壞，其徒俱死，獨蒙愧耻求活，雖至愚者不忍爲。嗚呼！而謂遠之賢而爲之邪？」「而」字上著不得「嗚呼」字。

《猫相乳説》云：「猫有生子同日者，其一母死焉，有二子飲于死母。母且死，其鳴

【四】豚魚鷄三者　「鷄」原作「雞」，據諸本改。

咿咿。」「毋且死」一句贅而害理，「且」字訓「將」也。

《薛公達墓志》云：鳳翔軍帥設的命射，君三發連三中，「中輒一軍大呼以笑，連三大呼笑」。下五字似不須用。《史記》云：「陳平從攻陳豨、黥布，凡六出奇計，輒益邑，凡六益封。」亦此類。

《邵氏聞見録》云：「嘗得退之《薛助教志》石，與印本不同，『挾一矢』作『指一矢』，甚妙。又得《李元賓墓銘》，亦與印本不同。印本云『文高乎當世，行過乎古人，竟何爲哉』，石本乃作『意何爲哉』，益歎石本之語妙。」予謂「指」字太做造，不若「挾」之自然；「意」字尤無義理，亦只當作「竟」。邵氏之許，殊未當也。茆荆産云：「碑本蓋初作時遂刻之，中間或有未安，他日自加點定，未可知也。若初本不同，當擇其善者取之，不必專以石刻爲正。」此説盡矣。

陳後山云：「退之之記，記其事耳。今之記，乃論也。」予謂不然。唐人本短于議論，故每如此。議論雖多，何害爲記？蓋文之大體固有不同，而其理則一。殆後山妄爲分別，正猶評東坡「以詩爲詞」也。且宋文視漢唐百體皆異，其開廓横放，自一代之變，而後山獨怪其一二，何邪？

《後山詩話》云：「黄詩、韓文有意，故有工，左、杜則無工矣。然學者必先黄、韓，不由黄、韓而爲左、杜，則失之拙易。」此顛倒語也。左、杜冠絶古今，可謂天下之至工，而無以加之矣。黃、韓信美，曾何可及，而反憂學者有拙易之失乎？且黃、韓與二家亦殊不相似，初不必由此而爲彼也【五】。陳氏喜爲高論而不中理，每每如此。

丹陽洪氏注韓文，有云：「字字有法，法左氏、司馬遷也。」予謂左氏之文固字字有法矣，司馬遷何足以當之？文法之疏，莫遷若也。

柳子厚謂退之《平淮西碑》猶有「帽子頭」，使己爲之，便説用兵伐叛。此争名者忌刻，妄加詬病耳。其實豈必如是論？而今世人往往主其説，凡有以議論人者【六】，輒援是以駁之，亦已過矣。

劉禹錫評段文昌《平淮西碑》云：「碑頭便曰『韓弘爲統，公武爲將』，用左氏『欒書將中軍，欒黶佐之【七】』文勢也。又是仿班固《燕然碑》樣，别是一家之美。」嗚呼！劉、柳當時譏病退之，出于好勝而争名，其論不公，未足深怪。至于文昌之作，識者皆知其陋矣，而禹錫以不情之語妄加推獎，蓋在傾退之，故因而爲之借助耳。彼真小人也哉！

東坡嘗欲效退之《送李愿序》作一文，每執筆輒罷，因笑曰：「不若且讓退之獨步。」此誠有所讓耶？抑其實不能邪？蓋亦一時之戲語耳。古之作者，各自名家，其所長不可强而同，其優劣不可比擬而定也。自今觀之，坡文及此者豈少哉？然使其必模仿而成，亦未必可貴也。

【五】

初不必由此而爲彼也　「爲」字上原衍一「爲」字，據諸本删。

【六】

凡有以議論人者　「以」字原缺，據諸本補。

【七】

欒黶佐之　「黶」原作「壓」，據諸本改。

邵氏云：「韓文自經中來，柳文自史中來。」定自妄説。恰恨韓文皆出于經，柳文皆出于史。或謂東坡學《史記》《戰國策》，山谷專法《蘭亭序》者，亦不足信也。

世稱「李杜」而李不如杜，稱「韓柳」而柳不如韓，稱「蘇黄」而黄不如蘇，不必辨而後知。歐陽公以爲李勝杜，晏元獻以爲柳勝韓，江西諸子以爲黄勝蘇，人之好惡固有不同者，而古今之通論不可易也。

晏殊以爲柳勝韓，李淑又謂劉勝柳，所謂「一蟹不如一蟹」。

柳子厚放逐既久，憔悴無聊，不勝憤激，故觸物遇事，輒弄翰以自托，然不滿人意者甚多。若《辨伏神》《憎王孫》《駡尸蟲》《斬曲几》《哀溺》《招海賈》之類，苦無義理，徒費雕鎸，不作可也。《黔驢》等説，亦不足觀。

《駡尸蟲文》，意本責尸蟲，而終之以祝天帝，首尾相背矣。《捕蛇者説》云：「叫囂乎東西，隳突乎南北。」殊爲不美，退之無此等也。子厚才識不減退之，然而令人不愛者，惡語多而和氣少耳。

卷三

杜牧之《阿房宮賦》云：「長橋卧波，未雲何龍？複道行空，不霽何虹？」或以「雲」爲「雩」字之誤，其説幾是，然亦于理未愜。豈望橋時常晴，而觀複道必陰晦邪？「鼎鐺玉石，金瑰珠礫。」曾子固以爲「瑰」當作「塊」，言視金珠如土塊瓦礫耳。然則鼎鐺玉石亦謂視鼎如鐺、視玉如石矣，無乃太艱詭而不成語乎？「弃擲邐迤」恐是「邐迤弃擲」。「滅六國者，六國也，非秦也；族秦者，秦也，非天下也。嗟乎！使六國各愛其人，則足以拒秦；使秦復愛六國之人，則遞三世可至萬世而爲君。」多「嗟乎」字，當在「滅六國」上。尾句云「亦使後人而復哀後人也」，此亦語病也。有「使」字則「哀」字下不當復云「後人」【二】，言「哀後人」則「使」字當去。讀者詳之。

王義方《彈李義府章》云：「貪冶容之好，原有罪之淳于。恐漏泄其謀，殞無辜之正義。雖挾山超海之力，望此猶輕；回天轉日之威，方斯更劣。金風戒節，玉露啓塗。霜簡與秋典共清，忠臣將鷹鸇并擊。請除君側，少答鴻私。碎首玉階，庶明臣節。」其辭蕪陋，讀之可笑，而林少穎《觀瀾集》顧選取之，何其濫也！

封敖爲李德裕制辭云：「謀皆予同，言不他惑。」斯亦無甚可嘉，而德裕大喜，且以

校勘記

【二】有使字則哀字下不當復云後人　「不當」二字上原衍「不得」二字，據諸本删。

金帶贈之。蓋德裕得君，謀從計合，方自以知遇爲幸，而敖適中其心故爾。又武宗使作詔書慰邊將傷夷者，云：「傷居爾體，痛在朕躬。」帝善其如意，賜以宫錦。予謂「居」字亦不愜也。

楚詞自是文章一絶，後人固難追攀，然得其近似可矣。如皮日休《擬九歌》有云「王孫何處兮，碧草極目；公子不來兮，清霜滿樓。汀邊月色兮曉將曉，浦上蘆花兮秋復秋」，此何等語邪？

李翺《與王載言書》論文云：「義雖深，理雖當，辭不工，不成爲文。」「陸機曰：『怵他人之我先。』退之曰：『惟陳言之務去。』假令述笑哂之狀，曰『莞爾』，則《論語》言之矣；曰『啞啞』，則《易》言之矣；曰『粲然』，則穀梁子言之矣；曰『逌爾』，則班固言之矣；曰『囅然』，則左思言之矣。吾復言之，與前文何以異？」予謂文貴不襲陳言，亦其大體耳，何至字字求異如翺之説？且天下安得許多新語邪【二】？甚矣！唐人之好奇而尚辭也。

歐陽《晝錦堂記》大體固佳，然辭困而氣短，頗有争張妝飾之態。且名堂之意，不能出脱，幾于駡題。或曰：記言魏公之詩「以快恩仇、矜名譽爲可薄」，而以昔人所誇者爲戒，意者魏公自述甚詳，故記不復及，但推廣而言之耳。惜未見魏公之詩也。曰：是或然矣。然記自記，詩自詩，後世安能常并見而參考哉？東坡作《周茂叔濂溪》詩云：

【二】且天下安得許多新語邪　「多」字原缺，據《畿輔叢書》本補。

「先生本全德，廉退乃一隅。因抛彭澤米，偶似西山夫。遂即世所知，以爲溪之呼。」如此則無病矣。

《桑榆雜録》云：「或言《醉翁亭記》用『也』字太多。荆公曰：『以某觀之，尚欠一「也」字。』坐有范司户者，曰：『「禽鳥知山林之樂，而不知人之樂。」此處欠之。』荆公大喜。」予謂不然。若如所説，不惟意斷，文亦不健矣。恐荆公無此言，誠使有之，亦戲云爾。

《醉翁亭記》言太守宴曰「釀泉爲酒，泉香而酒洌」，似是旋造也。

宋人多譏病《醉翁亭記》，此蓋以文滑稽。曰：何害爲佳？但不可爲法耳。

荆公謂王元之《竹樓記》勝歐陽《醉翁亭記》。魯直亦以爲然，曰：「荆公論文，常先體製而後辭之工拙。」予謂《醉翁亭記》雖涉玩易【三】，然條達迅快【四】，如肺肝中流出，自是好文章。《竹樓記》雖復得體，豈足置歐文之上哉？

歐公《秋聲賦》云：「如赴敵之兵，銜枚疾走，不聞號令，但聞人馬之行聲。」多却「聲」字。又云：「豐草緑縟而争茂，佳木葱蘢而可悦；草拂之而色變，木遭之而葉脱。」多却上二句，或云「草正茂而色變，木方榮而葉脱」，亦可也。

《憎蒼蠅賦》非無好處，乃若「蒼頭丫髻，巨扇揮揚，咸頭垂而腕脱，每立寐而顛僵」，殆不滿人意。至于「孔子何由見周公于仿佛，莊生安得與蝴蝶而飛揚」，已爲勉强。

【三】雖涉玩易　「涉」原作「淺」，據諸本改。

【四】然條達迅快　「迅」原作「逃」，據諸本改。

而又云「王衍何暇于清談，賈誼堪爲之太息」，可以一笑也。議者反謂非永叔不能賦此等語邪？

宋人詩話言薛奎尹京，下畏其嚴，號「薛出油」。奎聞之，後在蜀乃作《春遊詩》十首，因自呼「薛春遊」，蓋欲換前稱也。歐公志奎墓云：「公在開封，以嚴爲治，京師之民，至私以俚語目公，且相戒曰：『是不可犯也。』囹圄爲之數空，而至今之人猶或目之。」歐公所謂「俚語」，必詩話所載者也，然後世讀之，安能知其意邪？删之可也。

歐公贊唐太宗，始稱其長，次論其短，而終之曰：「然《春秋》之法，常責備于賢者。」此一「然」字甚不順。公意本謂太宗賢者，故責備耳，若下「然」字，却是不足貴也，必以「蓋」字乃安。世人讀之皆不覺，會當有以辨之者。又云：「自古功德兼隆，由漢以來，未之有也。」既曰「由漢以來」，則「自古」字亦重複。

歐公多錯下「其」字。如《唐書·藝文志》云：「六經之道，簡嚴易直而天人備，故其愈久而益明。」《德宗贊》云：「恥見屈于正論，而忘受欺于姦諛，故其疑蕭復之輕己，謂姜公輔爲賈直而不能容。」《薛奎墓志》云【五】：「遭時之士，功烈顯于朝廷，名譽光于竹帛，故其常視文章爲末事。」《蘇子美墓志》云：「時發憤悶于歌詩，又喜行草，書皆可愛，故其雖短章醉墨，落筆争爲人所傳。」《尹師魯墓志》云：「所以見稱于世者，亦所以取嫉于人，故其卒窮以死。」此等「其」字，皆當去之。《五代史·蜀世家論》云：

【五】薛奎墓志云　「云」原作「夫」，據諸本改。

「龍之爲物，以不見爲神。今不上于天，而下見于水中，是失職也，然其一何多歟？」「然其」二字尤乖戾也。

歐公志蘇子美墓云：「短章醉墨，落筆争爲人所傳。」「争」字不妥。

張九成云：「歐公《五代史論》多感歎，又多設疑。蓋感歎則動人，設疑則意廣。此作文之法也。」慵夫曰：歐公之論則信然矣，而作文之法不必如是也。

歐公散文自爲一代之祖，而所不足者，精潔峻健耳。《五代史論》曲折太過，往往支離蹉跌，或至涣散而不收。助詞、虚字亦多不愜，如《吴越世家論》尤甚也。

《湘山野録》云：「謝希深、尹師魯、歐陽永叔各爲錢思公作《河南驛記》，希深僅七百字，歐公五百字，師魯止三百八十餘字。歐公不伏在師魯之下，别撰一記，更减十二字，尤完粹有法。師魯曰：『歐九真一日千里也。』」予謂此特少年豪俊一時争勝而然耳，若以文章正理論之，亦惟適其宜而已，豈專以是爲貴哉？蓋簡而不已，其弊將至于儉陋而不足觀也已。

歐公《謝校勘啓》云：「脱絢組之三十，簡編多前後之乖；并《盤庚》于一篇，文章有合離之異。以仲尼之博學，猶存郭公以示疑；非元凱之勤經，孰知門王而爲閏。」其舉訛舛之類，初止于是，蓋亦足矣。而《播芳大全》載董由《謝正字啓》，窮極搜抉，幾二千言，此徒以該贍詩人耳【六】，豈爲文之體哉？

【六】此徒以該贍詩人耳　「贍」，原作「瞻」，據《畿輔叢書》本改。

邵公濟云：「歐公之文，和氣多，英氣少；東坡之文，英氣多，和氣少。」其論歐公似矣，若東坡，豈少和氣者哉？文至東坡，無復遺恨矣。

趙周臣云：「党世傑嘗言：文當以歐陽子爲正，東坡雖出奇，非文之正。」定是謬語。歐文信妙，詎可及坡？坡冠絶古今，吾未見其過正也。

《冷齋夜話》載東坡經藏記事，荆公愛之，至稱爲人中龍。苕溪辨之，以爲坡平時譏切介甫極多，彼不能無芥蒂于懷，則未必深喜其文，疑冷齋之妄。予觀坡在黄州《答李琮書》曰【七】：「聞荆公見稱經藏文，是未離妄語也。便蒙印可，何哉？」然則此事或有之。二公之趣固不同，至于公論，豈能遂廢，而苕溪輒以私意量之邪？李定鞫子瞻獄，必欲置諸死地，疾之深矣。然而出而告人，以爲天下之奇才，蓋歎息者久之，而何疑于荆公之言乎？

荆公謂東坡《醉白堂記》爲「韓白優劣論」，蓋以擬倫之語差多，故戲云爾，而後人遂爲口實。夫文豈有定法哉？意所至則爲之，題意適然，殊無害也。

東坡《超然臺記》云：「美惡之辨戰乎中，去取之擇交乎前。」不若云「美惡之辨交乎前，去取之擇戰乎中」也。子由「聞而賦之，且名其臺曰超然」，不須「其臺」字，但作「名之」可也。

東坡《潮州韓文公廟碑》云：「其不眷戀于潮也，審矣。」「審」字當作「必」。蓋

【七】予觀坡在黄州答李琮書曰　「琮」原作「悰」，據《畿輔叢書》本改。

「必」者，料度之詞；「審」者，證驗之語。差之毫釐，而實若白黑也。

或疑《前赤壁賦》所用「客」字不明。予曰：始與泛舟及舉酒屬之者，衆客也，其後吹洞簫而酬答者，一人耳。此固易見，復何疑哉？

《赤壁後賦》自「夢一道士」至「道士顧笑」，皆覺後追記之辭也，而所謂「疇昔之夜，飛鳴過我者」，却是夢中問答語。蓋「嗚呼噫嘻」上少勾喚字。

《黠鼠賦》云：「吾聞有生，莫智于人。擾龍伐蛟，登龜狩麟，役萬物而君之，卒見使于一鼠，墮此蟲之計中，驚脱兔于處女。」夫役萬物者，通言人之靈也；見使于鼠者，一己之事也。似難承接。

東坡《祭歐公文》云：「奄一去而莫予追。」「予」字不安，去之可。

東坡用「矣」字，有不妥者。《超然臺記》云：「求禍而辭福，豈人之情也哉？物有以蔽之矣。」《成都府大悲閣記》云：「髮皆吾頭而不能爲頭之用，手足皆吾身而不能具身之智【八】，則物有以亂之矣。」《韓文公廟碑》云：「必有不依形而立、不恃力而行、不待生而存、不隨死而亡者矣。」此三「矣」字，皆不妥，明者自見，蓋難以言説也。

東坡自言其文「如萬斛泉源，不擇地而出【九】，滔滔汩汩，一日千里無難，及其與山石曲折，隨物賦形，而不自知。所知者【一〇】，常行于所當行【一一】，而止于不可不止」。論者或譏其太誇，予謂惟坡可以當之。夫以一日千里之勢，隨物賦形之能，而理盡輒止，

【八】手足皆吾身而不能具身之智　「手」原作「乎」，據諸本改。

【九】不擇地而出　「出」字原缺，據諸本補。

【一〇】所知者　「知」原作「之」，據蘇軾《文説》改。

【一一】常行于所當行　「常」原作「當」，據諸本改。

未嘗以馳騁自喜，此其横放超邁而不失爲精純也邪？

東坡之文，具萬變而一以貫之者也。爲四六而無俳諧偶儷之弊，爲小詞而無脂粉纖艷之失，楚辭則略依仿其步驟而不以奪機杼爲工，禪語則姑爲談笑之資而不以窮葛藤爲勝。此其所以獨兼衆作，莫可端倪。而世或謂四六不精于汪藻，小詞不工于少游，禪語、楚辭不深于魯直，豈知東坡也哉？

卷四

古人或自作傳，大抵姑以托興云爾。如《五柳》《醉吟》《六一》之類可也。子由著《潁濱遺老傳》，歷述平生出處言行之詳，且詆訾衆人之短以自見，始終萬數千言，可謂好名而不知體矣。既乃破之以空相之説，而以爲不必存，蓋亦自覺其失也歟？

蘇叔黨《思子臺賦》，步驟馳騁，抑揚反復，可謂奇作，然引扶蘇事不甚切。按始皇止以扶蘇數直諫，故使監兵于外，當時趙高輩未敢逞其姦，及帝病，亟爲書召扶蘇，而高輩矯遺詔賜死耳。責始皇不蚤定儲嗣則可，謂其信讒而殺之，非也。且秦何嘗築臺寄哀，而云「三后一律」「同名齊實」乎？「幸曾孫之無恙，聊可慰夫九原」，此兩句隔斷文勢，宜去之。其言晉惠事云：「寫餘哀于江陸，發故臣之幽契。」夫江統【一】、陸機之作誄，出于己意，而非上命，則「畦徑有礙」，亦當删削。其言曹操事云：「然後知鼠輩之果無。」此尤乖戾，本以愛蒼舒相明，而却似惜華佗。又云：「同舐犢于晚歲，又何怨于老臞。」操問楊彪何瘦，而答以老牛舐犢，操爲改容。是豈有怨意哉？但下「疑」「怪」等字可也。

蘇叔黨《颶風賦》云「此颶之漸也」，少個「風」字。又云「此颶之先驅耳」，却

【一】夫江統　「夫」原作「大」，據諸本改。

多「颸」字，但云「此其先驅」足矣。風息之後，「父老來唁，酒漿羅列」，至于「理草木」「葺軒檻」「補茅茨」「塞墻垣」，則時已久矣。而云「已而山林寂然，海波不興，動者自止，鳴者自停」，豈可與上文相應哉？

魯直《白山茶賦》云：「彼細腰之子孫，與莊生之物化。方坏户以思温，故無得而凌跨。」竹谿党公曰：「此止謂冬無蜂蝶耳【二】，何用如許？」予謂詞人狀物之言，不當如是論。然數句自非佳語，「細腰子孫」既已不典，而又以「莊生物化」爲蝶，不亦謬乎？

《江西道院賦》最爲精密，然「酌樽中之醁」一句頗贅，但云「公試爲我問山川之神」足矣。

王元之《待漏院記》，文殊不典。人所以喜之者，特取其規諷之意耳。

代古人爲文者，必彼有不到之意，而吾爲發之，且得其體製乃可。如柳子《天對》、蘇氏《侯公説項羽》之類，蓋庶幾矣。王元之《擬伯益上夏啓》《子房招四皓》等書，既無佳意，而語尤卑俗，只是己作，其徒勞亦甚，而選文者或録之，又何其無識也！

張伯玉以《六經閣記》折困曾子固，而卒自爲之，曰：「六經閣者，諸子百氏皆在焉。不書，尊經也。」士大夫以爲美談。予嘗于《文鑑》見其全篇，冗長汗漫，無甚可嘉，不應遽勝子固也。或言子固陰毁伯玉，且當時薦譽者大盛，故伯玉薄之云。

【二】此止謂冬無蜂蝶耳　「止」原作「正」，據諸本改。

宋人稱胡旦喜玩人，嘗草《江仲甫升使額制》云【三】：「歸馬華山之陽，朕雖無愧；放牛桃林之野，爾實有功。」江小字忙兒故也。又行一巨璫誥詞云：「久淹禁署，克慎行藏。」由是宦豎切齒。夫制誥，王言也，而寓穢雜戲侮之語，豈不可罪哉？

孫覿《求退表》有云：「聽貞元供奉之曲，朝士無多；見天寶時世之妝，外人應笑。新豐翁右臂已折，杜陵叟左耳又聾。」夫臣子陳情于君父，自當以誠實懇惻爲主，而文用四六，既已非矣，而又使事如此，豈其體哉？宋自過江後，文弊甚矣。

舊説楊大年不愛老杜詩，謂之「村夫子語」。而近見《傳獻簡嘉話》云：「晏相常言大年尤不喜韓、柳文，恐人之學，常横身以蔽之。」嗚呼！爲詩而不取老杜，爲文而不取韓、柳，其識見可知矣。

吾舅周君德卿嘗云：「凡文章巧于外而拙于内者，可以驚四筵而不可適獨坐，可以取口稱而不可得首肯。」至哉！其名言也。杜牧之云：「杜詩韓筆愁來讀，似倩麻姑癢處抓。」李義山云：「公之斯文若元氣，先時已入人肝脾。」此豈巧于外者之所能邪？

邵氏云：楊、劉四六之體，「必謹四字六字律令，故曰四六，然其弊類俳可鄙」，歐、蘇「力挽天河以滌之，偶儷甚惡之氣一除，而四六之法則亡矣」。夫楊、劉惟謹于四六，故其弊至此；思欲反之，則必當爲歐、蘇之横放。既惡彼之類俳，而又以此爲壞四六法，非夢中顛倒語乎？且四六之法，亦何足惜也？

【二】嘗草江仲甫升使額制云　底本「升」字下原有三空格，示有缺字。按此出宋王闢之《澠水燕談録》卷十，查原書無缺字，據删空格。

四六，文章之病也。而近世以來，制誥表章，率皆用之。君臣上下之相告語，欲其誠意交孚，而駢儷浮辭，不啻如俳優之鄙，無乃失體耶？後有明王賢大臣一禁絶之，亦千古之快也。

科舉律賦，不得預文章之數，雖工不足道也。而唐宋諸名公集往往有之，蓋以編録者多愛不忍割【四】，因而附入，此適足爲累而已。柳子厚《夢愈膏肓疾賦》，雖非科舉之作，亦當去之。

凡人作文字，其他皆得自由，惟史書實録、制誥王言，决不可失體。世之秉筆者，往往不謹，馳騁雕鎸，無所不至，自以爲得意，而讀者亦從而歆羡。識真之士，何其少也！

凡爲文章，須是典實過于浮華，平易多于奇險，始爲知本末【五】。世之作者，往往致力于其末，而終身不返，其顛倒亦甚矣。

或問：文章有體乎？曰：無。又問：無體乎？曰：有。然則果何如？曰：定體則無，大體須有。

書傳中多有「自今以來」之語，此亦疵病。蓋由昔至今而云「來」則順【六】，由今至後者言「往」可也。

宋玉稱鄰女之狀曰：「增之一分則太長，减之一分則太短。著粉則太白，施朱則太赤。」予謂上二「太」字不可下。夫其紅白適中，故著粉太白、施朱太赤。乃若長短，則

【四】蓋以編録者多愛不忍割　「割」字原缺，據《四庫薈要》本補。

【五】始爲知本末　「末」原作「求」，據諸本改。

【六】蓋由昔至今而云來則順　「云」字原缺，據諸本補。

相形者也，增一分既已太長，則先固長矣，而減一分乃復太短，却是元短，豈不相窒乎？是可去之。

《史記·屈原傳》云：「每出一令，平伐其功曰：以爲非我莫能爲也。」「曰」字與「以爲」意重複。柳文《鶻説》云：「余疾夫今之説曰：以呴呴而默、徐徐而俯者，善之徒；翹翹而厲、炳炳而白者【七】，暴之徒。」亦是類也。

《史記·田敬叔完世家》云：「太史敫女奇法章狀貌，以爲非恒人而憐之。」《梁鴻傳》云：「鄰里耆老見鴻非恒人。」蔡邕「狀異恒人」。孫權「骨體不恒」。苻堅「骨相不恒」。姚萇「志度不恒」。此等「恒」字，皆當作「常」。蓋「恒」雖訓「常」，止是久遠之意，非「尋常」之「常」也。

張良問高祖曰：「上平生所憎誰最甚者？」袁盎慰文帝曰：「上自寬。」夫稱君爲「上」【八】，自傍而言則可，面稱之似不安也。

張釋之言「盜長陵一抔土」，「抔」，掬也。此本謂發冢，而云「一抔」者，蓋不敢指斥耳。駱賓王《檄武后書》云「一抔之土未乾」，世皆稱工，而其語意實未安也。而唐彦謙詩復有「眼見愚民盜一抔」之句，豈不益謬哉？

張安世爲光禄勳，郎有小便殿上者，主事白行法，安世曰：「何以知其不反水漿耶？」「何以」字别却本意，當云「安知非」耳。

【七】炳炳而白者　「炳炳」原作「烟烟」，據諸本改。

【八】夫稱君爲上　「夫」原作「天」，據諸本改。

後漢張升見黨事起，去官歸鄉里，與友人相抱而泣。陳留老父見而謂曰：「網羅張天，去將安所？」朱泚敗走，失道，問野人，答曰：「天網恢恢，逃將安所？」二「所」字不成語，謂之「往」可也。

《吴志》：蜀零陵太守郝普，爲吕蒙所紿而降，慚恨入地。此不成義理，謂有欲入地之意則可，直云「入地」可乎？

《新唐》記姚崇汰僧事云：「髮而農者餘萬二千人。」此本萬二千餘人耳。如子京所云，則是多餘許數也。可謂求文而害理，然此病人多犯之者，不獨子京也。

范蜀公記狄青面具事，止云「帶銅面具」而已。《澠水燕談》則曰「面銅具」。《聞見録》又曰「帶銅鑄人面」。予謂邵氏語頗重濁，《燕談》似簡而文，然安知其爲何具？俱不若蜀公之真，蓋「面具」二字，自有成言也。

《通鑑》云：「吴主孫皓惡人視己，群臣侍見，莫敢舉目。左丞相陸凱曰：『君臣無不相識之道，猝有不虞，不知所赴。』吴主乃聽凱自視，而他人如故。」予謂「自視」字不安，若云「獨聽凱視」可矣。

《通鑑》：劉聰朝崔暐説太弟乂曰【九】「四衛精兵，不減五千」。晉孝武時，幽州治中平規謂唐公洛曰：「控弦之士，不減五十餘萬。」唐懿宗「每月宴設，不減十餘」。予謂凡「不減」字，止可于比對處言之，而非所以料數也。宇文泰謂賀拔岳曰「費也頭控

【九】劉聰朝崔暐説太弟乂曰　「乂」原作「义」，據《畿輔叢書》本改。

弦之騎，不下一萬」，是矣。餘「減」字皆當作「下」。《新唐書》劉仁軌諫校獵妨農事云「役雖簡省，猶不損數萬」，「損」字尤非也。

《通鑑》云：「謝安好聲律，期功之慘，不廢絲竹。」予謂「聲律」字不安，若作「聲伎」「聲樂」或「音律」，則可矣。

《通鑑》云：「苻堅鋭意欲取江東，寢不能旦。」「旦」字不妥。

《通鑑．宋紀》：蕭道成遣薛淵將兵助袁粲，淵固辭。道成曰：「但當努力，無所多言。」《齊紀》：豫章王嶷常慮盛滿，求解揚州，武帝不許，曰：「畢汝一世，無所多言。」二「所」字殊剩也。

《通鑑》：魏中尉元匡劾于忠專恣云「觀其此意，欲以無上自處」。《舊唐》：上官婉兒爲節愍太子所索，大呼曰：「觀其此意，即當次索皇后以及大家。」《周書》言齊王憲善處嫌疑云：「高祖亦悉其此心，故得無患。」「其此」二字，豈可一處用？《新唐》李德裕論朋黨云「仁人君子，各行其己，不可交以私」，亦下不得「其」字。

史傳中間有不避俗語者，以其文之則失真也。齊後主欲殺斛律光，使力士劉桃枝「自後撲之，不倒」。《通鑑》改爲「不仆」。「仆」，亦倒也，然「撲」字下便不宜用。

《通鑑》：唐文皇時，權萬紀言宣、饒二州銀利事，上曰：「卿欲以桓、靈俟我邪？」「俟」當作「待」。蓋「俟」雖訓「待」，乃「候待」之「待」，非「待遇」之

「待」也。

《通鑑》云：唐宣宗時，吐番「大掠河西鄯、廓等八州」，五千里，「赤地殆盡」。「殆盡」却是幾無也【一〇】，不若作「遍」字。

《通鑑》記周世宗禁銅事云：「唯官法物及寺觀鐘磬等聽留外，自餘民間銅器，悉令輸官。」既有「外」字，不當更云「自餘」也。然《楚世家》或説頃襄王之辭，亦有「外其餘」字。

揚雄之經、宋祁之史、江西諸子之詩，皆斯文之蠹也。散文至宋人，始是真文字。詩則反是矣。

【一〇】殆盡却是幾無也　「殆盡」二字原缺，據《纖輔叢書》本補。

輯佚

孔德璋《北山移文》，立意甚新可喜，然其語亦有鄙惡處，如「林慚無盡，澗愧不歇，秋桂遺風，春蘿罷月」，既已大過，而又云「叢條嗔膽，疊穎怒魄。或飛柯以折輪，乍低枝而掃迹」，不亦怪乎？且顛實未至，但爲榜示檄諭之辭，安得遽及此也？

東坡謂退之《畫記》【一】，僅似甲乙帳，了無可觀。夫韓文高出古今，是豈不知體者？蓋其圖中人物品數甚多，而狀態不一，公惜其去而不復見，故詳言而備書之，庶幾猶可得於想像耳，不必以尋常體製繩之也。秦少游志五百羅漢云：「嘗覽韓文公《畫記》，愛其善於敘事，該而不繁縟，詳而有軌律，讀其文恍然如即其畫，心竊慕焉，故仿其遺意而記之。」此復何如哉？或謂此退之最得意之文，則過矣。故東坡不得不辨，然其貶之不已甚乎？

今人作墓銘，必係以韻語，意謂敘事爲志，而係之者爲銘也。然古人初不拘此。退之作張圓、張孝權銘【二】，皆止用散語以志，而終之曰「是爲銘」。其銘乳母亦云「刻其語於石，納諸墓爲銘」。蓋衹此爲銘，而不必有所係也。而或者於孝權銘後注云「銘亡」，獨何與？

校勘記

【一】東坡謂退之畫記　「記」原作「詔」，據《石蓮盦彙刻九金人集》本改。

【二】張孝權銘　「銘」原作「名」，據《石蓮盦彙刻九金人集》本改。

退之《送窮文》言鬼之數曰：「子之朋儔，非三非四，在十去五，滿七除二。」此本欲不正言五字耳，而云「在十去五」則大顯矣，不如「在六去一」爲愈。始言「屏息潛聽」「若有言者」，鬼稱「單獨一身」以紿主人，則是但聞其聲而無所見也，而復云「張眼吐舌，跳梁偃仆，抵掌頓脚，失笑相顧」，以至「延之上座」，豈既言之後復露其形邪？又云「朝晦其形，暮已復然」，予謂此鬼不當言晦顯也。

（據《畿輔叢書》本）

滹南詩話

王若虛撰

點校説明

《滹南詩話》三卷，金王若虛撰。王若虛生平已見《文辨》點校説明。

《滹南詩話》之體與《文辨》同，乃臚列唐宋諸詩詞名家之優劣而發己見。卷一論唐詩，卷二、卷三主論宋詩，而以論蘇、黄爲多，於金詩僅稍有涉及。其持論與《文辨》一脉相承，於詩尊杜，於詞尊蘇。主張詩詞須發乎情性之真，出於自得，「以意爲之主，字語爲之役」，「隨其所自得，而盡其所當然」，求「天生好語」渾然之妙，忌奇險詭譎雕刻；解詩亦得其意趣則已，不必細究本事，不必泥於常理，不必以句法繩人。故其於黄庭堅及江西詩派大加貶抑，指其詩奇詭而無味、有句而無篇，直斥「奪胎換骨」「點鐵成金」之法爲「剽竊之黠者耳」；然其所指摘者又多出於句法、義理，則不免偏頗。

《滹南詩話》見於《滹南遺老集》卷三十八至卷四十。《滹南遺老集》之版本已見《文辨》點校説明。是書另有鮑廷博知不足齋鈔校本、《知不足齋叢書》本、《古今説部叢書》本。《知不足齋叢書》本較之鈔校本更爲精審，本次點校即以此爲底本，以《滹南遺老集》諸本、《古今説部叢書》本、知不足齋鈔校本爲校本。《歷代詩話續編》、《滹南遺老集校注》、人民文學出版社一九六二年標點本，亦作爲參考。

校勘記

卷一

世所傳《千注杜詩》，其間有曰新添者四十餘篇。吾舅周君德卿嘗辨之云：唯《瞿唐懷古》《呀鶻行》《送劉僕射惜別行》爲杜無疑，自餘皆非本真。蓋後人依仿而作，欲竊盜以欺世者，或又妄撰其所從得，誣引名士以爲助，皆不足信也。東坡嘗謂太白集中往往雜入他人詩，蓋其雄放不擇，故得容僞，於少陵則決不能。豈意小人無忌憚如此！其詩大抵鄙俗狂瞽，殊不可讀。蓋學步邯鄲，失其故態，求居中下且不得，而欲以爲少陵，真可憫笑。《王直方詩話》既有所取，而鮑文虎、杜時可間爲注説，徐居仁復加編次。甚矣，世之識真者少也！其中一二雖稍平易，亦不免蹉跌。至於《逃難》《解憂》《送崔都水》《聞惠子過東溪》《巴西觀漲》及《呈竇使君》等尤爲無狀，洎餘篇大似出於一手，其不可亂真也，如糞丸之在隋珠，不待選擇而後知，然猶不能辨焉！世間似是而相奪者，又何可勝數哉！予所以發憤而極論者，不獨爲此詩也。吾舅自幼爲詩便祖工部，其教人亦必先此。嘗與予語及新添之詩，則嚬蹙曰：「人才之不同如其面焉，耳目鼻口相去亦無幾矣，然諦視之，未有不差殊者。詩至少陵，他人豈得而亂之哉！」公之持論如此，其中必有所深得者，顧我輩未之見耳。表而出之，以俟明眼君子云。

吾舅嘗論詩云:「文章以意爲之主,字語爲之役。主强而役弱,則無使不從。世人往往驕其所役,至跋扈難制,甚者反役其主。」可謂深中其病矣。又曰:「以巧爲巧,其巧不足;巧拙相濟,則使人不厭。唯甚巧者,乃能就拙爲巧。所謂游戲者,一文一質,道之中也。雕琢太甚則傷其全,經營過深則失其本。」又曰:「頸聯、頷聯,初無此説,特後人私立名字而已。大抵首二句論事,次二句猶須論事;首二句狀景,次二句猶須狀景。不能遽止,自然之勢。詩之大略,不外此也。」其篤實之論哉!

史舜元作吾舅詩集序,以爲有老杜句法,蓋得之矣。而復云「由山谷以入」,則恐不然。吾舅兒時便學工部,而終身不喜山谷也。若虛嘗乘間問之,則曰:「魯直雄豪奇險,善爲新樣,固有過人者,然於少陵,初無關涉。前輩以爲得法者,皆未能深見耳。」舜元之論,豈亦襲舊聞而發歟?抑其誠有所見也?更當與知者訂之。

謝靈運夢見惠連,而得「池塘生春草」之句,以爲神助。《石林詩話》云:「世多不解此語爲工,蓋欲以奇求之耳。此語之工,正在無所用意,猝然與景相遇,借以成章,故非常情所能到。」冷齋云:「古人意有所至,則見于情,詩句蓋寓也。謝公平生喜見惠連,而夢中得之。此當論意,不當泥句。」張九成云:「靈運平日好雕鎸,此句得之自然,故以爲奇。」田承君云:「蓋是病起忽然見此爲可喜而能道之,所以爲貴。」予謂天生好語,不待主張。苟爲不然,雖百説何益?李元膺以爲反覆求之,終不見此句之佳。正與鄙意暗同。蓋謝氏之誇誕，猶存兩晉之遺風，後世惑于其言而不敢非，則宜其委曲之至是也。

梅聖俞愛嚴維「柳塘春水漫【一】，花塢夕陽遲」之句，以爲天容時態，融和駘蕩，如在目前。或者病之曰：「夕陽遲繫花，而春水漫不繫柳。」苕溪又曰：「不繫花而繫塢。」予謂不然，夕陽遲固不在花，然亦何關乎塢哉？《詩》言「春日遲遲」者，舒長之貌耳。老杜云「遲日江山麗」，此復何所繫耶？彼自咏自然之景，如「梨花院落溶溶月，柳絮池塘淡淡風」，初無他意，而論者妄爲云云，何也？裴光約詩云：「行人折柳和輕絮，飛燕銜泥帶落花。」或曰：「柳常有絮，泥或無花。」苕溪以爲得其膏肓。此亦過也。據一時所見，則泥之有花，不害于理，若必以常有責之，則絮亦豈所常有哉？

柳公權「殿閣生微凉」之句，東坡罪其有美而無箴，乃爲續成之，其意固佳，然責人亦已甚矣。呂希哲曰：「公權之詩，已含規諷。蓋謂文宗居廣厦之下，而不知路有暍死也。」洪駒父、嚴有翼皆以爲然。或又謂五弦之薰，所以解慍阜財，則是陳善閉邪責難之意。此亦强勉而無謂，以是爲諷，其誰能悟？予謂其實無之，而亦不必有也。規諷雖臣之美事，然燕閑無事，從容談笑之暫，容得順適于一時，何必盡以此而繩之哉？且事君之法，有所寬乃能有所禁，略其細故于平素，乃能辨其大利害于一朝。若夫煩碎迫切，毫髮不恕，使聞之者厭苦而不能堪，彼將以正人爲仇矣，亦豈得爲善諫邪？

【一】柳塘春水漫　「漫」原作「慢」，據《畿輔叢書》本、《四部叢刊》本改。下「而春水漫不繫柳」之「漫」字同。

杜詩稱李白云：「天子呼來不上船。」吴虎臣《漫録》以爲范傳正《太白墓碑》云「明皇泛白蓮池，召公作引。時公已被酒于翰苑中，乃命高將軍扶以登舟」，杜詩蓋用此事。而夏彦剛謂「蜀人以襟領爲船」，不知何所據。《苕溪叢話》亦兩存之。予謂襟領之説，定是謬妄，正使有據，亦豈詞人通用之語？此特以「船」字生疑，故爾委曲。然范氏所記白「被酒于翰苑」，而少陵之稱乃「市上酒家」，則又不同矣。大抵一時之事，不盡可考，不知太白凡幾醉，明皇凡幾召，而千載之後，必於傳記求其證邪？且此等不知，亦何害也？

老杜《北征》詩云「見耶背面啼」，吾舅周君謂「耶」當爲「即」字之誤，其説甚當。前人詩中亦或用「耶娘」字，而此詩之體不應爾也。

近代詩話云：杜詩云「皂鵰寒始急」，白氏歌云「千呼萬喚始出來」，人皆以爲語病，其實非也。事之終始則音上聲，有所宿留則音去聲。予謂不然，古人淳至，初無俗忌之嫌，蓋亦不必辨也。

荆公云：「李白歌詩豪放飄逸，人固莫及，然其格止于此而已，不知變也。至于杜甫，則發斂抑揚，疾徐縱横，無施不可，蓋其緒密而思深，非淺近者所能窺，斯其所以光掩前人而後來無繼也。」而歐公云：「甫之于白，得其一節，而精强過之。」是何其相反歟？然則荆公之論，天下之公言也【二】。

【二】天下之公言也　「公」字原缺，據《畿輔叢書》本、《四部叢刊》本補。

退之《雪》詩有云：「隨車翻縞帶，逐馬散銀杯。」世皆以爲工。予謂雪者，其先所有，縞帶銀杯，因車馬而見耳，「隨」「逐」二字甚不安。歐陽永叔【三】、江鄰幾以「坳中初蓋底，垤處遂成堆」之句，當勝此聯。而或者曰：「未知退之真得意否？」以予觀之，二公之評論實當，不必問退之之意也。

退之《謁衡嶽》詩云：「手持杯珓導我擲，云此最吉餘難同。」「吉」字不安，但言靈應之意可也。

退之詩云：「豈不旦夕念，爲爾惜居諸。」「居諸」，語辭耳，遂以爲日月之名，既已無謂，而樂天復云「廢興相催逼，日月互居諸」「恩光未報答，日月空居諸」，老杜又有「童丱聯居諸」之句，何也？

退之詩云：「泥盆淺小詎成池，夜半青蛙聖得知。」言初不成池，而蛙已知之，速如聖耳。山谷詩云：「羅幃翠幕深調護，已被游蜂聖得知。」此「知」字何所屬邪？若以屬蜂，則「被」字不可用矣。

孔毅父《雜説》譏退之笑長安富兒不解文字飲，而晚年有聲伎；罪李于輩諸人服金石，而自餌硫黄。陳後山亦有此論。甚矣，其妄議人也！「紅裙」之誚，亦曰唯知彼而不知此，蓋詞人一時之戲言，非遂以近婦人爲諱也。且詩詞豈當如是論，而遽以爲口實邪？其罪李于輩，特斥其燒鍊丹砂而祈長生耳。病而服藥，豈所禁哉？樂天固云「退之

【三】歐陽永叔　「陽」字原缺，據《纖輔叢書》本、《古今説部叢書》本補。

服硫黄，一病訖不痊」，則公亦因病而出于不得已，初不如于輩有所冀幸以致斃也。抑前詩復有「盤饌羅膻葷」之句，以二子繩之，則又當不敢食肉矣。

崔護詩云「去年今日此門中」，又云「人面祇今何處去」。沈存中曰：「唐人工詩，大率如此。雖兩『今』字不恤也。」劉禹錫詩云「雪裏高山頭白早」，又云「于公必有高門慶」，自注云：「高山本高，于門使之高，二義殊。」三山老人曰：「唐人忌重疊用字如此。」二説何其相反歟！予謂此皆不足論也。

宋之問詩有云：「年年歲歲花相似，歲歲年年人不同。」或曰：「此之問甥劉希夷句也。之問酷愛，知其未之傳人，懇乞之。不與。之問怒，乃以土袋壓殺之。」此殆妄耳。之問固小人，然亦不應有是。「年年歲歲」「歲歲年年」，何等陋語，而以至殺其所親乎？大抵詩話所載，不足盡信。「池塘生春草」有何可嘉？而品題者百端不已。荆公《金牛洞》六言詩，初亦常語，而晁無咎附之《楚辭》，以爲二十四字而有六籍群言之遺味。書生之口，何所不有哉？

樂天詩云：「楚王疑忠臣，江南放屈平。晉朝輕高士，林下弃劉伶。一人常獨醉，一人常獨醒。醒者多苦志，醉者多歡情。歡情信獨善，苦志竟何成？」夫屈子所謂「獨醒」者，特以爲孤潔不同俗之喻耳，非真言飲酒也。詞人往往作實事用，豈不誤哉？

樂天之詩，情致曲盡，入人肝脾，隨物賦形，所在充滿，殆與元氣相侔。至長韻大篇，動數百千言，而順適愜當，句句如一，無争張牽强之態。此豈撚斷吟鬚悲鳴口吻者之所能至哉？而世或以淺易輕之，蓋不足與言矣。

郊寒白俗，詩人類鄙薄之。然鄭厚評詩，荆公、蘇、黄輩曾不比數，而云「樂天如柳陰春鶯，東野如草根秋蟲，皆造化中一妙」，何哉？哀樂之真，發乎情性，此詩之正理也。

皮日休《咏房杜詩》云：「黄閣三十年，清風一萬古。」凡言千古萬古者，皆是無窮之意，今下「一」字，便有所止矣。

卷二

《唐子西語録》云：「古之作者，初無意于造語，所謂因事陳辭。老杜《北征》一篇，直紀行役耳，忽云『或紅如丹砂，或黑如點漆。雨露之所濡，甘苦齊結實』，此類是也。文章即如人作家書乃是。」慵夫曰：子西談何容易！工部之詩，工巧精深者，何可勝數，而摘其一二遂以爲訓哉？正如冷齋言樂天詩必使老嫗盡解也。夫《三百篇》中，亦有如家書及老嫗能解者，而可謂其盡然乎？且子西又嘗有所論矣，曰：「詩在與人商論，深求其疵而去之，等閑一字放過則不可。殆近法家，難以言恕，故謂之詩律。立意之初，必有難易二塗，學者不能强所劣，往往捨難而趨易。文章不工，每坐此也。」又曰：「吾作詩甚苦。悲吟累日，僅能成篇，初未見可羞處；明日取讀，疵病百出，輒復悲吟累日，反覆改正，稍稍有加；數日再讀，疵病復出。如此數四，方敢示人，然終不能奇也。」觀此二説，又何其立法之嚴而用心之勞邪！蓋喜爲高論而不本於中者，未有不自相矛盾也。退之曰：「文無難易，唯其是耳。」豈復有病哉？

歐公《寄常秩》詩云：「笑殺汝陰常處士，十年騎馬聽朝鷄。」伊川云：「夙興趨朝，非可笑事，永叔不必道。」夫詩人之言，豈可如是論哉？程子之誠敬，亦已甚矣。

荆公《咏雪》云：「試問火城將策試，何如雲屋聽窗知。」苑極之不愛其上句。山谷云：「管城子無食肉相，孔方兄有絶交書。」極之不愛其下句。此與人意暗同。

羅可《雪》詩有「斜侵潘岳鬢，横上馬良眉」之句，陳正敏以爲信然，却是假雪耳。盧延讓有「栗爆燒氈破，猫跳觸鼎翻」之句，楊文公深愛，而或者疑之。予謂此語固無甚佳，然讀之可以想見明窗温爐間閑坐之適。楊公所愛，蓋其境趣也邪？

東坡詩云：「文章豈在多，一頌了伯倫。」朱少章云：「《唐·藝文志》有《劉伶文集》三卷，則非無他文章也。坡豈偶忘于落筆之時乎？抑别有所聞也。」予謂不然。按《晉史》云：「伶未嘗措意文翰，惟著《酒德頌》一篇。」坡亦據此而已。且公意本謂，只此一篇足以道盡平生，傳名後世，則他文有無亦不必論也。

東坡《章質夫惠酒不至》詩有「白衣送酒舞淵明」之句。《砦溪詩話》云：「或疑『舞』字太過【二】，及觀庾信《答王褒餉酒》云『未能扶畢卓，猶足舞王戎』，乃知有所本。」予謂疑者但謂淵明身上不宜用耳，何論其所本哉？

東坡《題陽關圖》云：「龍眠獨識殷勤處，畫出陽關意外聲。」予謂可言聲外意，不可言意外聲也。

東坡酷愛《歸去來辭》，既次其韻，又衍爲長短句，又裂爲集字詩，破碎甚矣。陶文信美，亦何必爾？是亦未免近俗也。

【二】或疑舞字太過　「太」原作「大」，據《畿輔叢書》本、《四部叢刊》本、《砦溪詩話》改。

東坡和陶詩，或謂其終不近，或以爲實過之，是皆非所當論也。渠亦因彼之意以見吾意云爾，曷嘗心競而較其勝劣邪？故但觀其眼目旨趣之何如，則可矣。

東坡云：「論畫以形似，見與兒童鄰。賦詩必此詩，定非知詩人。」夫所貴于畫者，爲其似耳。畫而不似，則如勿畫。命題而賦詩，不必此詩，果爲何語？然則坡之論非歟？曰：論妙于形似之外，而非遺其形似；不窘于題，而要不失其題。如是而已耳。世之人不本其實，無得于心，而借此論以爲高。畫山水者，未能正作一木一石，而托雲烟杳靄，謂之氣象；賦詩者，茫昧僻遠，按題而索之，不知所謂，乃曰格律貴爾。一有不然，則必相嗤點，以爲淺易而尋常，不求是而求奇。真僞未知而先論高下，亦自欺而已矣。豈坡公之本意也哉！

鄭厚云：「魏晉已來，作詩唱和，以文寓意。近世唱和，皆次其韻，不復有真詩矣。詩之有韻，如風中之竹、石間之泉、柳上之鶯、墻下之蛩，風行鐸鳴，自成音響，豈容擬議？夫笑而呵呵，歎而唧唧，皆天籟也，豈有擇呵呵聲而笑，擇唧唧聲而歎者哉？」慵夫曰：鄭厚此論，似乎太高，然次韻實作者之大病也。詩道至宋人，已自衰弊，而又專以此相尚。才識如東坡，亦不免波蕩而從之，集中次韻者幾三之一。雖窮極技巧，傾動一時，而害于天全多矣。使蘇公而無此，其去古人何遠哉？

東坡《薄薄酒》二篇，皆安分知足之語，而山谷稱其憤世嫉邪，過矣。或言山谷所擬勝東坡，此皮膚之見也。彼雖力加奇險，要出第二，何足多貴哉？且東坡後篇自破前説，此乃眼目，而山谷兩篇，只是東坡前篇意，吾未見其勝之也。

東坡雁詞云「揀盡寒枝不肯棲」，以其不棲木故云爾，蓋激詭之致。詞人正貴其如此，而或者以爲語病，是尚可與言哉？近日張吉甫復以「鴻漸于木」爲辨，而怪昔人之寡聞，此益可笑。《易》象之言，不當援引爲證也。其實雁何嘗棲木哉？

東坡《送王緘》詞云：「坐上別愁君未見，歸來欲斷無腸。」此未別時語也，而言「歸來」則不順矣，「欲斷無腸」，亦恐難道。《贈陳公密侍兒》云「夜來倚席親曾見」，此本即席所賦，而下「夜來」字，却是隔一日。

《王直方詩話》稱晁以道見東坡《梅》詞云：「便知道此老須過海，只爲古今人不曾道到此，須罰教去。」苕溪漁隱曰：「此言鄙俚，近于忌人之長、幸人之禍。直方無識，載之詩話，寧不畏人之譏誚乎？」慵夫曰：此詞意屬朝雲也，以道之言特戲云爾。蓋世俗所謂放不過者，豈有他意哉？苕溪譏直方之無識，而不知己之不通也。

陳後山云：「子瞻以詩爲詞，雖工，非本色。今代詞手，唯秦七、黄九耳。」予謂後山以子瞻詞如詩，似矣，而以山谷爲得體，復不可曉。晁無咎云：「東坡詞小不諧律呂【二】，蓋横放傑出，曲子中縛不住者。」其評山谷則曰：「詞固高妙，然不是當行家語，乃著腔子唱如詩耳。」此言得之。

【二】東坡詞小不諧律呂　「小」，《四部叢刊》本、《畿輔叢書》本作「多」。

晁無咎云：「眉山公之詞短于情，蓋不更此境耳。」陳後山曰：「宋玉不識巫山神女，而能賦之，豈待更而後知？」是直以公爲不及于情也。嗚呼！風韻如東坡，而謂不及于情，可乎？彼高人逸才，正當如是，其溢爲小詞，而間及于脂粉之間，所謂滑稽玩戲，聊復爾爾者也。若乃纖艷淫媟，入人骨髓，如田中行、柳耆卿輩，豈公之雅趣也哉？

陳後山謂子瞻以詩爲詞，大是妄論，而世皆信之。獨茆荆產辨其不然，謂公詞爲古今第一。今翰林趙公亦云，此與人意暗同。蓋詩詞只是一理，不容異觀。自世之末作習爲纖艷柔脆，以投流俗之好，高人勝士亦或以是相勝，而日趨于委靡，遂謂其體當然，而不知流弊之至此也。文伯起曰：「先生慮其不幸而溺于彼，故援而止之，特立新意，寓以詩人句法。」是亦不然。公雄文大手，樂府乃其游戲，顧豈與流俗争勝哉？蓋其天資不凡，辭氣邁往，故落筆皆絶塵耳。

東坡《南行唱和詩序》云：「昔人之文，非能爲之爲工，乃不能不爲之爲工也。山川之有雲，草木之有華實，充滿勃鬱而見于外。雖欲無有，其可得耶？故予爲文至多，而未嘗敢有作文之意。」時公年始冠耳，而所有如此，其肯與江西諸子終身争句律哉？

東坡，文中龍也，理妙萬物，氣吞九州，縱横奔放，若游戲然，莫可測其端倪。魯直區區持斤斧準繩之説，隨其後而與之争，至謂「未知句法」。東坡而未知句法，世豈復有詩人？而渠所謂法者，果安出哉？老蘇論揚雄，以爲使有孟軻之書，必不作《太玄》。魯直欲爲東坡之邁往而不能，於是高談句律，旁出樣度，務以自立而相抗，然不免居其下也。彼其勞亦甚哉！向使無坡壓之，其措意未必至是。世以坡之過海爲魯直不幸，由明者觀之，其不幸也舊矣。

吴虎臣《漫録》云：「歐陽季默嘗問東坡：『魯直詩何處是好？』坡不答，但極稱道。季默復問：『如《雪》詩「卧聽疏疏還密密，起看整整復斜斜」，豈亦佳邪？』坡云：『正是佳處。』」慵夫曰：予於詩固無甚解，至于此句，猶知其不足賞也。當是所傳妄耳。徐師川亦嘗咏雪云：「積得重重那許重，飛時片片又何輕。」曾端伯以爲警策，且言「師川作此罷，因誦山谷『疏疏密密』之句，云：我則不敢容易道」。意謂魯直草率而已語爲工也。噫！予之惑滋甚矣。

王直方云：「東坡言魯直詩高出古人數等，獨步天下。」予謂坡公決無是論，縱使有之，亦非誠意也。蓋公嘗跋魯直詩云：「每見魯直詩，未嘗不絶倒。然此卷語妙甚，能絶倒者已是可人。」又云：「讀魯直詩，如見魯仲連、李太白，不敢復論鄙事。雖若不適用，然不爲無補于世。」又云：「如蝤蛑、江瑶柱，格韻高絶，盤餐盡廢，然多食則動風發氣。」其許可果何如哉？

山谷之詩有奇而無妙，有斬絶而無横放，鋪張學問以爲富，點化陳腐以爲新，而渾然天成，如肺肝中流出者，不足也。此所以力追東坡而不及歟？或謂論文者尊東坡，言詩者右山谷。此門生親黨之偏説，而至今詞人多以爲口實，同者襲其迹而不知返，異者畏其名而不敢非。善乎吾舅周君之論也，曰：「宋之文章至魯直已是偏仄處，陳後山而後，不勝其弊矣。人能中道而立，以巨眼觀之，是非真僞，望而可見也。」若虚雖不解詩，頗以爲然。近讀《東都事略·山谷傳》云：「庭堅長于詩，與秦觀、張耒、晁補之游蘇軾之門，號四學士。獨江西君子以庭堅配軾，謂之蘇黄。」蓋自當時已不以是爲公論矣。

山谷《題陽關圖》云：「渭城柳色關何事？自是行人作許悲。」夫人有意而物無情，固是矣。然《夜發分寧》云：「我自只如常日醉，滿川風月替人愁。」此復何理也？

山谷詩云：「語言少味無阿堵，冰雪相看有此君。」夫阿堵者，謂阿底耳。顧愷之云「傳神寫照，正在阿堵中」，殷浩見佛經云「理應阿堵上」，謝安指桓温衛士云「明公何須壁間阿堵輩」是也。今去「物」字，猶「此君」去「君」字，乃歇後之語，安知其爲錢乎？

山谷《題嚴溪釣灘》詩云：「能令漢家九鼎重，桐江波上一絲風。」説者謂東漢多名節之士賴以久存，迹其本原，正在子陵釣竿上來。予謂論則高矣，而風何與焉？嘗質之吾舅周君，君笑曰：「想渠下此字時，其心亦必不能安也。」或曰：「詩人語不當如是論。」曰：「固也，然亦須不害于理乃可。」如東坡《眉石硯》詩，指胡馬于眉間，與此是一個規模也，而豈有意病哉？

蘇、黄各因玄真子《漁父》詞增爲長短句，而互相譏評。山谷又取船子和尚詩爲《訴衷情》，而冷齋亦載之。予謂此皆爲蛇畫足耳，不可作也。

山谷詞云「新婦磯邊眉黛愁，女兒浦口眼波秋」，自謂以山色水光替却玉肌花貌，真得漁父家風。東坡謂其太瀾浪，可謂善謔。蓋漁父身上自不宜及此事也。

山谷最不愛集句，目爲百家衣，且曰「正堪一笑」。予謂詞人滑稽，未足深誚也。山谷知惡此等，則藥名之作，建除之體，八音、列宿之類，獨不可一笑耶？

山谷《雨絲》詩云：「烟雲杳靄合中稀，霧雨空濛密更微。園客繭絲抽萬緒，蛛蝥網面罩群飛。風光錯綜天經緯，草木文章帝杼機。願染朝霞成五色，爲君王補坐朝衣。」夫雨絲云者，但謂其狀如絲而已，今直説出如許用度，予所不曉也。

山谷詞云：「杯行到手莫留殘，不道月明人散。」嘗疑「莫」字不安，昨見王德卿所收東坡書此詞墨迹，乃是「更」字也。

卷三

荆公有「兩山排闥送青來」之句，雖用「排闥」字，讀之不覺其詭異。山谷云「青州從事斬關來」，又云「殘暑已促裝」，此與「排闥」等耳，便令人駭愕。

山谷《閔雨》詩云：「東海得無冤死婦，南陽應有卧雲龍。」「得無」猶言「無乃」耳，猶欠「有」字之意。卧雲龍，真龍邪？則豈必南陽？指孔明邪？則何關雨事？若曰遺賢所以致旱，則迂闊甚矣。

《清明》詩云：「人乞祭餘驕妾婦，士甘焚死不封侯。」士甘焚死，用介之推事也。齊人乞祭餘，豈寒食事哉？若泛言所見，則安知其必驕妾婦？蓋姑以取對，而不知其疏也。此類甚多。

《食瓜有感》云：「田中誰問不納履，坐上適來何處蠅。」是固皆瓜事，然其語意豈可相合也？

《弈棋》云：「湘東一目誠甘死，天下中分尚可持。」以湘東目爲棋眼，不愜甚矣。且此聯豈專指輸局邪？不然，安可通也？

《接花》云：「雍也本犁子，仲由元鄙人。升堂與入室，只在一揮斤。」「揮斤」字無乃不安，且取喻何其迂也！

士會自秦還晉，繞朝贈之以策。蓋當時偶以此耳，非送行者必須策也。而山谷送人詩云「頤卷囊書當贈鞭」，又云「折柳當馬策」，亦無謂矣。

秦繆公謂蹇叔曰：「中壽，爾墓之木拱矣。」蓋墓木也。山谷云「待而成人吾木拱」，此何木邪？

山谷《牧牛圖》詩，自謂平生極至語。是固佳矣，然亦有何意味？黄詩大率如此，謂之奇峭，而畏人説破，元無一事【二】。

《吊邢惇夫》云：「眼看白璧埋黄壤，何況人間父子情。」既下「何況」字，須有他人猶痛悼之意乃可。

《猩毛筆》云：「身後五車書。」按《莊子》「惠施多方，其書五車」，非所讀之書，即所著之書也，遂借爲作筆寫字，此以自贊耳。而吕居仁稱其善咏物，而曲當其理，不亦異乎？只「平生幾兩屐」，細味之亦疏，而拔毛濟世事，尤牽强可笑。以予觀之，此乃俗子謎也，何足爲詩哉？

詩人之語，詭譎寄意，固無不可，然至於太過，亦其病也。山谷《題惠崇畫圖》云：「欲放扁舟歸去，主人云是丹青。」使主人不告，當遂不知。王子端《叢臺》絶句云：「猛拍闌干問廢興，野花啼鳥不膺人。」若膺人，可是怪事。《竹莊詩話》載法具一聯

【二】畏人説破元無一事　《四庫薈要》本作「被人説破，元無意味」。

云：「半生客裏無窮恨，告訴梅花説到明。」不知何消得如此，昨日酒間偶談及之，客皆絶倒也。

山谷贈小鬟《驀山溪》詞，世多稱賞。以予觀之，「眉黛壓秋波，儘湖南水明山秀」，「儘」字似工，而實不愜。又云「婷婷嫋嫋，恰近十三餘」，夫「近」則未及，「餘」則已過，無乃相窒乎？「春未透，花枝瘦」，止謂其尚嫩，如「豆蔻梢頭二月初」之意耳，而云「正是愁時候」，不知「愁」字屬誰。以爲彼愁邪，則未應識愁；以爲己愁邪，則何爲而愁？又云「只恐遠歸來，緑成陰，青梅如豆」，按杜牧之詩，但泛言花已結子而已，今乃指爲青梅，限以如豆，理皆不可通也。

古之詩人雖趣尚不同，體制不一，要皆出于自得。至其辭達理順，皆足以名家，何嘗有以句法繩人者？魯直開口論句法，此便是不及古人處，而門徒親黨以衣鉢相傳，號稱法嗣，豈詩之真理也哉？

魯直於詩，或得一句而終無好對，或得一聯而卒不能成篇，或偶有得而未知可以贈誰，何嘗見古之作者如是哉？

山谷自謂得法于少陵，而不許于東坡。以予觀之：少陵，典謨也；東坡，《孟子》之流；山谷，則揚雄《法言》而已。

魯直論詩，有「奪胎換骨」「點鐵成金」之喻，世以爲名言。以予觀之，特剽竊之黠者耳。魯直好勝，而耻其出于前人，故爲此强辭，而私立名字。夫既已出于前人，縱復加工，要不足貴。雖然，物有同然之理，人有同然之見，語意之間，豈容全不見犯哉？蓋昔之作者，初不校此，同者不以爲嫌，異者不以爲誇，隨其所自得，而盡其所當然而已。至於妙處，不專在於是也，故皆不害爲名家，而各傳後世，何必如魯直之措意邪？

蜀馬良兄弟五人，而良眉間有白毫，時人爲之語曰：「馬氏五常，白眉最良。」蓋良實白眉，而良不在乎白眉也。而北齊陽休之《贈馬子結兄弟》詩云「三馬俱白眉」，山谷《送秦少游》云「秦氏多英俊，少游眉最白」，豈不可笑哉！

《王直方詩話》云：「秦少游嘗以真字題邢惇夫扇云：『月團新碾瀹花瓷，飲罷呼兒課楚辭。風定小軒無落葉，青蟲相對吐秋絲。』山谷見之，乃於扇背作小草云：『黄葉委庭觀九州，小蟲催女獻功裘。金錢滿地無人費，百斛明珠薏苡秋。』少游見之，復云：『逼我太甚。』」予謂：黄詩語徒雕刻，而殊無意味，蓋不及少游之作。少游所謂「相逼」者，非謂其詩也，惡其好勝而不讓耳。

朱少章論江西詩律，以爲用昆體功夫，而造老杜渾全之地。予謂：用昆體功夫，必不能造老杜之渾全，而至老杜之地者，亦無事乎昆體功夫，蓋二者不能相兼耳。茆璞評劉夷叔長短句，謂以少陵之肉，傳東坡之骨，亦猶是也。

「且食莫踟躕，南風吹作竹」，此樂天《食笋》詩也。朱喬年因之曰：「南風吹起籜龍兒，戢戢滿山人未知。急喚蒼頭斸烟雨，明朝吹作碧參差。」「年年乞與人間巧，不道人間巧更多」，此楊朴《七夕》詩也。劉夷叔因之曰：「只應將巧畀人間，定却向人間乞取。」此江西之餘派，欲益反損，政堪一笑。而曾端伯以喬年爲點化精巧，茆荆産以夷叔爲文婉而意尤長。嗚呼！世之末作，方日趨于詭異，而議者又從而簧鼓之，其爲弊何所不至哉！

王仲至《召試館中》詩有「日斜奏罷長楊賦」之句，荆公改爲「奏賦長楊罷」，云如此語乃健。是矣，然意無乃復窒乎？

張文潛詩云：「不用爲文送窮鬼，直須圖事祝錢神。」唐子西云：「脱使真能去窮鬼，自量無以致錢神。」夫錢神所以不至者，唯其有窮鬼在耳。二子之語，似可喜而實不中理也。

李師中《送唐介》詩雜壓寒、删二韻。《冷齋夜話》謂其落韻，而《緗素雜記》云此用鄭谷等進退格，《藝苑雌黄》則疑而兩存之。予謂皆不然。謂之落韻者，固失之太拘；而以爲有格者，亦私立名字而不足據。古人何嘗有此哉？意到即用，初不必校，古律皆然，胡乃妄爲云云也？但律詩比古稍嚴，必親鄰之韻乃可耳。

《冷齋夜話》云：「前輩作花詩，多用美女比其狀。如曰『若教解語應傾國，任是無情也動人』，塵俗哉！山谷作《酴醿》詩曰『露濕何郎試湯餅，日烘荀令炷爐香』，乃用美丈夫比之，特爲出類。而吾叔淵材《咏海棠》則又曰『雨過温泉浴妃子，露濃湯餅試何郎』，意尤佳也。」慵夫曰：花比婦人，尚矣。蓋其於類爲宜，不獨在顔色之間。山谷易以男子，有以見其好異之僻。淵材又雜而用之，益不倫可笑。此固甚紕繆者，而惠洪乃節節歎賞，以爲愈奇。不求當而求新，吾恐他日復有以白皙武夫比之者矣，此花無乃太粗鄙乎！魏帝疑何郎傅粉，止謂其白耳，施于酴醾尚可，比海棠則不類矣。且夫「雨過」「露濃」同于言濕而已，果何所異而别之爲對耶？

楊軒《牡丹》詩云：「楊妃歌舞態，西子巧讒魂。利劍斫不斷，餘妖鍾此根。」東坡《咏酴醾》以吴宫紅粉命意，而終之曰「餘妍入此花」。山谷《咏桃花》以九疑萼緑華命意，而終之曰「猶記餘情開此花」；《咏水仙》以凌波仙子命意，而終之曰「種作寒花寄愁絶」。是皆以美人比花，而不失其爲花。近世士大夫有以《墨梅》詩傳于時者，其一云：「高髻長眉滿漢宫，君王圖上按春風。龍沙萬里王家女，不著黄金買畫工。」其一云：「五换鄰鐘三唱鷄，雲昏月淡正低迷。風簾不著欄干角，瞥見傷春背面啼。」予嘗誦之于人，而問其咏何物，莫有得其彷佛者，告以其題，猶惑也。尚不知爲花，况知其爲梅，又知其爲畫哉？自「賦詩不必此詩」之論興，作者誤認而過求之，其弊遂至于此。豈獨二詩而已？東坡《眉石硯》《醉道士石》等篇，可謂横放而曠遠，然亦未嘗去題也，而論者猶戒其專力于是，則秉筆者曷少貶乎？

予嘗病近世《墨梅》二詩，以爲過。及觀《宋詩選》陳去非云「粲粲江南萬玉妃，別來幾度見春歸。相逢京洛渾依舊，祇有緇塵染素衣」，曹元象云「憶昔神遊姑射山，夢中栩栩片時還。冰膚不許尋常見，故隱輕雲薄霧間」，乃知此弊有自來矣。按「曹元象」一作「曾元象」。

張舜民謂樂天新樂府幾乎罵，乃爲《孤憤吟》五十篇以壓之，然其詩不傳，亦略無稱道者，而樂天之作自若也。公詩雖涉淺易，要是大才，殆與元氣相侔，而狂斐之徒，僅能動筆，類敢謗傷，所謂「爾曹身與名俱滅，不廢江河萬古流」也。

蕭閑云「風頭夢，吹無迹」，蓋雨之至細，若有若無者，謂之夢，田夫野婦皆道之。而雷溪注以爲夢中雲雨，又曰雲夢澤之雨，謬矣。賀方回有「風頭夢雨吹成雪」之句，又云「長廊碧瓦，夢雨時飄灑」，豈亦如雷溪之説乎？

蕭閑《憶恒陽家山》云：「誰幻出故山邱壑，謂予心目。」注以故山爲江左，非也，只是指恒陽而已。「好在斜川三尺玉」，公宅前有池，可三畝，號小斜川，「三尺」字以廣狹深淺言之，俱不安。注以爲漱玉堂泉。按此堂自在北潭中，豈相干涉？予官門山，嘗得板本，乃是「畝」字，意其不然，蓋如言幾頃玻璃之類耳。「暮凉白鳥歸喬木」，乃宅前真景也。而注云潔身而退，如白鳥之歸林，何其妄哉！

前人有「紅塵三尺險，中有是非波」之句，此以意言耳。蕭閑詞云「市朝冰炭裏，涌波瀾」，又云「千丈堆冰炭」，便露痕迹。

樂天《望瞿塘》詩云：「欲識愁多少，高於灧澦堆。」蕭閑《送高子文》詞云：「歸興高於灧澦堆。」雷溪漫注，蓋不知此出處耳。然樂天因望瞿塘，故即其所見而言，泛用之則不切矣。

蕭閑《樂善堂賞荷花》詞云：「胭脂膚瘦薰沈水，翡翠盤高走夜光。」世多稱之。此句誠佳，然蓮體實肥，不宜言瘦。予友彭子升嘗易「膩」字，此似差勝。若乃走珠之狀，惟雨露中，然後見之。據辭意，當時不應有雨也。「山黛」「月波」之類，蓋總述所見之景。而雷溪注云「言此花以山爲眉，波爲眼，雲爲衣」，不亦異乎？至「一枝梅綠横冰蕚，淡雲新月炯疏星」之句，亦如此説，彼無真見而妄意求之，宜其繆之多也！

蕭閑《使高麗》詞云：「酒病賴花醫却。」世皆以花爲婦人，非也。此詞過處既有「離索」「餘香」「收拾新愁」之語，豈復有婦人在乎？以文勢觀之，亦不應爾。其所謂花，蓋真花也，言其人已去，賴以解酲者，獨有此物而已，必當時之實事。李後主詩云：「酒惡時拈花蕊嗅。」公咏花詞亦喜用「醒」「心」「香」字，蓋取其清澈之氣以滌除惡味耳。

蕭閑自鎮陽還兵府，贈離筵乞言者云：「待人間覓個，無情心緒，著多情換。」此篇有恨别之意，故以情爲苦，而還羨無情，終章言之，宜矣。《使高麗》詞亦云「無物比情濃，覓無情相博」，次第未應及此也。

謝安謂王羲之曰：「中年以來，傷于哀樂。」羲之曰：「年在桑榆，自然至此。頃正賴絲竹陶寫，恒恐兒輩覺，減其歡樂之趣。」坡詩用其事，云：「正賴絲與竹，陶寫有餘歡。」夫「陶寫」云者，排遣消釋之意也。所謂「歡樂之趣」「有餘歡」者，非陶寫其歡，因陶寫而歡耳。蕭閑屢使此字，而直云「陶寫歡情」「陶寫餘歡」「舊歡若爲陶寫」，似背元意。

近歲諸公，以作詩自名者甚衆，然往往持論太高，開口輒以《三百篇》《十九首》爲準，六朝而下，漸不滿意，至宋人，殆不齒矣。此固知本之説，然世間萬變，皆與古不同，何獨文章而可以一律限之乎？就使後人所作，可到《三百篇》，亦不肯悉安于是矣。何者？滑稽自喜，出奇巧以相誇，人情固有不能已焉者。宋人之詩，雖大體衰於前古，要亦有以自立，不必盡居其後也。遂鄙薄而不道，不已甚乎！少陵以文章爲小技，程氏以詩爲閑言語。然則凡辭達理順，無可瑕疵者，皆在所取可也，其餘優劣，何足多較哉？

屏山李先生鳴道集説

◉李純甫撰

點校説明

《屏山李先生鳴道集説》五卷，金李純甫撰。李純甫（一一七七—一二二三），字之純，號屏山居士。弘州襄陰（今河北陽原）人。金章宗承安二年（一一九七）擢經義進士。曾三入翰林，兩知貢舉。歷任薊州軍事判官、淮上軍參謀、省掾、尚書省右司都事。（參見胡傳志《李純甫考論》）宣宗元光末，出倅坊州（今陝西黄陵）。未赴，改京兆府判官。卒於汴（今河南開封），年四十七。（參見周惠泉《金代文學家李純甫生卒年考辨》）幼穎悟，初業詞賦，后更爲經義學，曾從史肅、行秀學佛，善辯，喜談兵。屏山爲金晚期文章大家，號爲「中州豪傑」，與趙秉文同爲當時文壇之執牛耳者。爲文雄奇簡古，金末文風爲之一變。著作頗豐，少時曾作《矮柏賦》，著有《鳴道集説》《老子別解》《莊子別解》《金剛經別解》《楞嚴外解》《中庸集解》等，除《鳴道集説》，多不存。今其詩文散見於《中州集》《全金詩》《金文最》等。生平見劉祁《歸潛志》卷一、元好問《中州集》卷四。《金史》卷一百二十六有傳，傳文與《歸潛志》所記略同。

《鳴道集説》正文共二百一十六條，末附屏山文數篇。其體，乃屏山摭取《諸儒鳴道集》所載諸儒排佛之説原文而於其下條辨之。《諸儒鳴道集》七十二卷，不知何人所輯，約成書於南宋乾道、淳熙間。收宋儒周敦頤、司馬光、張載、二程、謝良佐、楊時、劉安世、江公望、潘殖、劉子翬、張九成凡十二家理學著作十五種。今存。（詳參陳來《略論〈諸儒鳴道集〉》）元好問稱屏山三十歲後悉佛書之精微而取道學書讀之，「著一書，合三家爲一，就伊川、横渠、晦庵諸人所得者而商略之，毫髮不相貸，且恨不同時與相詰難也」，應即指《鳴道集説》。屏山自述其見三教互相矛盾、支離不合，不得已而作此書。觀其大旨，乃「援儒入釋，推釋附儒」（全祖望《雪庭西舍記跋》），極稱佛與儒、道無别，欲彌合三教分歧。其「中國心學，西方文教」之説，互文見意。《鳴道集説》於儒學、道學、佛學均有涉獵，其見解獨樹一幟，敢發無忌憚之言，在金代思想史上應有重要地位。

《鳴道集説》所附之《雜説》又見於宋章甫《自鳴集》，應爲誤竄入。元耶律楚材、黄溍，清汪琬都曾爲《鳴道集説》作序。耶律楚材序見於《湛然居士文集》；黄溍序今不見於其文集，而見於王褘之《王忠文公集》；汪琬序見於《堯峰文鈔》。元念常、清全祖望、民國莫伯驥曾爲《鳴道集説》作跋，分别見於《佛祖歷代通載》《宋元學案》《五十萬卷樓藏書目録初編》。

《鳴道集説》有多個版本。《金史》載其名爲《鳴道集解》，誤。清修《四庫全書》，館臣僅見從《永樂大典》中所輯出之一卷者，《鐵琴銅劍樓藏書目録》《千頃堂書目》均著録爲五卷。現國内所存版本主要有四：

一爲國圖藏明鈔本，篇首題曰「鳴道集説」，各卷卷首題曰「屏山李先生鳴道集」，五卷，正文共二百一十六條。前有耶律楚材序、屏山自序、鳴道諸儒姓氏、鳴道遺説、諸儒鳴道集總目。

二爲一九七七年日本中文出版社《近世漢籍叢刊》影享保四年本，五卷，正文共一百八十一條。正文前有日本九州大學教授荒木見悟解題、黄溍序、耶律楚材序、屏山自序、《中州集》小傳、鳴道諸儒姓氏、鳴道遺説、諸儒鳴道集總目。較之國圖藏明鈔本之二百一十六條，此本卷二缺四條，卷四缺三十一條。據此本解題，在日本，此前《鳴道集説》有三種刊本（刊於延寶二年、天和三年、享保四年）、一種鈔本（藏於日本京都古刹）、一種排印本（明治二十八年據前鈔本排印）。幾個版本略有差異，但均爲一百八十一條。

三爲元念常《佛祖歷代通載》本，其卷二十收録耶律楚材序及正文十九條，末附念常跋。跋曰「《諸儒鳴道集》二百一十七種之見解」，皆爲排佛之説，據此，則《鳴道集説》應有二百一十七條。

四爲《大藏經補編》本，爲標點本，有少量注解。正文共一百八十一條，文前除無荒木見悟解題，所附與《近世漢籍叢刊》本同，其所用底本應屬和刻本系統。

此外，《宋元學案》有《屏山鳴道集説略》，録有全祖望之案語及其對《鳴道集説》《雪庭西舍記》之跋文，於《鳴道集説》之正文，則僅摘録屏山語録四條加以點評而已。另有數條散見於今存《永樂大典》。今人郝兆寬所編《邏輯與形而上學》録有卷三、卷四之點校本。

本次點校以國圖藏明鈔本爲底本，校以《近世漢籍叢刊》本、《佛祖歷代通載》本、《永樂大典》本。今學界對李純甫及《鳴道集説》之相關研究成果，亦有參考。

卷一

濂溪曰：動而正曰道，用而和曰德，匪仁，匪義，匪禮，匪智，匪信，悉邪也。

屏山曰：此韓愈氏之遺説耳。道無動静，不動其無道乎？德無用捨，不用其無德乎？孔子謂「仁者見之謂之仁」，則非仁也；「智者見之謂之智」，則非智也。聖人之所見，豈邪見歟？

濂溪曰：聖人之道，仁義中正而已矣。

屏山曰：「志於道，據於德，依於仁」，「和順於道德而理於義」，皆孔子之言，與老子之言將無同乎？善夫莊子之言也：「和理出其性。」理，道也。和，德也。德，仁也。道，義也。然則搥提仁義者，其揚子乎？離道德於仁義者，其韓子乎？自以爲大中至正，恐未免爲曲士也夫！

迂叟曰：「窮理盡性，以至於命。」世之論命者，競爲幽僻之説以欺人，使人跂懸而不可及，憒瞀而不能知，則畫而捨之，其實奚遠哉！是不是，理也。才不才，性也。遇不遇，命也。

屏山曰：《易》有「窮理盡性，以至於命」之説。孔子之心學也，自顔子、曾子、子思，傳之孟子，曰：「盡其心者，知其性也。知其性，則知天矣。」知天之與我者，萬物皆備，然後能踐其形，雖夭壽，不貳也。豈爲幽僻之語，高論於世哉？惜乎後世不得其傳，跂懸而不能窮，憒瞀而不能盡【一】，畫而捨之不能全。文蹇淺之說，以自欺則可矣。理有是不是耶？性有才不才耶？命有遇不遇耶？吁！

迂叟曰：或謂聖人之心如死灰。是不然，聖人之心如宿火爾。夫火宿之則晦，發之則光，引之則然，鼓之則熾，深而不消，久而不滅者，其宿火乎？豈若死灰哉？

屏山曰：野哉斯言！聖人之心，未嘗生死，豈如宿火之乍明乍暗耶？深而不消者，終消也；久而不滅者，終滅也。聖人之心如日月焉，但以塵念蔽之，如浮雲之翳、陰氣之蝕耳。塵念消爍既如死灰，而天光始發初無增損，其有滅乎？此孔子所謂「與日月合其明」，莊子又謂「進於日」者與？世俗不知也。

迂叟曰：或問：釋老有取乎？曰：有。曰：何取？曰：釋取其空，老取其無爲自然，捨是無取也。空取其無利欲心，無爲自然取其因任耳。

屏山曰：釋氏之所謂空，不空也；老氏之所謂無爲，無不爲也。其理自然無可取捨，故莊子曰：「無益損乎其真。」《般若》曰【二】：「不增不減。」彼以愛惡之念【三】，起是非之見，豈學釋老者乎？取其無利欲心，即利欲心；取其因任，即是有爲，非自然矣。

【一】憒瞀而不能盡　「盡」字原缺，據《近世漢籍叢刊》本補。

【二】般若曰　「般」字原缺，據《近世漢籍叢刊》本、《佛祖歷代通載》本補。

【三】彼以愛惡之念　「彼」原作「故」，據《佛祖歷代通載》本改。

迂叟曰：學黄老者，以心既如死灰、形如槁木爲無爲。迂叟以爲不然。作《無爲贊》：治心以正，保躬以静。進退有義，得失有命。守道在己，成功則天。夫復何爲？莫非自然。

屏山曰：顔子黜聰明，隳肢體，入道之門耳，豈在道耶？列子，知黄帝書者，其言曰：「積塵聚塊，雖無爲而非理也。」莊子，學老子者，其言曰：「若羽之旋，若磨石之隧。」乃死人之行，非生人之理也。聖人之得道者，尸居而龍見，淵默而雷聲，神動而天隨，豈心如死灰槁木【四】？然《無爲贊》固佳矣，但改「莫」字作「終」字。

迂叟曰：學者當漸進一階，或自此入。

迂叟曰：莊子文勝而道不及，君子惡諸，是猶朽屋而塗丹雘，不可處也；眢井而席綺繢，不可履也；烏喙而漬飴糖，不可嘗也。堯之所畏，舜之所難，孔子之所惡，青蠅變白黑者也。

屏山曰：莊周氏豈有意於文哉？其一噓也，隱然如迅雷之驚蟄虫；其一吹也，揚然如長風之振槁木。粃糠二典而示堯舜之神，四子不離於汾陽；糟粕六經而掃仲尼之語，一人方出於魯國。大抵如達磨之倒用如來印耳。至音太古，逆笙歌之耳；良藥太苦【五】，螫蒭豢之舌。儒者不談，千伍百年矣。比之青蠅，不亦厚誣乎？

迂叟曰：揚子之論王莽也，豈得已哉？況伊周則與之，況黄虞黄帝、虞舜。則不與也。

【四】豈心如死灰槁木　「心」原作「止」，據《近世漢籍叢刊》本改。

【五】良藥太苦　「太」原作「大」，據《近世漢籍叢刊》本改。

屏山曰：《劇秦美新》，亦與伊周乎？既擯莊周，固揚子之黨也，又何辨焉？

橫渠曰：太和所謂道，中涵沉浮、升降、動静相感之性。其來也幾微易簡，其究也廣大堅固。起知於易者乾，效法於簡者坤。散殊而可象爲氣，清通而不可象爲神。不如野馬、絪緼，不足謂之太和。語道者知此，謂之見道。學《易》者見此，謂之見易。不如是，雖周公才美，其智不足稱也。

屏山曰：吾嘗學《易》矣。保合太和，各正其性命也。屈伸往來者，陰陽之相盪也。易簡者，乾坤之德也。形而上下者，道器之謂也。天地絪緼者，萬物之化也。聖人之意，各有所謂。張子雜取其説，而談天地未生之初，謂真見易之道，而竊比周公，躁矣。

橫渠曰：氣坱然太虚，升降飛揚，未嘗少息。《易》所謂「絪緼」，莊子所謂「生物之以息相吹」「野馬」者歟？此虚實動静之機，陰陽剛柔之始。浮而上者，陽之清；降而下者，陰之濁。其感遇聚散，爲風雨，爲霜雪，萬品之流形，山川之融結，糟粕煨燼，無非教也。

屏山曰：張子略取佛老之語，力爲此説。正《首楞嚴》伍拾種魔第三十二「行陰未盡」：「見諸十方十二衆生，畢殫其類，雖未通其各命由緒，見同生基，猶如野馬，熠熠清擾，爲浮塵根究竟樞穴。」張子誤認此言，以爲至理，而又摹影佛答富樓那大地山河生起之説、莊周矢溺瓦礫之説，而不甚明，可付一笑。

横渠曰：氣之爲物，散入無形，適得吾體；聚爲有象，不失吾常。又曰：太虚不能無氣，氣不能不聚而爲萬物，物不能不散而爲太虚。循是出入，皆是不得已而然也。聖人盡道其間，兼體而不累者，存神其至矣。又曰：聚亦吾體，散亦吾體，知死而不亡者，可與言性矣。知虚空即氣，則有無、隱顯、聚散、出入，能推本所從來，深於易者也。

屏山曰：張子竊聞《首楞嚴》「性覺真空，性空真覺」之言，而未見如來藏中妙真如性，妄起計度，立圓常論。正墮三十三種「顛倒見」魔：「是人觀妙明心，遍十方界，湛然以爲究竟神我。從是則計，我遍十方，凝然不動。一切衆生，於我心中，自生自死。則我心性，名之爲常。」張子誤認此語，厚誣聖人，指爲易道。聖人之言曰：「神無方，易無體。」寧有我耶？吁！可憐也夫！

横渠曰：太虚爲清，清即無礙，無礙故神【六】。反清爲濁，濁則礙，礙則形。又曰：氣聚散於太虚，猶冰凝釋於水。知太虚即氣，則無無。故聖人但明幽明之故，不云有無。諸子淺妄，以分有無，非窮理之學也。

屏山曰：老子所謂「常無」，即佛之所謂「真空」，非斷滅之空也。老子之所謂「常有」，即佛之所謂「妙有」，非礙色之有。無非真無，有非真有。空即是色，色即是空。張子自分太虚與氣之聚散，又分形與神之清濁，自比聖人，以爲窮理，淺妄如

【六】無礙故神　「無礙」二字原缺，據《近世漢籍叢刊》本補。

此！豈知吾夫子「形而上者之謂道，形於下者之謂器」乎！

横渠曰：由太虚，有天之名；由氣化，有道之名；合虚與氣，有性之名；合性與知覺，有心之名。

屏山曰：孔子云：「易有太極，是生兩儀。」老子云：「有物混成，先天地生。」佛云：「空生大覺中，如海一漚發。」夫道生天生地，以爲氣母，自根自本者，即此心也。張子之言如此，無乃異於三聖人乎！

横渠曰：若謂虚能生氣，則虚無窮，氣有限，體用殊絶，入老氏「有生於無」自然之論，不識其所謂「有無混一」之常。若謂萬象爲太虚中所見之物，則物與虚不相資，形自形，性自性，陷於浮屠以山河大地爲見病之説。略知體虚空爲性，不知本天道爲用，反以人見之小因緣天地，謂世界爲幻化，躐等妄意而然。遂使儒、佛、老、莊混然一途，不罔於恍惚夢幻【七】，定以「有生於無」，爲窮高極妙之論。不知入德之門，多見其蔽於詖而陷於淫矣。

屏山曰：張子之所謂老氏「有生於無」之論，正老氏所謂「常有以觀其徼」者，「常無以觀其妙」者，張子不知也。張子所謂「混一之常」，正老子所謂「建之以常無有」，張子果知之乎？張子又謂「浮屠以山河大地爲見病之説」，正佛之所謂「真如之生滅」者，俗諦之幻有，所謂「真如之不生滅」者，真諦之本空，張子不知也。

【七】「不罔於恍惚夢幻」「不罔」原作「罔不」，據張載《正蒙·太和》改。

張子所謂「體虚空爲性」「本天道爲用」，正佛之所謂「真如有體有用，空而不空，是名中道弟一義諦」，張子果知之乎？謂佛有「人見」「躐等妄意」，誣爲幻化，學道者其知之矣。或因於「恍惚夢幻」，或遂以爲「有生於無」爲窮高極妙，皆望道而未之見耳。不知入德之途，「蔽於詖而陷於淫」，或亦有之，非三聖人之罪也。所謂「儒、佛、老、莊混爲一途」者，十方諸佛，異口同音；萬古聖人，同轍俱往。張子獨能岐而外之乎？雖吾夫子復生【八】，不易吾言矣。

横渠曰：鬼神者，二氣之良能也。又曰：天道不窮，寒暑已。衆動不窮，屈伸已。鬼神之實，不越二端而已。

屏山曰：聖人有言：「天且弗違，而况於人乎？况於鬼神乎？」天自天，人自人，鬼神自鬼神，非二氣也。天之寒暑，氣之屈伸，鬼神何預焉？伊川亦曰：「鬼神者，造化之迹。江東諸子至有以風雨爲鬼神，其疏甚矣。」此説亦有所從來。其源出於漢儒誤解《中庸》鬼神「體物而不可遺」一句。訓「體」爲「生」。説者謂萬物以鬼神之氣生，故至於此。予謂鬼神雖弗見弗聞，然以物爲體，而影附之，不可遺也，故洋洋乎如在其上與左右也，何以二氣爲哉？

横渠曰：在天而運者，爲七曜。恒星爲晝夜，以地氣乘機，左旋於中，故使垣道、河漢因此而南。孔子不言天地日月星辰者，以顔淵輩已知之矣。古人所謂天左旋，此至粗之論耳。

【八】雖吾夫子復生　「吾」原作「無」，據《近世漢籍叢刊》本改。

屏山曰：此説，孔子未嘗談也。《大易》止言「乾動坤静」，《尚書》止言「在璇璣玉衡，以齊七政」而已。張子敢於高論，果於自信，斬然臆斷，謂天静地動，惟七曜行。當問天古星翁，吾亦不知也。

横渠曰：聖不可知謂神。莊生謬妄，又謂「有神人焉」。

屏山曰：莊子所謂「有天人、至人、神人」，皆聖人之别稱耳。大抵居帝王天子之德，謂之聖人；言素王玄聖之道，謂之神人。謂「聖人之駴世，神人未嘗過而問焉」。正吾夫子之所謂「鼓萬物而不與」者，豈有二人哉？莊子寓言，而學者惑之，是對癡兒不得説夢。迨佛書至，有法身、報身、化身之説，其理甚明。禪者又分五位，至於體用交參、正偏回互之際，區區章句之學，未嘗曾見此事，宜其譏笑以爲謬妄也歟！

横渠曰：物之初生，氣日至而滋息；物生既盈，氣日反而游散。至之謂神，以其伸也；反之謂鬼，以其歸也。

屏山曰：此説出於漢儒，以木火爲生物之神，以金水爲終物之鬼。訓「神」爲「伸」，訓「鬼」爲「歸」，亦曲説耳。今證以孔子之言：「精氣爲物」，謂人物也；「游魂爲變」，謂鬼神也。人物，有形之鬼神；鬼神，無形之人物。可以知鬼神之情狀，蓋無異於人物，故其禍福亦從吾之好惡焉。豈神主生而鬼主死，又强爲分别耶？

橫渠曰：氣生於人。生而不離，死而遊散，謂魂；聚而成形質，雖死而不散，謂魄。

屏山曰：異乎吾所聞。鄭子産論伯有曰：「人生始化曰魄，陽曰魂。用物精多，則魂魄强。」故伯有之死，猶能爲祟而殺駟帶。蓋魂魄者，動静之精神耳。形質既成，生而不能離；形質既壞，死而不能散。游然而變，或爲鬼神，即此一物也，豈有二物哉？

橫渠曰：海水凝則冰，浮則漚。然冰之才，漚之性，海不得而預焉。推是足以究生死之説。

屏山曰：性猶海水也，情猶浮漚也。漚有生滅，而水無生滅；情有生死，而性無生死。雖吉凶以情遷，而原始反終，知之未嘗生亦未嘗死也，則死生之説盡矣。雖然，漚即水也，水即漚也。情豈非性，性豈非情乎？生滅而有不生滅者，在其死生中，蓋有不生不死而生死者乎？以水喻之，則不類乎？性外而又言才，吾不知其爲何物也。

橫渠曰：寤所以知新於耳目，夢所以緣舊於習心。醫言專語氣於五臟之變，有取焉耳。

屏山曰：此言常夢，其得爲多。如非常之夢，傅説之夢武丁，豎牛之夢穆叔，橫渠之言敗矣。當以東萊之言爲解，語在《左氏博議》。

橫渠曰：釋氏不知天命，而以心法起滅天地，以小緣大，以末緣本，其不能窮，謂之幻妄，真所謂疑冰之夏蟲歟！反以六根之微，誣天地日月，蔽其用於一身之小，溺其志於虛空之大，此所以語大語小，流遁失中。其大也，塵芥六合，謂天地爲有窮也；其小也，夢幻人世，不能究所從也。謂之窮理，可乎？不知窮理，謂之盡性而無不知，可乎？儒者窮理，故率性可以謂之道；佛不知窮理，故其説不可推而行。

屏山曰：孔子知易有太極，是生兩儀。老子知有物混成，先天地生。莊子知道生天生地。列子知渾淪之始，言天地空中之細物也。張子烏知有此理耶？孔子之太極，老子之混成，莊子之道，列子之渾淪，是何物耶？四子同在天地中，必非二物。學者溟涬一千五百年矣，而佛書遂東。《首楞嚴》云：「空生大覺中，如海一漚發。有漏微塵國，皆依空所生。」然則其不出於此心乎？何以信之？張子亦有夢否？五尺之軀，栩然一席之地，謦欬之間，天地、日月、山川、聚落、人物、衣冠、俯仰、酬酢，自成宇宙，皆從汝一念生，此特佛書所謂第六分離意識之所影現者耳。其力之所成就廣大如此，與此天地亦殊不相挂礙。此即邵康節所謂「一身自有一乾坤」者。况其根本第九，白浄無垢，妙真如性，豈不能生此天地乎？此真如性大包天地而有餘，細入微塵而無間，寧有小大與生滅乎？老子謂尹文子曰：「吾與汝皆幻也。」孔子謂瞿鵲子曰：「丘也與汝皆夢也。」且有大覺而後知此，萬世之後，一遇大聖，如旦暮遇之，張子豈其人乎？此理固未易窮，張子欲率其性，而自謂之道，將推而行之，真夢中語！未知孰爲夏蟲也與！悲夫！

橫渠曰：《大易》不言有無。言有無，諸子之陋也。

屏山曰：「形而上者謂之道，形而下者謂之器。」非老子之常無常有，佛之真空妙有乎？張子之陋也。

橫渠曰：一物而兩體，其太極之謂歟！

屏山曰：太極生兩儀，而張子云爾，是胚胎未兆，而自爲男女也夫。

橫渠曰：飲食男女，皆性也。是烏可滅？莊、老、佛氏爲此說久矣，果暢真理乎？有無不能爲一，非盡性也。

屏山曰：飲食男女，氣血之嗜欲耳，豈其性耶？必欲混然而一，與禽獸奚擇哉？此正夫子之所謂「小人之中庸而無忌憚」者，佛之所謂「無礙禪」也。《莊子》固有不食五穀，綽約如處子者，張子自不見耳。以近喻之，世間近道之士，辟穀而齊居者多矣，豈盡失其性哉？自殘其性而必患天下後世者，必此言也夫。

橫渠曰：浮屠明鬼，謂有識之死，受生循環，厭苦求免，可謂知鬼乎【九】？以人生爲妄見，可謂知人乎？天人一物，輒生取捨，可謂知天乎？指「游魂爲變」爲輪回，未之思也。

屏山曰：此說出於「原始反終，知死生之説」。莊子推而明之，謂：「生者，死之徒；死者，生之始。死生相尋乎無端。」列子亦謂：「死于此者，安知其不生于彼？」萬物皆出於機，皆入於機，非輪回而何？老子謂：「生者，喑噫物也。」莊子

【九】可謂知鬼乎　「鬼」字原缺，據《近世漢籍叢刊》本補。

亦有「久憂不死，何其苦也」之言。古之真人，有人之形，無人之情。彼且擇日而登假，乘彼白雲，至於帝鄉，忻則與造物爲人，厭則出六合之外。如老子之柱下，莊子之漆園，列子之鄭圃，孔子之魯國，體性抱神，遊於世間，可也。自此以降，遽欲泯其真妄，同天人，無取捨，均死生。嘻，其誕矣！

橫渠曰：浮屠必謂死生轉流，非得道不免，謂之悟道。自其説熾傳中國，雖英才間氣【一〇】，生則溺耳目恬習之事，長則師世儒崇尚之言，遂冥然被驅，謂聖人可不修而至，大道可不學而知。故未識聖人心，已謂不必求其迹；未見君子志，已謂不必事其文。此人倫所以不察，庶物所以不明，治所以忽，德所以亂。異言滿耳，上無禮以防其僞，下無學以稽其蔽。詖淫邪遁之詞，翕然并興【一一】，一出于佛氏之門者，千五百年。自非獨立不懼，精一自信，有大過人之才，可以正立其間，與之較是非、計得失乎？

屏山曰：自孔孟云亡，儒者不談大道一千五百年矣。豈浮屠氏之罪耶？至於近代，始以佛書訓釋《老》《莊》，浸及《語》《孟》《詩》《書》《大易》，豈非諸君子所悟之道，亦從此入乎？張子幡然爲反噬之説，其亦弗仁甚矣。謂聖人不修而至，大道不學而知，夫子自道也歟？詖淫邪遁之辭，亦將有所歸矣。所謂「有大過人之才」者，王氏父子、蘇氏兄弟是也。負心如此，寧可計較是非於得失乎？政坐爲死生心所流轉耳。

【一〇】雖英才間氣　「英」原作「真」，據《佛祖歷代通載》本、張載《正蒙·乾稱》改。

【一一】翕然并興　「興」原作「與」，據《近世漢籍叢刊》本、《佛祖歷代通載》本改。

横渠曰：釋氏謂實際，以人生爲幻妄、有生爲贅疣、世界爲陰濁，遂厭而不有，遺而不存，乃誠而惡明者也。儒者因明致誠，因誠致明，故學而可以成聖，得天而未始遺人，《易》所謂不遺、不流、不過者也【一二】。彼所謂實際，徒能語之而已，未始心解也。

屏山曰：釋氏知實際矣，故以人生爲幻妄，雖實際理地，不受一塵，萬行門中，不捨一法。不以無爲破有爲界，不以出世間法壞世間法，豈嘗有所厭惡而排遣哉？定慧圓成，止觀雙泯。因該果海，包法界而有餘；果徹因源，入微塵而無間。與吾聖人之道，將無同乎？第恐張子竊聞易道，未嘗心解，而况於實際乎？

横渠曰：彼釋氏之語，雖似是，本與吾儒二本【一三】。道一而已，此是則彼非，彼是則此非，固不可同日而語。其言流遁失守，窮大則淫，推行則詖，一卷之中，數數有之。

屏山曰：道本無一，而有二乎？道本無是，而有非乎？如來不説墮文字法，四十九年，初無一字。維摩不離文字，而説解脱，不二法門，終於默然。張子欲以口舌淬污太虛，多見其不知量也。未讀《南華》第二篇耳。吾夫子「予欲無言」之旨，想亦未曾夢見也。

横渠曰：大率知晝夜、陰陽，則知性命，知聖人，知鬼神。釋氏未免陰陽、晝夜之累，而談鬼神，妄也！

屏山曰：晝夜之往來，陰陽之消長，真生死之理也。聖人窮理盡性以至於命，通乎晝

【一二】「儒者因明致誠」至「不過者也」　原作「儒者因明致誠流通者也」十字，此處漏録一行，據《近世漢籍叢刊》本校補。「得天而未始遺人」，《近世漢籍叢刊》本作「天而未始違人」，據《正蒙·乾稱》補改。

【一三】彼釋氏之語雖似是本與吾儒二本　《正蒙·乾稱》作「彼語雖似是，觀其發本要歸，與吾儒二本殊歸矣」。

夜之道，而知其未嘗往來，未見其陰陽不測之神，初無消長，以此洗心，退藏於密，雖鬼神，不之知也。鬼神之情狀，聖人其知之矣。此釋氏之説，與吾正同。而張子言其往來消長者，推而任之，聽其自然，自以爲免陰陽、晝夜之累，而正流於生死中矣。誣爲易道，豈知聖人所謂「生生之謂易」，而生生者，未嘗生耶？夫學道者，一念萬年，初無首尾，豈有陰陽、晝夜之累哉？

卷二

横渠曰：太虚者，氣之體。氣有陰陽，屈伸相感之無窮，故神之應也無窮；其散無數，故神之應也無數。雖無窮，其實湛然；雖無數，其實一而已矣。陰陽之氣，散則萬殊，人莫知其爲一也；合則混然，人莫見其殊也。形聚爲物，物潰反源，反源者，其「游魂爲變」歟？所謂「變」者，對「聚散存亡」爲文，非如螢雀之化，指前後身説也。

屏山曰：此説非孔子之言，非佛氏之言也。張子憑私臆決，力爲此説，固亦勞矣。雖然，敢問張子：其湛然而一者，與無數無窮者，其一物乎？其二物乎？胡爲而散，胡爲而合？螢雀之化，有前後身，安知游魂之變，無前後身也？既同生於太虚之氣，陰陽之神，何參差萬狀，苦樂之不齊，賢愚之絶異耶？誠如此言，飲食男女之外，無復餘事；壽夭貧富之别，出於自然。名教不足貴，道學不必傳。桀、紂、盜跖爲達人，堯、舜、孔子徒自囚耳。此姦雄之所以籍口泯滅生靈之語，而張子又説而鼓之，吾不忍後世之愚民，將胥而爲鬼、爲蜮、爲血、爲肉也。悲夫！試讀《首楞嚴經》，則此語冰消瓦解矣。

横渠曰：今所謂死，雖奴僕竈間，皆知是空。釋氏所謂「不可思議」，亦是小人所共知者。文士學之，增飾其間，或引入《易》中之意，又以他書文之，故其書亦有文者，實無所取。如莊子者，其言如此，實是畏死，亦爲事不得。

屏山曰：今所謂死，奴僕竈間，共知是空。王侯將相、姦雄豪傑之士，無有不畏死者。强者至於亡身殉國，弱者止於偷生避罪，養成天下腐脅疽根。貧賤之士，吮癰舐痔，敗名失節，皆以貪生故耳。自佛書之來，知此革囊不足甚惜，一念蹉跌，千劫淪落，其於名教，殆非小補。彼以如來不可思議境界爲小人所共知，疑文士文之，何不縷數某經出某書、某説止於某事【二】？五千餘卷，今遍天下，試寓目焉，則張子之言，但欺瞽者可矣，謂隣人之井盗吾井之水，癡兒語也！又笑莊周畏死，何等語耶？周果畏死，亦將三聖人之後，别著一書，爲此無忌憚人矣。

横渠曰：學釋氏之説，得便爲聖人，而其行則小人也。只聞知便爲了，所謂祖師之類也。

屏山曰：如來大方便智。爲懈怠衆生，於《法華經》説娑竭龍女於一念成佛；爲驕慢衆生，於《華嚴經》説毗盧成佛於無量劫海。其實皆以三阿僧祇，歷十信、十住、十回向、四加行、十地等覺，方入妙覺，信解修證，不可誣也。至於禪者，則又不然。非佛非魔，非凡非聖，非得不得，非了不了，呵佛駡祖，戴角披毛，此老聃之所以爲馬爲牛，豈肯如瞿鵲子之見卵而求時夜哉？雖然，如人牧牛，回頭轉腦，驀鼻牽回；如鷄抱卵，暖氣不接，不成種草。豈容世俗擬議哉？狂而自聖者，蓋有之矣。如

【二】某説止於某事　前「某」字原作「其」，據《近世漢籍叢刊》本改。

小人之中庸而無忌憚者是也。

横渠曰：孔子過周，問禮於老聃。老聃未必是今老子，觀老子薄禮，恐非其人，猶左丘明别有所傳者也【二】。

屏山曰：老子知禮之本，故薄其末。前後區區於升降揖讓之間者，烏知禮意哉？張子必欲斬伐道學，力誣老子，遂及左氏。然則孔子所謂「昔見周公」，未必非黑肩；「文王既没」者，豈楚子熊申乎？宋儒之敢爲狂言，遂至於此。吁！

横渠曰：遁詞者無情，只是他自信，元無所執守。見人説有，已則説無，反入於太無；見人説無，已則説有，反入於至下。元不曾入中道，此釋老之類也。

屏山曰：如張子之所謂「遁詞」，蓋有之矣。中國公孫龍、惠施、鄧析「堅白」「同異」「兩可」之説，西方末黎等「矯亂不死」議論是也。常無有者，老子之信言；中道第一義諦，釋迦之實語。有謂無謂，離四句，絶百非；至言去言，言語道斷，心行處滅矣。豈有蔽離陷窮之心，而生詖邪淫遁之辭哉？然則吾聖人顯道而不墜於無，神德行而不涉於有，見有形之器，即無形之道，或默或語，其言外不盡之意，張子未必知也。

横渠曰：老子言「天地不仁」，是也。「聖人不仁」，非也。天地「鼓萬物而不與聖人同憂」，聖人則仁矣。

【二】猶左丘明别有所傳者也　「左」原作「作」，據《近世漢籍叢刊》本改。

屏山曰：鼓萬物而不與聖人同憂，即聖人之神也。吉凶與民同患，蓋聖人之形迹耳。聖人之神與天地相似。天地之德曰生，豈有生萬物之心乎？故聖人之喜，暖然似春，澤及萬世而不爲仁，特仁者見之謂之仁耳。張子强於分别，不惟不知老子，恐吾夫子之言，亦有所未解也。

橫渠曰：萬物皆有理，若不知窮理，如夢過一生。釋氏便不窮理，皆以爲見病所致。莊子儘能明理，及至窮極，亦以爲夢，不知《易》之窮理也。又曰：釋氏所謂「萬物之性」，猶告子「生之謂性」耳。

屏山曰：張子果能窮《易》之理，將亦通乎晝夜之道而知夫生死之説難窮，唯以寤寐求之，旦暮得此，其所以生乎？夢中之境，果爲何物？夢中之人，孰爲真我？夢中説夢者多矣，豈非猶在夢中？然則今張子未覺，笑佛與莊周之夢，亦夢語耳。舉世之人，同一大夢，知夢覺之爲一身，即無夢覺；知死生之爲一性，即無死生。未知無生，焉知不死？故朝聞道夕死可矣。張子未有所聞，不信死生之如夢，豈知夢覺即生死乎？此釋氏之所謂一性者，豈告子所謂人之性猶牛之性歟？

橫渠曰：世學不明，千五百年。大丞相言之於書，吾輩治之於己，聖人之道，庶可期乎？

屏山曰：吾固疑橫渠之徒，本出於王氏，特以元豐之故，失天下士大夫之心，故盡反其説，求合於司馬君實。君實既説，諸儒翕然歸之，其言遂大。蓋陰挾縱橫之資，而談仁義之道者耶？今張子之書云爾，予復何言？

橫渠曰：某近來思慮道理，大率臆度屢中可用。

屏山曰：「臆則屢中」，孔子之所譏；「生於其心」，孟子之所笑。張子學孔孟而不似者政坐此，爲膏肓疾也夫！

明道曰：如説妄説幻爲不好底性，請別尋一個好底性來，換了此不好底性也。若道外尋性，性外尋道，便不是。蓋自家元是天然完全自具之物【三】，若無污壞，不消修治，是義也；亦有污壞，合修治之，亦是義也。禪學者總是强生事，至如「山河大地」之説，干你何事？孔子曰「予欲無言」，顔子則默識。其他疑問，又曰「天何言哉」，可謂明白矣。若能於此上看得破，便信是會禪也。

屏山曰：程子之説，幾於道矣，全出於《楞嚴》《圓覺》之書，曹溪、江西之語。雖然，遽譏禪者爲强生事，切恐向上太有事在。以顔子之才，面遇聖師，始於克己，終於屢空，方有「其庶乎」之類。其言性也，子貢不可得而聞焉。蓋坐忘之妙，殆不容聲。刳心去智，子夏未之能也。故冉求發未有天地而有天地之問。昔也昭然，今也昧然，先以神者受之，後以不神者求之耳。此子路之所以升堂未入於室也。今程子去聖人千五百年，唱於絶學，其言固可尚已。予何人也，安忍復與之異同乎？區區之心，蓋以鏡猶有垢，礦未成金，喫詬索之而玄珠遂亡，倏忽鑿之而混沌必死，但有纖

【三】蓋自家元是天然完全自具之物　「完」原作「元」，據《近世漢籍叢刊》本改。

毫，已成滲漏，疑情將盡，勝解還生。胸中既横禪學之人，目前尚礙山河之境，未能無我，徑欲忘言，流入異端，浸成邪説矣。悲夫！

明道曰：佛學只是以生死恐動人。爲怪一千年來無一人覺此是被他恐動也。聖賢以生死爲本分事，無可懼，故不論死生。佛爲怕死生，故只管説不休，本是利心上得來，故學者亦以利心信之。莊生云「不怛化」者，意亦如此。楊墨今已無，道家之説，其害終小。唯學佛，人人談之，瀰漫滔天，其害無涯。《傳燈録》千七百人，敢道無一人達者，有一人得易簀之理，須尋一尺布帛裹頭而死，必不肯胡服削髮而終。

屏山曰：聖人原始反終，知死生之説，豈不論生死乎？程子不論生死，正如小兒夜間不敢説鬼，病人諱死，其證難醫者也。害人而利我者，楊朱也；利人而害我者，墨翟也。學道者既利於我，又利於人，何害之有？至於聖人，無一毫利心，豈無利物之心乎？故物亦利之，此天理也。聖人之道，或出或處，或嘿或語，殊途而同歸，百慮而一致，故并行而不相悖。程子必欲八荒之外，盡圓冠而方履乎？

明道曰：禪者謂：「此迹也，何不論其心？」夫心迹一也，如兩脚之行，指其心曰「我不欲行」，豈有此理？《莊子》曰「遊方之内」「遊方之外」，方何有内外？則是道有間隔，内面是一處，外面是一處，豈有此理哉？

屏山曰：禪者之「心」「迹」，即莊周之「方内」「方外」也。如聖人以此洗心，退藏於密，而吉凶與民同患者是也。雖聖人之神固無方所，其心迹豈無内外乎？文中子，深於《易》者，故曰：「心迹之判久矣，樂天知命，吾何憂？窮理盡性，吾何疑？天下皆憂，吾獨不憂乎？天下皆疑，吾獨不疑乎？」此心迹之説也。雖然，請以近喻【四】。聖人之心，如天上之月；聖人之迹，如水中之月。亦即亦非，或同或異，此文中子之所未言者，表而出之。

明道曰：學禪者曰：「草木鳥獸，生息於春夏，至及秋冬，便却變壞。」便以爲幻。何不付與他物？生死成壞，自有此理，何者爲幻？

屏山曰：幻者，妄也。以其初無生死成壞，妄見生死成壞，故以爲幻。真見其無生無死，無成無壞，即非幻者，自不滅矣。此老子之幻學。如來之爲幻師也，故能遊戲以轉造物，定止任其自然，爲造物者之所轉耶？孔子之所以教顔子者曰「虚室生白」「鬼神將來舍」，此萬物之化也，其止於世間法耶？其亦出世間法耶？此程子不知耳。

明道曰：老子「失道而後德」等語，自不識道，已不成言語。

屏山曰：孔子謂「一陰一陽之謂道，而繼之者善也」，豈非道降而爲德乎？「仁者見之謂之仁」，豈亦不成言語哉？况「志於道，據於德，依於仁」，自有次序。程子之言，何其峻也！

【四】請以近喻　「請」字原缺，據《近世漢籍叢刊》本補。

【五】即以志爲帥　「帥」原作「師」，據《近世漢籍叢刊》本改。

【六】孟子之言性善　原作「孟子意也言性善」，據《近世漢籍叢刊》本改。

明道曰：「生之謂性。」性即氣，氣即性。氣稟有善惡，然不是性中元有此兩物。有自幼而善，自幼而惡者，是氣稟然也。善固性也，然惡不可不謂之性。蓋「人生而静」以上不容説，纔説性時，便已不是性也。

屏山曰：言性而雜之以氣，程氏膏肓之病也。孟子所謂「浩然之氣」，即以志爲帥【五】，蓋以心能使其氣耳。程氏謂氣稟自生而有善惡，而又能奪其性，非孟子意也。雖然，孟子之言性善【六】，亦微異孔子。孔子之言曰「性相近也」，初無善惡；「習相遠也」，善惡分焉。至其甚也，「上智與下愚不移」，亦所習使之然耳。生而惡者，其所從來者遠矣。獨無垢張九成，字子韶，號無垢。之言然，學道者自知之耳。請看《論語詳説》。

明道曰：「必有事焉」，必主於敬。「而勿正心」，勿作爲也。「勿忘」，必有事也。「勿助長」，乃正也。二哥伊川「必有事焉而勿正心勿忘勿助長」爲一句，亦得。因舉禪語爲説曰：「事則不無，擬心則差。」

屏山曰：明道之言，不及伊川遠矣。雖然，不須如此破句。孟子自謂「生於其心」，「害於其事」。必有事來，勿正其心，或忘或助，皆正其心之過也。不生此心，不害其事矣。「正心」謂特安排生此心耳。

明道曰：醫書言「手足痿痹爲不仁」，此言最善名狀。仁者以天地萬物爲一體，莫非己也。認得爲己，何所不至？

屏山曰：程氏初有此言，寖有「桃仁、杏仁」之説，遂欲訓「仁」爲「覺」，其穿鑿過於王氏之學矣。仁自仁耳，何以此説爲哉？

明道曰：佛學大概是絶倫類，世上不容有此理。又，其言待要出世，出那裏去？其迹須要出家，要脱世網。學之者不過似佛。佛，一懶胡爾。他本是個枯槁山林，自私而已，若只如此，不過世上少這一個人，却又要周遍，決無此理。敢言世網，只爲些秉彝，又殄滅不得。當忠孝仁義之際，處於不得已，只和這些秉彝都消煞得盡【七】，然後爲道。如人耳目口鼻，既有些氣，須有此識。聲色飲食，喜怒哀樂，性之自然，必盡絶，爲得天真，是喪天真也。又曰：若盡爲佛，天下却都没個人去裏。

屏山曰：嗟乎！程氏竊聞小乘教相語，不能盡信，略取其説而反攻之。烏知《維摩》《華嚴》之密旨，誤認阿羅漢爲佛，而不知其然，遽加詬駡，是豈識文殊、普賢之秘行哉？圓教大士知衆生本空而度脱衆生，知國土本凈而莊嚴國土，不以世間法礙出世法，不以出世法壞世間法，以世間法即出世法，以出世法即世間法，八萬四千塵勞煩惱，即八萬四千清凉解脱，又豈止觀音之三十二應、善財之五十三參耶？衆生念念常有佛成正覺，仁者自生分別耳。但無我相、人相、衆生相、壽者相，何妨居士身、長者身、宰官身乎？吾聞謗佛毁法中，有冥權大悲闡提，逆行魔説，程氏豈其人耶？

【七】只和這些秉彝都消煞得盡　「煞」原作「然」，據《近世漢籍叢刊》本、《佛祖歷代通載》本改。

不然，則非利根衆生，爲世智辯聰所障，具足無間業報。哀哉，弗可悔也已！

明道曰：學者於釋氏之説，直須如淫聲美色以遠之，不然，則駸駸然入其中矣。到自家信後，不能亂得。

屏山曰：聲色飲食，人所嗜者，世之聰明辯博之士，往往弃絶，以説佛老之説，何哉？如人飲水，冷暖自知。蓋以梵志倒着襪耳，殆不可以口舌辯之。

明道曰：人，活物也。又安得爲槁木死灰？除是死也。既活，須有個動作思慮，非理而勿視聽言動耳。又幾時要如槁木死灰？又如絶四後，畢竟如何？又幾時須如槁木死灰？大小直捷也。

屏山曰：顏子之克己也，先黜聰明，墮肢體，徑造坐忘之妙，然後視聽言動，無非禮也，又進一階矣。雖然，孔子止稱「其庶乎」者，以其未能絶四。如孔子之絶四，始於無意，豈止心如死灰乎？終於無我，豈止形如槁木乎？顏子疑其畢竟如何，恐亦未可以直捷論聖人也。

明道曰：今語道，須要形如槁木，心如死灰。所貴乎「知周萬物而不遺」，幾時要如死灰？「動容周旋而中禮」，幾時要如槁木？論心術，無如孟子。孟子謂「必有事焉」，今既如死灰槁木，却於何處有事？

屏山曰：心如死灰矣，故知周萬物而不遺；形如槁木矣，故動容周旋而中禮。此孔子之所以鑄顔淵者也。孟子亦謂「作於其心，害於其事」，蓋教人事上無心耳，豈欲人心上有事乎？

明道曰：告子「生之謂性」，不分人、牛之性，正如釋氏「蠢動含靈，皆有佛性」之語。

屏山曰：告子以萬物之性爲同而已。佛氏之言性也，即同而異，即異而同，亦同亦異，非同非異。請以近喻，如漚水然。水中之漚，即同而異；漚中之水，即異而同；水生漚中，亦同亦異；漚滅水中，非異非同。豈可以告子一偏之語，爲佛氏圓融之論乎？此魚目像珠之説也。

明道曰：人能放這一個身公共放在天地萬物中一般看，則有甚妨礙？雖萬身，曾何傷？乃知釋氏苦根塵者，皆是自利者也。將自己軀殼上起意，看得小了；萬物中一例看，大小快活。釋氏不知此，向身上起意思，奈何那身不得，却厭惡，要如枯木死灰【八】，其實是愛身，放不得，故説多許。譬如負販蟲，已載不起，猶自取物在身。又如抱石沈河【九】，不肯放下。

屏山曰：程氏之説固美矣，高於横渠「神我」之一階耳，惜乎未讀《金剛般若經》也。張子認其神識，以爲我者即我相也。程子知其非我非人相也，又欲與萬物共，豈非將入衆生相乎？其生死之根本，所謂壽者相者，程子猶未識也。宜其深畏「枯木死灰」之言，及疑佛者之愛身，而比之負販蟲與抱石沈河者，誰自於軀殼上起此一念乎？真負販蟲也。

【八】要如枯木死灰　「木」原作「大」，據《近世漢籍叢刊》本改。

【九】又如抱石沈河　「沈」原作「洗」，據《近世漢籍叢刊》本改。

明道曰：天地陰陽之變，如二扇磨，升降盈虛，未嘗停息。如磨既行，齒都不齊，便生出萬變。物之不齊，物之情也。莊周强要齊物，然而物終不齊也。

屏山曰：天地如二扇磨之說，吾不知也。謂莊子齊目前之物，不亦陋乎？是未嘗讀《齊物論》耳。彼知天地之與我并生，故彭祖、殤子無壽夭矣；萬物與我爲一，故太山、秋毫無大小矣。終之以胡蝶之夢，所以忘物我而齊死生也。證心地法門，豈惠施「堅白」、鄧析「兩可」之說乎？

明道曰：釋氏言成住壞空。曰成壞則可，住與空則非也。

屏山曰：人人一念有生住異滅，一日有朝夕晝夜，一月有弦望晦朔，一歲有春夏秋冬。然則成住壞空之說，可廢其一哉？

明道曰：日之形似輪似餅，其形有限，其光亦須有限。只在三萬里中，須有光不到處，安有此理？地無適而不爲中【一〇】，日無適而不爲精。譬如鋪一束柴，從頭爇，若火到處，便一般【一一】，非是有一塊物行將去。這上頭得個意思，便知生物之理。

屏山曰：此言與橫渠「地氣左旋」之說如出一口，吾不知也。謂日有生物之理，月有殺萬物之理乎？

明道曰：《中庸》言「禮儀三百【一二】，威儀三千」，方說「優優大哉」，又却非如異端之說「如死灰槁木」也。

【一〇】地無適而不爲中　「而」字原缺，據《近世漢籍叢刊》本補。

【一一】若火到處便一般　《二程遺書·元豐己未呂與叔東見二先生語》作「火到處，其光皆一般」。

【一二】禮儀三百　「儀」原作「經」，據《中庸》改。

屏山曰：善乎柳子之言也，曰：捨禮則不可以言儒，捨戒則不可以言佛。雖然，唯克己者，然後視聽言動無非中禮，以其心如死灰槁木矣，故能踐履三千威儀、八萬細行，敢受具足大乘身口意戒，其理蓋同。

明道曰：好談鬼神者，皆是燭理不明，傳以爲信。假使實見，或是目病。如邵堯夫猶不免致疑，嘗言：「有人空中聞人馬之聲。」某謂：「人馬須有鞍轎，何處得來？」物生則氣聚，死則散，有聲則須是口，既觸則須是身，其質既壞，又安得有？

屏山曰：鬼神，五經同載，千古共傳。雖吾夫子，存而勿論者也。程子竊阮脩「衣裳」之遺説，范縝「刀刃」之陳言，謂神滅而無鬼，其窮理之學，不及康節遠矣。

明道曰：「鳶飛戾天，魚躍於淵，言其上下察也。」此一段子思吃緊爲人處，活潑潑地。不會底，只是弄精神。與孟子「必有事焉而勿正心」之意同。

屏山曰：鳶飛魚躍者，不知其所以然，如人之應對進退，亦日用而不自知耳。程子誤解孟子「必有事焉」爲主於敬，「而勿正心」爲無作，持此兩端，爲活潑潑地。胸中有此一念，自爲解會，正是弄精神者。

明道曰：邵堯夫病亟，言：「試與觀化一遭。」子厚言：「觀化佗人觀得，自家如何觀得？」堯夫才識道理，於儒術未有所得。

屏山曰：張子、程子皆誤解「遊魂爲變」，散亦爲無。邵康節，深於《易》者，知其不然，故有此語。《皇極經世書》，非儒書乎？

明道曰：老子，竊弄闔闢者也。

屏山曰：老子之言，與《易》中之辭，如左右券，豈竊弄者耶？異於吾書則謂之怪，同於吾書則謂之竊。「誣善之人其詞游」，豈程子之謂乎？

明道曰：「形而上者謂之道，形而下者謂之器。」又曰：「一陰一陽之謂道。」陰陽亦形而下者，而曰「道」，惟此語截得上下最分明，元來只此是道，要人默而識之也。

屏山曰：程子何見之脱也。形而上者，即老子之所謂「常無」，佛之所謂「理法界」。形而下者，即老子之所謂「常有」，佛之所謂「事法界」。化而裁之，推而行之，即老子之所謂「同謂之玄」，佛之所謂「理事無礙法界」。舉而錯之天下之民，即老子之所謂「衆妙之門」，佛之所謂「事事無礙法界」。以聖人觀之，無非道也，何止於陰陽乎？程子未之知也。

明道曰：「鼓萬物而不與聖人同憂。」聖人，人也，不得無憂。

屏山曰：陋哉斯言！鼓萬物者，聖人之靈府也，憂患豈能入哉？姑射之神人，塵垢粃糠，陶鑄堯舜。嶺南之觀察使，自有廊幕在，程子豈知有此理哉？

明道曰：「人心惟危」，人欲也；「道心惟微」，天理也；「惟精惟一」，所以至也；「允執厥中」，所以行也。

屏山曰：「人心惟危」，知而無知；「道心惟微」，無知而知；擇之「惟精」，無入而隨，守之「惟一」，無出而離；「允執厥中」，四無所依，可以神會，難以理推。程説非也。

明道曰：「中者，天下之大本。」天地之間，亭亭當當，直上直下之正理，出則不是，惟「敬而無失」最盡。

屏山曰：「喜怒哀樂之未發，謂之中；發而皆中節，謂之和。中者，天下之大本；和者，天下之達道。」善乎蘇子由之言也，曰：「中者，佛性之異名；和者，菩薩行之總目。」「中」之一字，最難形容，即曹溪所謂「不思善，不思惡，正當恁麽時，還我明上座本來面目來」。纔入思惟，便成剩法，瞥然一念，已隔多生，何處着得「敬而無失」？學者當自求之。

明道曰：「窮理盡性。」「以至於命」，則全無着力處。

屏山曰：先窮其理，解也。方盡其性，修也。後至於命，證也。正是學道者着力處。張子譏程氏失於太快，恐誤後生。

明道曰：「成性存存」，便是「道義之門」。

屏山曰：天成之性，存而勿失，方得其喜怒哀樂未發之中，則道是也。又得其發而皆中節之和，則義是也。道入而静，義之體也。義出而動，道之用也。一闔一闢，故謂之門。「成性存存」，便是「道義之門」，其説太徑矣。

卷三

明道曰：「聖人以此洗心，退藏於密。」終無人理會，此「密」也，是甚物？

屏山曰：聖人以此易道洗其靈府，喜怒哀樂既不能入，然後可與民同患矣。聖人心外無道，道外無心，更有何物乎？

明道曰：楊墨之害，甚於申韓；佛之害，甚於楊墨。

屏山曰：申韓無道，楊墨學道而未至者，正自不同。楊朱知退藏於密，而不知與民同患，故不拔一毛。墨子知與民同患，而不知退藏於密，故摩頂放踵。佛氏之説則不然，心不入道，雖以身布施如恒河沙而無益，豈摩頂放踵乎？既得道矣，盡九類衆生皆滅度之，豈不拔一毛者哉？所謂以佛地行菩薩行，自利利他，何害之有？

明道曰：「艮其止，止其所也。」八元有善而舉之，四凶有罪而誅之，各止其所。釋氏止，安能止乎？禪學只到止處，無用處。

屏山曰：艮之止，與釋氏之止，固不同也。釋氏之所謂止者，與孔子教顔淵之所謂「虚室生白，吉祥止止」正同，是萬物之化也。舜、禹之所歸，伏羲、几遽之所行【一】，豈終無用處乎？

校勘記

【一】几遽之所行　「几」原作「凡」，據《近世漢籍叢刊》本改。

明道曰：釋氏説道，譬之以管窺天，只務直上去，不見四傍。

屏山曰：此程子所見於釋氏者。釋氏之道，大包太虚而有餘，細入微塵而無間，豈以管窺天者乎？庚桑子八荒之外如眉睫之間，况如來乎？如來竪窮三際，横亘十方，豈不見四旁耶？

明道曰：釋氏本怖死生，爲利，豈是公道？唯務上達而無下學，其上達處亦未是。但有間斷，則非道也。

屏山曰：不怖生死，不憂涅槃，是維摩不二法門。「汝等所行皆菩薩道」，此常不輕之所以受記。低頭而成佛道，舉足入道場，豈有間斷哉？

明道曰：彼所謂識心見性，是也。若存心養性，則無矣。

屏山曰：佛書謂文殊等諸大菩薩，無量劫中修習聖道，云：見佛性，如隔羅縠以觀月。况不修而得見耶？禪者見道，止要保任、長養聖胎，學道者自知之矣。

明道曰：釋氏地獄之類，怖下根之人。爲善至誠貫天地，人尚不化，豈有立僞教而人可化乎？

屏山曰：《周易》自言：「鬼神害盈而福謙。」莊子亦謂：「作不善於幽冥之中，則鬼神得而誅之【二】。」地獄之説也，豈立僞教乎？一念之誤，化而爲終宵之夢；一生之惡，豈不能爲長夜之苦耶？况申生之訴、厲公之訟、李娥之復生、賈充之所見，書

【二】則鬼神得而誅之　「神」字原缺，據《近世漢籍叢刊》本補。

於經史，可不信哉？

明道曰：佛氏不識陰陽、晝夜、死生、今古，安得謂形而上者與聖人同乎？

屏山曰：列禦寇知非陰非陽者，通乎晝夜矣。莊周之不生不死，此入於無古今矣。而況於佛乎？非止形而上者與聖人同，形而下者，亦與聖人無毫髮異。但或出或處，殊途而同歸耳。

明道曰：佛言前後際斷，「純亦不已」是也。彼安知此哉？

屏山曰：「一念萬年，萬年一念。」「因該果海，初心即得菩提。果徹因源，位滿猶稱菩薩。」未讀佛書，孰知吾道中有此理哉？

明道曰：聖人稱公，心盡天地萬物之理，各當其分。佛氏正爲一己之私，是豈同乎？聖人循理，故平直而易行。異端造作，大小大來費力【三】，非自然也，故失之遠。

屏山曰：佛非獨無我相，又無人相、衆生相、壽者相矣，誰爲一己之私乎？佛非獨以作爲病也，止亦病也，任亦病也，滅亦病也，豈費力、不自然哉？非佛書求合於聖人，聖人之言自與佛合耳。程子未之知也，惜哉！

明道曰：「一陰一陽之謂道」，自然之道也。

屏山曰：一陰一陽，即列禦寇之所謂非陰非陽、能陰能陽者也。王弼輩謂之無陰無陽，已疏矣。此何物耶？見於外者善，成於内者性。仁者誤認以爲仁，知者誤認以爲

【三】大小大來費力　《二程遺書·亥九月過汝所聞》作「大小大費力」。

知，百姓日用之而不知其所以然。即圓覺之珠能現五色，衆生終日圓覺而未嘗圓覺者。程子亦誤以爲自然。知吾夫子之道者，誠鮮矣。

伊川曰：禪家之言性，猶太陽之下置器耳。其間方圓小大不同，特欲傾此于彼耳。然在太陽幾時動？又其學者善遁，若人語以此理，必曰：我無修無證。

屏山曰：此語出於徐鉉誤讀《首楞嚴經》。佛言：五陰之識，如頻伽瓶，盛空以餉佗方。空無出入，遂爲禪學。豈知佛以此喻識情虚妄，本無來去。其如來藏妙真如性，正太陽元無動静，無修而修，無證而證，但盡識情【四】，即如來藏妙真如性，非遁辭也。

伊川曰：神與性，元不相離，則其死也，何合之有？如禪家所謂「别有一件物常在」，「偷胎奪陰」之説，即無是理。

屏山曰：神即性也，非離非合。性即神也，不生不滅。「偷胎奪陰」之言，佛書不道也。

伊川曰：魂謂精，魄謂死也。「魂歸於天」，消散之意。

屏山曰：夫子之言「游魂爲變」耳，不言消散。

伊川曰：或欲以金作器比性成形。某謂：金可以比氣，不可以比性。

屏山曰：性化而爲氣，氣化而爲形耳。豈有二物哉？

【四】但盡識情　「盡」原作「是」，據《佛祖歷代通載》本改。

伊川曰：禪家出世之説，如閉目不見鼻，然鼻自在。

屏山曰：伊川不信有出世法，如開眼不見眼，其眼非無也。

伊川曰：「殺一不辜而得天下，不爲。」謂殺不辜以私己也。武侯以天下之命，討天下之賊，何害？

屏山曰：以武侯爲得聖人之傳者，伊川之素志也。至此言，嘻其甚矣。武侯以管樂自比，豈孔孟之徒歟？禍天下之生靈，而危人之國者，必此言也夫。

伊川曰：或謂佛之道是也，其迹非也。然吾攻其迹耳，其道吾不知也。使其不合於先王，故不願學也。如其合於先王，則求之六經足矣，奚必佛？

屏山曰：伊川之意，欲相忘於江湖耳。吾謂不若卷百川而匯於大壑，則無涯涘也。欲攻其迹，不過如韓子之説云。山谷道人既奪其説矣，語在《南康軍開先禪院記》。

伊川曰：或謂佛之理，比孔子爲徑。曰：天下果有徑理，則仲尼豈欲使學道迂遠而難至乎？故外仲尼之道而由徑，則是習險阻、犯荆棘而已。

屏山曰：佛之理，非徑於孔子也。但孔子謂：「中人以上，可以語上。」佛言：「蠢動含靈，皆有佛性。」故其語生死之際頗詳而不甚文，學者差易解耳。不求孔子之意，則聖人之道不尊；不知佛之言，則聖人之道不廣。顰伸謦欬，皆楞伽之禪；飲食日用，盡中庸之旨。何險阻、荆棘之有哉？

伊川曰：道不可須臾離也。毁人倫，去四大，其分於道也遠矣。彼釋氏之學，於「敬以直内」則有之，「義以方外」則未之有也。故滯固者入於枯槁，疏通者歸於放肆，此佛之教所以爲隘。吾道則不然，率性而已。斯理也，聖人於《易》備言之。

屏山曰：「率性之謂道，修道之謂教。」故聖人之教不同，同修其道，以復於其性耳。古之博大之真人，澹然獨與神明俱，與聖人洗心、退藏於密而吉凶與民同患者，固不同也。況瞿曇氏夢幻其身，塵垢其心，倜然高舉於天人之表，獨示天下後世以妙湛元明、真如自性，與中國聖人之言，不必全同。學其道而未至，或墮於寂滅之坑，或流於聲色之境者，亦或有之。正如「賢者過之，不肖者不及」，非其師之道本然也。「吾道率性而已」，談何容易？「白刃可蹈也，中庸不可能也。」未知喜怒哀樂未發謂之中者，多見其爲小人無忌憚耳，豈中庸哉？

伊川曰：「小人之中庸，小人而無忌憚也。」小人更有甚中庸？脱一「反」字。

屏山曰：不然。君子雖知率性之謂道而修之，故無時而不中。小人率性而已，自以爲中庸之道，無復忌憚，雖似中庸，而實反之，不須添此一字，其理自通。正學道者之所謂「無礙禪」也。

伊川曰：老子曰無爲，又曰無不爲。當有爲而以無爲爲之，是乃有爲爲也。聖人之言無爲也，戒夫作爲，即曰「感而遂通」，未嘗爲一偏之説。

屏山曰：伊川此言似之矣，猶未也。《華嚴》曰：菩薩於有爲界示無爲性，亦不破壞有爲之相；於無爲界示有爲相，亦不分别無爲之性。故非有爲，亦非無爲也。古人嘗問一坐禪者曰：何爲？曰：一物不爲。曰：恁麽則閑坐也？曰：閑坐則爲也。此非三聖人之心歟？此事如大火聚，不容着眼，如金剛劍，無處下足。程子劃爲兩端，去道遠矣。

伊川曰：看《華嚴經》，不如看一艮卦。

屏山曰：程子以「艮其所」爲止於其所當止，疑釋氏止如死灰槁木而止耳。故徑出鄙語，顧豈知《華嚴》《圓教》之旨？一法若有，毗盧墮於塵勞；萬法若無，普賢失其境界。竪説之，則五十七聖位於一彈指，如海印頓現；横説之，則五十三法門在一毛端，如帝網相羅。德雲曾過於别峰，普賢不知其正位；逝多園林，迦葉不聞；彌勒樓閣，善財能入。向非此書之至，學道者墮於無爲之坑，談玄者入於邪見之境，則老莊内聖外王之説，孔孟上達下學之意，皆掃地矣。

伊川曰：釋氏之學，更不消對聖人之學比較，要之必不同。今且以迹觀之，逃父出家，便絶人倫，自家獨處於山林，人鄉里豈容有此物？大率以所賤施於人，不惟非聖人之心，亦不可爲君子之心。以此率人，是絶倫也。至如言理性，亦只是怖死愛生，是利心也。

屏山曰：太伯奔於句吴，名爲至德；伯夷餓於首陽，稱以仁人。皆吾夫子之語也。

程子剽佛説以解經，極口反噬，誣之以怖死愛生，雖三尺之童，亦不信也。奚待予言？

伊川曰：釋氏自言覺悟，又却須要印證，是未知也。

屏山曰：此吾書之所謂「博學之，審問之，明辨之」也。倘不如是，正恐如「吾黨之小子，斐然成章，不知所以裁之」耳。

伊川曰：學者必談禪者，只爲無處所撈摸，故須如此。

屏山曰：伊川撈摸得少許即出去却，此老子之所謂「邊境有人焉」，孟子之所謂「薄乎云爾」者也。

伊川曰：釋氏之學，又不可道他不知，亦儘極乎高深，然要之，率歸乎自私。天地間，有生便有死，有樂便有哀，須覓一個占姦打訛處。老氏之學，更挾權詐，取與翕張，大意在愚其民而自智。秦愚黔首，其術蓋亦出於此。

屏山曰：如來窮死生之理，挈八荒之内，各正其性命。老聃得開闔之道，挽萬世之後，皆盡其變通，真先天太極之學所自出也。程氏反取昌黎强項之言、東坡少年之語，力爲誣謗而圬墁之，悲夫！

伊川曰：聖人之言依本分，所以味長。釋氏才見得些，便驚天動地，故語言走作，却是味短。只爲乍見，如《中庸》只須道「無聲無臭」，抵釋氏多少「非黄非白」等語！佛老之説，大底不似聖人慣見，故走作。

屏山曰：《華嚴經》：「梵行從何處來？」「此世不移動，彼世不改變，此中何法？名爲梵行。」又曰：「若佛出世，若不出世，此法常住，無有變易。」未常驚天動地爲走作語。伊川嫌釋氏談道太多，然《圓覺》一編，未嘗挂眼，故胸中有物，證悟了覺，豈曾放下？作止任滅，不能跳出，終墮我、人、衆生、壽者四相，豈知佛書字字有味，不可渾淪吞棗。他人自有如啞人食蜜者，但不可以舉似人。

伊川曰：儒者入異教，其勢自然。譬行大道，坦然無阻，只爲前面逢着山水，行不得，見一邪徑，欣然從之。若處異鄉，須就安處；若已有家，言他人家，必不肯就【五】。

屏山曰：過山水而求它徑，人之情也。程子褰裳欲涉，而逾之半途而反，遽以逆旅爲家，哀哉！

伊川曰：聖人之道，如河圖、洛書，其始止於畫上，後人畫外繫辭以求之，未必得理。如《春秋》，不觀它書，亦可盡道。

屏山曰：「畫前元有《易》，删後更無《詩》。」此邵康節語。伊川信之，然太高生。吾聞無離文字説解脱法，世間語言皆第一義，聖人豈有費辭哉？

伊川曰：凡物之散，其氣遂盡，無復歸本原之理。天地如洪爐，雖生物，銷鑠亦盡。既散之氣，豈有復在？如海潮然，涸則無矣。

【五】言他人家必不肯就　《二程遺書·入關語録》作「人言他人家爲安，己必不肯就彼」。

屏山曰：程氏自以爲窮盡物理，常有此等語。海潮，吾不知也。雖然，莊子言「通天下一氣耳」，「其分也，成也；其成也，毀也」，佛言「性水真空，性空真水」，故「百川注之而不滿，尾閭泄之而不竭」，此《易》之所謂「一闔一闢」之理。程子以人之生死以比天地，而不學道，愚矣。

伊川曰：至忙者，無如禪客。行住坐卧，無不在道，便是常忙。

屏山曰：「君子無終食之間違仁。」亦忙乎哉？以「敬」字爲主，則忙矣。

伊川曰：「幽則有鬼神，明則有禮樂。」何也？鬼神只是一個造化，天地尊卑，「鼓之以雷霆，潤之以風雨」是也。

屏山曰：「明則有禮樂，幽則有鬼神。」聖人教人之有所忌憚耳。天地、雷霆、風雨，豈幽乎哉？謂有鬼神主之可也，謂即鬼神可乎？

伊川曰：或問：「敬莫是静否？」曰：「才説静，便入於釋氏之説也。」

屏山曰：人生而静，天地之性也，豈釋氏之説乎？敬即有所感矣。

伊川曰：釋氏有「理障」之説。天下只有一個理，既明此理，夫復何障？若以理爲障，則是以理爲二。

屏山曰：此程氏之障也。以理爲己真生死之本，如病眼者不自見其翳耳。惜哉！

伊川曰：今人不學則已，如學焉，未有不歸於禪者。爲伊求道未有所得，思索既窮，乍見寬廣處，其心便安於此【六】。

屏山曰：禪與吾異，彼自反焉；禪與吾同，歸之可也。又何患與？

伊川曰：孟子言人性善，是也。荀楊亦不知性。性無不善，而有不善者，才也。性即是理，堯舜與塗人一也。才禀於氣，氣有清濁，禀其清者爲賢，濁者爲愚，亦可變，唯自弃者不移也。

屏山曰：荀楊之言，固不足取。程氏之言性也，雜之以氣，亦與孟子不合。又言才禀於氣而有清濁。孟子之言曰：「志者，氣之帥」，故謂之「浩然之氣」。又曰：「若夫爲不善，非才之罪也。」豈有清濁之間也？雖然，孟子之所謂「性」，已落第二，蓋孔子之所謂「習」耳，其所由來遠矣。故有生而愚知即相懸者，豈有清濁之氣，自然聖人哉？此《首楞嚴》之所謂「無始菩提涅槃元清净體，識精元明，能生諸緣，緣所遺者」，即此物也；其「無始以來生死根本，用攀緣心以爲自性」，亦此物也。非一非二，非同非異，非即非離。程子焉能知此理哉？

伊川曰：釋氏要屏事，不問這事合有合無。合有，又安可屏？合無，更屏甚麽？且務静遠【七】，屏迹山林，世以爲高，惑矣。

屏山曰：黄帝無摇汝精，即廣成子在崆峒之上。陶唐喪其天下，而見四子於汾水之陽。而説學道者乎？程子誤讀「必有事焉而勿忘」，程子惑矣。

【六】其心便安於此　「其」原作「有」，《二程遺書·劉元承手編》：「却爲佗求道未有所得，思索既窮，乍見寬廣處，其心便安於此。」據改。

【七】且務静遠　「務」原作「無」，《二程遺書·劉元承手編》：「彼方外者苟且務静，乃遠迹山林之間，蓋非明理者也。世方以爲高，惑也。」據改。

伊川曰：釋氏有出家出世之説。家本不可出，謂他不父其父，逃去可也。世則怎生出得？除是不戴天履地始得。又却飲食。

屏山曰：孟子所謂「出入無時，莫知其鄉」，莊子所謂「其疾俯仰之間，再撫四海之外」者，吸風飲露，不食五穀矣。程子自索之於形骸之内，豈獨無姑射之神人乎？

伊川曰：明道言：昔之異端，乘其迷暗；今之異端，因其高明。

屏山曰：吾讀《周易》曰：「或出或處，或默或語」「殊塗而同歸，一致而百慮」，知異端不足畏。又讀《莊子》曰：「楂黎橘柚，不同味而同甘；耳目鼻口，不相通而相用。」知異端皆可喜。又讀《維摩經》曰：「謗佛毁法，乃可取食；外道天魔，皆吾侍者」，始知非異端矣。又讀《華嚴經》【八】，見婆須之放蕩，阿那之殘忍，勝熱之刻苦，大天之怪異，主夜之幽陰，童男之嬉戲，皆有清净解脱法門。生死涅槃，同一法性；智慧愚癡，皆爲般若；諸戒定慧及淫怒癡，俱是梵行。此法界中，無復有異端事，但恐迷暗者未必迷暗，高明者自謂高明爾。悲夫！

伊川曰：太古之時，人與物同出。純氣爲人，繁氣爲物。人乃五行之秀氣，此是天地精明純粹所生。如海上露一島，便有草木禽獸生焉，安知海外無氣化之人？又如衣服蟣虱，氣化後便以種生。此理甚明。

屏山曰：孔子雖言「有天地然後有萬物，有萬物然後有男女」，亦不言其所以然也。

【八】又讀華嚴經　「讀」原作「謂」，據《近世漢籍叢刊》本改。

今程子力爲此説，謂天地之氣所生，即西方梵天之語。又謂與草木之類同生，亦外道先尼之言也。雖然，自生民以來，未始有突然而自生，倏然而獨化者，何也？此言乃異於三聖人之教乎？孔子曰：「天地絪緼，萬物化醇。」莊子曰：「天地與我并生，萬物與我爲一。」佛曰：「性覺真空，性空真覺。」然則兩儀未判，有物混成，自有生天生地者，天地焉能生我哉？夫心化而空，空化而天地，我與萬物同生，如念化而瞑，瞑化而境界。我與游魂同夢，忘念即無夢矣。彼無心者，其有生死於天地者乎？此聖人之所以挈天地也。學者思之。

伊川曰：學者後來多耽莊子。若謹禮者，膠固纏縛，須覓一個放曠出身處，其勢必然，東晉是也。

屏山曰：悟《楞嚴》之妙理，而後可與言戒；達莊周之玄學，而後可以談禮。彼阮籍之徒，謂「禮豈爲我輩設」，真狂言耳！蓋小人之中庸無忌憚者，如近世之無礙禪也，何等物耶？

伊川曰：喜怒出於性，感於外而發於中，猶水之有波也。湛然平静，水之性也。或遇沙石與風爲波濤，豈水之性哉？人性中只有四端，豈有許多不善事耶？然無水，安得波浪？無性，安得有情也？

屏山曰：此程氏之學與李翱不同者。翱之言曰：聖人有性，未嘗有情，故舜之用十六相而非喜也，投四凶非怒也。此説出於莊子，曰：聖人有人之形，無人之情，不以好惡内傷其生，蓋出怒不怒，則怒出於不怒矣。故學佛者有印空、印水、印泥之説。聖人之靈府，故異於常人，喜怒哀樂不能入者久矣。雖喜怒哀樂，而非喜怒哀樂也。以喜怒哀樂未發之中，即喜怒哀樂未發之和，故皆中其節焉。有喜有怒而後有仁義，有哀有樂而後有禮樂，豈以喜怒哀樂爲仁義禮樂哉？學聖人之道者，遂以仁義禮樂求聖人也。程子未嘗反復商確，故至於情性之論，每致疑焉。雖有水波之喻，自相矛楯。至於崇安劉子翬著論，以爲李翱并聖人於木石之倫，棲學者於枯槁之地，蓋亦未之思耳，故深辯之。或曰：程子亦有聖人之心似鏡之説，即其論聖人之心，此論常人之心耳。曰：不然。論至於性，聖人豈遠於常人哉？但聖人能致中和，常人未能致耳。如喜怒哀樂真出於性，雖聖人，安能去之？性猶水也，喜怒猶塵垢也。故《首楞嚴》云：「清水現前，名爲初伏客塵煩惱；去泥純水，名爲永斷根本無明。」「一切變現不爲煩惱，皆合涅槃清净妙德。」故常人澄之尚濁，聖人撓之亦清，此佛氏水波之喻也。

伊川曰：子莫見楊墨過不及，遂於二者之間執之，却不知有當摩頂時【九】，有當不拔一毛時。執中而不通，與執一無異。

屏山曰：如程子之言，捨中而復趨兩偏矣。孟子不取一偏，亦不執中，即《華嚴》

【九】却不知有當摩頂時

「却」原作「間」，據《近世漢籍叢刊》本改。

之所謂「不此岸，不彼岸，不中流」也。或謂「子莫」猶「子勿」也，戒人之辭耳，非楊墨外又有此人焉。

伊川曰：喜怒哀樂之前求中，可否？却是思也。只平日涵養便是，久則自中節，更怎生求？

屏山曰：異乎吾所聞。夫學問之道，無他，求其放心而已。「學而不思則罔」，故君子有九思。思【一〇】，心之官也。不蔽於物，則可以作睿，睿可以作聖矣。聖人之學，蓋自此入。喜怒哀樂未發之中，即聖心之體也。彼不思而求之者，其可得而見耶？

伊川曰：當中之時，雖耳無聞，目無見，然見聞之理在，始得。

屏山曰：心雖見聞，而不在耳目矣。其理安在哉？

伊川曰：如有知覺，却是動也，怎生言靜？

屏山曰：人非木石，寧無知覺？彼知覺者，有動靜耶？

伊川曰：動上求靜最難。

屏山曰：動念息念即生死心，心無此念，非難非易。

伊川曰：喜怒哀樂未發，下「靜」字？下「動」字？謂之靜則可【一一】，然靜中須有物始得。這裏便是難處，莫如先理會敬。

【一〇】「思」字原缺，據《近世漢籍叢刊》本補。

【一一】謂之靜則可　「可」字上原衍一「不」字，據《近思録》删。

屏山曰：程氏膏肓之疾，正在下字處。謂之静者湛然，如急流水，白浪滔天矣。既有此物，難乎求其中也。已而又以敬爲之，是汩其流而揚其波耳，能静於彈指頃乎？悲夫！

伊川曰：《華嚴》法界三觀，如鏡燈之類，包含萬象，無有窮盡，只爲釋氏要周遮。一言以蔽之，曰：萬理歸於一理耳。

屏山曰：老子之常無常有、同謂之玄、衆妙之門，孔子之道與器、變通與事業，即法界觀也。三聖人之言，如出一口，豈周遮乎？程子謂一句道盡，然則三聖人有贅詞矣。程子止知同一理耳，豈知一事自具一理，同而異，異而同，同中之同，異中之異乎？反疑釋氏善遁，今在策子上矣。程子不知所窮何也，止譏燒一炷香、施一文錢，何等老嫗之言耶！

伊川曰：延年是天地間一賊，先知是野狐精。

屏山曰：彭祖能經鳥伸之術，異於廣成子之無摇汝精。季咸之知人生死壽夭，不同庚桑楚之耳視目聽。烏可詈之耶？

伊川曰：有所忿懥、恐懼、憂患，不得其正。非是無，只是不以此動其心。學者未到不動處，須是執持。

屏山曰：學者心中猶有此物而不動，其能執持而不動乎？吾不信也。

卷四

伊川曰：聖人當人不問時，與木石同也。

屏山曰：聖人尸居而龍見，淵默而雷聲。與木石同，聖人真死矣。吁！

伊川曰：性無不善，才有善不善。性猶曲直，才猶棟梁。性出于天，才出于氣。

屏山曰：「非天之降才爾殊也」，才不出於天乎？「若夫爲不善，非才之罪也」，才其有不善乎？曲直、棟梁，夢中語也。

伊川曰：孔子言性相近，所禀之性。孟子言善，性之本也。

屏山曰：不然。孟子言，所禀之性；孔子言，性之本也。

伊川曰：楊食我之生，便禀得惡氣。

屏山曰：此等惡氣，從何許來？程子之辭窮矣，豈善遁者乎？

伊川曰：生而知，固不待學，然聖人不須學。

屏山曰：程氏之辭枝矣，豈中心猶有所疑者乎？惜哉！

伊川曰：《儒行》誇大之語，非孔子之言，然害義理。

屏山曰：予嘗怪歐陽脩之疑《繫辭》非孔子語，今也不幸而又聞此言。吾夫子何負於諸儒而至於是耶？悲夫！

伊川曰：湯、武，未知是聖人不是聖人。若文王，則分明是大聖人。

屏山曰：予甚不喜程子，謂孟軻有圭角、顔子未到無過之地，今也大不幸又聞此言【一】。吁，可怪也夫！

伊川曰：孟子未敢便道是聖人。如説夷、惠，云「皆古聖人」，必錯了一兩字。如「説大人則藐之」，便不是也。

屏山曰：程子之畏大人者，而侮聖人之言，可乎？擬人有一日之長，不可見其短。程子所見，果長於古聖人否？

伊川曰：佛家印證甚好笑，豈有我曉得這個道理，却信他人？

屏山曰：自印證爲得聖人之傳，尤可笑。我雖自曉，其如人不信耶？

伊川曰：若要不學佛，須是見得他小，便自然不學。

屏山曰：大人猶不可藐，聖人其可藐乎？坐井觀天，天亦小矣。

伊川曰：文中子本是一隱君子，世人得其議論，附會成書。有一件事，半截好。如「心迹之判久矣」，便亂道。

屏山曰：附會成書，亂道者多矣，豈止文中子乎？如答魏徵之説，凡三致意，程子劃爲兩端，删其斷章，俱不好矣。吁！

【一】又聞此言　「聞」原作「閲」，據《永樂大典》本改。

伊川曰：文中子續經甚謬，荀卿子極貶駁，楊子不見性，更説甚道？韓退之《原道》極好，只云「仁與義爲定名」，便亂道。有兩處直是搏得親切，直似道，却只是搏也。

屏山曰：程子譏刺諸儒，嘻，亦甚矣！其能逃目睫之論乎？

伊川曰：荆公舊年説話儘得，晚年盡支離了。

屏山曰：荆公六藝之學，妙處端不朽。學者失其傳，各自穿户牖耳。

伊川曰：今人醇正者，唯邵堯夫、張子厚、司馬君實。又曰：張子厚太謹嚴，無寬舒之氣；邵堯夫太放蕩，近於不敬；司馬君實念一「中」字，不如把一串數珠。

屏山曰：程子之論，如商君法，古今無完人矣。吁，可畏哉！

伊川曰：學佛者多要忘是非，是非安能忘得？自有許多道理，何以忘？爲世人，只爲一齊在那昏惑迷暗海中，拘滯執泥坑裏，便事事轉動不得，没着身處。若物各付物，便役物也。

屏山曰：纔有是非，紛然失心，驀地思惟墮坑落塹，爲法所縛，未能自解。若能轉物，即同如來，唯久參禪者始知此病耳。

伊川曰：莊子齊物。夫物本齊，安用汝齊？若要齊時，何處下脚？只是你我不齊，不干物不齊也。

屏山曰：莊子「旁礴萬物以爲一」，即無物我；「參萬歲而一成純」，亦無古今。程子不讀《齊物論》，安知不齊之齊、齊之不齊耶？

伊川曰：《素問》文字只是戰國時人作，謂之「三墳書」，非也。只是氣運就便不錯，亦用不得。一州一縣，旱澇不同，怎生定得？

屏山曰：一州一縣，如定不得，四海之内，醫者用之數千年矣，其效俱多，何哉？君子於其所不知，當闕如也。

伊川曰：佛老説鬼神，甚可笑。道家狂妄尤甚。

屏山曰：大哉鬼神之德，「洋洋乎，如臨其上，如在其左右」。吾知致敬而已，寧可無而有，不可有而無。其可笑乎？

伊川曰：福善禍淫，自然之理也。便是天道，如皇天震怒，不是在上震怒，只是理如此。

屏山曰：吾讀孔子六經之言，嘗深思之。噫，程子非狂則悖矣！

伊川曰：今人善惡之報，幸不幸耳。

屏山曰：果如程子之言，天理亦滅矣。六經其無用於世乎？

伊川曰：佛亦説性善，只不合將才做緣習。

屏山曰：「性相近，習相遠」，孔子之言也。「若夫爲不善，非才之罪」，孟子之言也。與佛語正合，但與程子「性外有才」之説不同耳。

伊川曰：才出於氣，氣清則才善，氣濁則才惡。禀得至清之氣生者爲聖人，禀作至濁之氣生者爲愚人。

屏山曰：叛聖人，害名教者，無甚於此説！莊子以道爲氣母，孟子以志爲氣帥。然則氣者，道之子也。道無清與濁，氣有清與濁乎？氣者，志之奴也。志無聖與愚，氣有聖與愚乎？果如程子之言，古聖人皆疣贅耳。不知其西方自然外道，今流入於中國乎？何聖人至少而愚人至多，豈天地之氣盡濁耶？悲夫！

伊川曰：「予欲無言」，爲子貢多言，故告之以此。

屏山曰：此聖人不傳之妙也。其聲如雷矣，豈爲一子貢乎？

伊川曰：「仁之於父子」「智之於賢者」，謂之命者，以稟受有厚薄耳。

屏山曰：「仁之於父子」，匡章不能盡其孝；「智之於賢者」，顔子不得窮其學。蓋有命焉耳，非稟受也。

伊川曰：釋老所見偏，非不窮深極微，未至窮神知化也。

屏山曰：未能窮神知化，豈能窮深極微乎？

伊川曰：莊子，叛聖人者也，世人皆曰矯時之弊。伯夷、柳下惠也，其異於聖人乎？與莊子、老聃類乎？不類乎？

屏山曰：莊周與老聃猶不類矣，况伯夷、柳下惠乎？亦非矯時之弊者，此其所以無異於吾聖人也。未讀《天下》篇耳。

伊川曰：「攻乎異端，斯害也已。」雖有可取，非道之正也。

屏山曰：吾詈鄰人之父，鄰人亦將詈吾父矣。張九成之言，云「攻」訓「排」也。

伊川曰：意、必、固、我，既亡之後，必有事焉，學者宜盡心也。

屏山曰：意、必、固、我未亡，學者宜盡心焉。既亡之後，無復事矣。

伊川曰：老子謂：「非以明民，將以愚之。」其亦自賊性也歟？

屏山曰：杳杳冥冥，爲道之精；昏昏默默，爲道之極。故離朱索之而玄珠亡，倏忽鑿之而渾沌死，此程子之所不信也。然程子之所傳者，顏曾之道。回愚參魯，見於《論語》。入道之門，程子其知乎？殆以先覺爲賢爾。

伊川曰：以春爲始而原之，其必有冬；以冬爲終而原之，其必有春。死生之説，如是而已矣。

屏山曰：此墮於以生爲首、以死爲尾之説也。以生爲首而原之，不見其尾；以死爲尾而反之，不見其首。死生之説，如是而已矣。

伊川曰：或問某文中子，曰：愚。荀卿子，曰：悖。問韓子，曰：外。皆非學聖人者。楊子其幾乎？又曰：楊子，無自得者也，故其言蔓衍而不斷，優柔而不決，如善惡之説也。

屏山曰：吾聞程子有言，謂歐陽氏之學也淺，王氏之學也鑿，蘇氏之學也雜。切疑程子之薄，不至於此。今觀其書，乃爾好罵。豈談道之士，初無他腸，横口而言，嚬伸反噬，如獅子吼，法當如是耶？死而有知，程子必爲屏山一笑。

上蔡曰：學佛者欲免輪回，是利心私而已矣。此心有止，而太虛無盡，必爲輪回。推之於始，何所付受？其終，何時間斷？且天下人物，各有數矣。

屏山曰：佛説輪回，愛爲根本，有愛我者，亦愛涅槃，不知愛者，真生死故，何利心之有？彼圓覺性，非作非止，非任非滅，無始無終，無能無所，豈有間斷哉？故衆生本來成佛，生死涅槃，猶如昨夢。夢中人物，豈有數乎？上蔡，夢中之人，猶作夢語，終不識圓覺，認爲太虛。悲夫！

上蔡曰：目視耳聽【二】，見於作用者，心也。自孔子没，天下學者向外馳求，不識自家寶藏，被他佛氏窺見一斑半點，遂將擎拳竪拂底事，把持在手，敢白尊大，輕視中國學士大夫，而世人莫敢與争，又從而信向歸依之。使聖學有傳，豈至此乎！

屏山曰：諸子知目視耳聽爲心爾，亢倉子耳視而目聽，其知之乎？阿那律無目而見，跋難陀無耳而聽，摩訶迦葉久滅意根【三】，圓明了知，不因心念，必不知也。而况佛説身心皆爲幻垢，正如孔子之廢心而用形，徑造四絶之妙。顔子屢空而未達，子貢多學而不識者，上蔡果得其傳乎？中國學士大夫不談此事者，千五百年矣。今日頗有所見，豈非王氏父子、蘇氏兄弟之力歟？自家寶藏，自家不識，爲鄰翁指似，憎而詬之，癡兒亦不忍爲也。吁！

上蔡曰：「仁者，人也【四】。」活者爲仁，不知痛痒爲不仁。學佛者知此，謂之見性，遂以

【二】目視耳聽　「聽」原作「聰」，據《近世漢籍叢刊》本改。

【三】摩訶迦葉久滅意根　「訶」原作「阿」，據《近世漢籍叢刊》本改。

【四】人也　「人」原作「仁」，據《近世漢籍叢刊》本改。

爲了，終歸妄誕。聖門見此消息，必加功焉。

屏山曰：佛者有言：無爲雖真，趣之則道果難證；有爲雖僞，弃之則功行不成。故三賢將滿，加行初圓八地以前，無功未至。理則頓悟，無刹那間；事則漸除，有僧祇劫。謝氏爲伊川所縛，不敢謦欬，死於語言矣。果知痛痒否乎？

上蔡曰：人之氣稟不同，顔子似弱，孟子似强。孟子壁立萬仞，非恁地手脚撑拄，此事不去。雖然，猶有大底氣象未能消磨盡，所以見他未至聖人之地位。不然，「藐大人」等語，不説出來。

屏山曰：此伊川語也。他人之唾，其可食乎？正孟子所謂「不得於言，勿求於心；不得於心，勿求於氣」。劍去遠矣，爾方刻舟。孟子之所以爲孟子者，其可見耶？爲出於氣稟，蔽於詖而陷於邪矣。

上蔡曰：諸子百家，人人自生出一般見解，欺誑衆生。聖門得天理，故敢以天自處。佛氏却不敢恁地做大。明道嘗曰：吾學雖有所受，「天理」二字，却是自家拈出來。

屏山曰：禪者有言：盡法界是沙門一隻眼，更須瞑却。有何見解？衆生與諸佛一口吞盡，唤甚作天理？天理圓無盡矣。可惜明道拈弄出來，止有「天理」二字而已【五】。嗚乎！

上蔡曰：世上説仁，只管着愛上，怎生見得仁？只如「力行近乎仁」，關愛甚事？吕晉伯

【五】止有天理二字而已　「二」原作「一」，據《近世漢籍叢刊》本改。

因悟曰：「公説仁字，正與尊宿説禪一般。」

屏山曰：仁固非愛，愛豈非仁？仁者自生分別，去禪遠矣。

上蔡曰：老子見得錯了，只如「失道而後德」等語，那裏有許多分別？

屏山曰：此數字者，未有老子時，正自不同，豈是渠分別耶？

上蔡曰：吾曾問莊周與佛何如。伊川曰：「周安得比他佛？佛説直有高妙處，莊周氣象大，故淺近。如人睡初覺時，不見上下東西，指天説地，怎消得恁地。他只是家常茶飯，逞個甚麽？」

屏山曰：程子之法，夢魘幾死，嗔人驚覺，豈知家常飯味乎？

上蔡曰：吾嘗歷舉佛説與吾儒同處問伊川。伊川曰：「恁地同處多，只是本領不是，一齊差却。爲不窮天理，只將拈匙把箸日用底，便承當做大事小事，任意縱横作用，便是差處、私處。」爲問何故是私。曰：「把來做弄，便是做兩般看了，將此事横在肚皮裏。一如子路、冉子相似，便被他曾點冷眼看破，只管對春風吟咏，渾没些能解，豈不快活？又如子路，有做好事底心，顔子參彼己。孔子便不然，更不作用。」

屏山曰：謝子所問於程氏者，是渠室中事也。其所見處甚高，正中拙禪和弄精魂之病。雖然，釋迦既死，天下太平；達磨未來，此方已有。本色宗師，尋常語話，佛之一字，尚不喜聞，如有妙解，直須吐却。透雲門之二光，出曹山之三墮。隨波逐浪，已是廉纖；戴角披毛，又成滲漏。着衣吃飯之日用，擔柴運水之神通，元無伎倆，誰敢承當？鬼神尚不能窺見王老師，天魔亦尋伺不着金剛臍。叢林如海，夫豈無人？程子冷眼看他不破，即吾夫子飲食日用，中庸之妙，洒掃應對，君子之傳也。程子果得之乎？

上蔡曰：佛説直下便是，動念即乖，此是乍見孺子已前底事。乍見孺子底，吾儒喚做心，他便喚做前塵妄想，見得本高。吾儒要就上面體認做工夫【六】，他却一切掃除，説大乘頓教，一聞便悟，須是顔、冉已上底姿質始得。乍見孺子底心，是自然底天理，怎生掃除得？

屏山曰：陋哉謝子之言也！觀音以大悲爲名，彌勒以慈氏爲首，豈以乍見孺子者爲妄想乎？所謂「動念即乖」，政恐謝子如此分別爾。大乘菩薩念念度阿僧祇衆生，不見一衆生得度者，正當乍見孺子時也。儒者果體認得此心，直下便是，豈太高耶？不做工夫，更無掃蕩，雖非顔、閔，一聞此説，將有徑悟者乎？

上蔡曰：佛大概私心。學佛者欲離生死，要度一切衆生，亦是爲自己發願，那一個不拈香禮佛？儒者直是放得下，更無多事。

屏山曰：佛者無心，亦無生死。無衆生可度，亦無發菩提心者。拈香禮佛，無所不可。謝子放下此心，却成多事矣。

上蔡曰：人死時，氣盡也。予嘗問明道有鬼神否，明道曰：「道無，你怎生信？道有，你

【六】吾儒要就上面體認做工夫　「吾」原作「無」，據《近世漢籍叢刊》本改。

但去尋討看。」橫渠云：「這個是天地間妙用。」這裏有妙理，於若有若無之間，須斷直得去，不是鶻突。自家要有便有，要無便無，始得。鬼神在虛空中辟塞滿，觸目皆是，爲他是天地間妙用。祖考精神，便是自家精神。

屏山曰：明道之説，出於「未能事人，焉能事鬼」。橫渠之説，出於「精氣爲物，遊魂爲變，是故知鬼神之情狀」。上蔡之説，出於「盛哉鬼神之德，洋洋乎，如在其上，如在其左右」。三子各得聖人之一偏爾，竟墮於或有或無、若有若無之間，不免鶻突。予觀聖人之言，各有所主，大抵有生有死，或異或同，無生無死，非同非異。人即有形之鬼，鬼即無形之人【七】。心有即有，心無即無耳。聖人復生，不易吾言矣。

上蔡曰：吕與叔常患思慮紛擾，程夫子答以「心主於敬，則自然不紛擾矣」。

屏山曰：僕欲易伊川一字：心主於鏡，則自然不紛擾矣。

上蔡曰：血氣之屬，有陰陽牝牡之性，而釋氏絕之，何也？

屏山曰：飲食男女，正血氣耳，性何與焉？故飢則思，飽則厭，壯則喜，老則倦，性無變易，豈有此耶？血氣方剛，人能戒之。人不能戒，其去禽獸無幾矣。世有辟穀而齊居者，豈遂喪其性乎？以女子爲難養，故孔子三世而出婦，孟子惡敗而去妻，瞿曇氏去其嬪嬙，而有革囊之喻、蜜刃之説。猶世俗有烝、通之姦，亡國喪家，以殺其身者，踵相接也。仁人君子，忍爲此言乎？烝如烝於齊姜，通如通乎君母。

【七】鬼即無形之人　「鬼」原作「神」，據《近世漢籍叢刊》本、《佛祖歷代通載》本改。

上蔡曰：釋氏以性爲日，以念爲雲。去念見性，猶去雲見日。釋氏之所去，正吾儒之所當事者。釋氏不窮理，以去念爲宗。

屏山曰：佛以妄念翳其真心，故有此喻。真心發光爲正念，名佛出世，誰能去之？故《維摩詰》以貪愛爲母，無明爲父，若去無明與貪愛者，名爲殺父殺母。《首楞嚴》亦謂【八】：「令汝速登解脱，即汝六根，更非他物。」此吾儒之所當事者，但恐未見真心耳，非窮理者不知也。

上蔡曰：吾儒以名利關爲難透，釋氏以聲色關爲難透。

屏山曰：釋氏以生死關爲難透，名利聲色，其猶膚垢耳。

上蔡曰：釋氏指性喻天，故蠢動含靈，與我同性。明道謂：「吾儒雖若與釋氏無異，然而不同。」

屏山曰：凡有血氣之屬，其心識不相遠也。上古神聖之人知之。吾儒與釋氏之道本同，其教不同耳。以其不同，是以同也。程子亦以性爲天，天其有異乎？

上蔡曰：登徒子不好色而有淫行，色出於心，淫出於氣。

屏山曰：既有不好色而淫者，是血氣也，非心也明矣。

上蔡曰：伊川曾問某：「近日事何如？」某對曰：「天下何思何慮？」伊川曰：「是則是有此理，賢却發得太早。」當見得這個事，經時無他念，終有不透脱處。若不得他一句

【八】首楞嚴亦謂　「嚴」原作「言」，據《近世漢籍叢刊》本改。

救拔，便入禪家去矣。聞此語後，二十年不敢道「何思何慮」。

屏山曰：列子學於壺丘子也，三年心不敢念利害，口不敢言是非，始得一盻。六年心更念利害，口更言是非，始得一笑。九年横心所念，更無利害，横口所言，更無是非，始并席而坐。至於口如耳，耳如目，目如鼻，即造乘風之妙。此入道之階也，奈何以少時無他念爲禪乎？

上蔡曰：釋氏與吾儒，須認取精微，有非同非不同處，才有私意，便支離了。

屏山曰：精微之理，無同無異。有支離處，即私意耳。

上蔡曰：釋氏有言：「不怕念起，只怕覺遲。」豈免念起？須識念起時。

屏山曰：此念起時，已變滅矣，須欲識認，其可見乎？學者試思之。

上蔡曰：吾儒下學而上達，窮理之至，自然見道，以我爲天也。佛氏不從理來，故自不信，必待人證明，然後信。吾儒從裏面做，豈有不見？佛氏只從外見之，却不肯入來做，不謂佛氏無見處。

屏山曰：孔子游於方内，溯流而上；老子游於方外，沿流而下。至於瞿曇氏，則無上無下，無内無外，無來無去，亦無見處，大包太虚而有餘，細入微塵而無間，同天同人，非天非人。以其言大有徑庭，故其徒必相訂正，真僞之雜，間不容髮。果有所得，如雙鑑然，非自信也，恐高談自欺，誤學者耳。

上蔡曰：佛之論性，如儒之論心；佛之論心，如儒之論意。循天之理，但是性，不可容些私意，纔有意，便不能與天爲一。

屏山曰：性如水也，心如海也，意如漚也。此天理之自然者，豈不了然？初無同異，漚生漚滅，其如海何？儒佛妙處，皆無私意。

上蔡曰：敬是常惺惺法，心齋是事事放下【九】。其理不同。

屏山曰：見道者，敬即是觀、是慧、是照、是無上菩提，齋則是止、是定、是寂、是大般涅槃，了無差別。如未見道，敬即無明，齋即無記，正孟子之所謂助長與忘，固不同矣。

上蔡曰：釋氏所以不如吾儒，無「義以方外」一節。「義以方外」，便是窮理。釋氏以理爲障礙，然不可謂釋氏無見處，但見了不肯就理。諸公不須尋見處，但且敬以窮理。

屏山曰：佛以八萬四千塵勞煩惱，爲八萬四千清凉解脱法門，豈無「義以方外」一節，以謂理爲障乎？果有所見，事事無礙，無非理也，何所就耶？如無所見，敬以防心可矣，其能窮理乎？學者欲有所見，不必他求。我無所見，即無不見矣。

上蔡曰：古人千言萬語，許多模樣，只要一個「是」字。

屏山曰：古人千言萬語，許多模樣，只没一個「是」字。

上蔡曰：邵堯夫問：「今年雷起甚處？」伊川曰：「起處起。」邵愕然。

【九】心齋是事事放下　「是」字原缺，據《上蔡語録》補。

屏山曰：此正滑頭禪者之葛藤耳。堯夫之《易》數，未可輕也。

上蔡曰：儒異於禪，正在下學矣。

屏山曰：禪同於儒，正在上達處矣，其可不知之乎？

上蔡曰：總老嘗問：「『默而識之』，是識個甚？『無入而不自得』，是得個甚？」

屏山曰：上蔡常記總此語，而無所答，其意欲學者自求之也，今特表而出之。

元城曰：孔子、佛之言，相爲終始。孔子之言：「毋意、毋必、毋固、毋我。」佛之言曰：「無我，無人，無衆生、壽者。」其言次弟，若出一人。但孔子以三綱五常爲道，故色色空空之説，微開其端，令人自得爾。孔子之心，佛心也。假若天下無三綱五常，則禍亂又作，人無噍類矣。豈佛之心乎？故儒、釋、道，其心皆一，門庭施設不同耳。如州縣官不事事，郡縣大亂，禮佛、誦經、坐禪，以爲學佛可乎？

屏山曰：元城之論，固盡善矣，惜哉未嘗見《華嚴》《圓教》之指【一〇】。佛先以五戒十善開人天乘，後以六度萬行行菩薩道，三綱五常，盡在其中矣。故善財五十三參，比丘無數人耳；觀音三十二應，示現宰官、居士、長者等身。豈肯以出世法壞世間法哉？梁武帝造寺、度僧、持戒、捨身，嘗爲達磨所笑。跋摩尊者謂宋文帝：「王者學佛，不同匹夫。省刑罰則民壽，薄税斂則國富。其爲齋戒，不亦大乎？惜一禽之命，輟半日之餐，匹夫之齋戒爾。」此儒者學佛不龜手之藥也。

【一〇】圓教之指　「圓」字原缺，據《近世漢籍叢刊》本補。

元城曰：古今大儒，著論毁佛法者，蓋有説也，且彼尾重則首輕。今爲儒、佛弟子，各主其教，猶鼎足也。今一足失，可乎？則鼎必覆矣。所謂佛法，凡可以言，皆有爲法，有成有敗，物極則反。佛法太盛，不獨爲儒病，亦爲佛法之大禍也。彼世之小儒，不知此理，見前輩或毁佛法，亦從而詆之，以謂佛法皆無足取，非也。士大夫多以禪爲戲，此事乃佛究竟之法，豈可戲而爲一笑之資乎？此亦宜戒。

屏山曰：劉子之言，深中强項書生之病矣。雖然，其父報仇，其子必劫，是亦先儒之過也。聖人之道，無首無尾，過慮尾重而首輕，吾謂不如首尾之相救也。三聖人同出於周，固如鼎足，然偏重且覆，烏可去其一乎？韓子之時，佛法大振，於吾儒初無所損。今少林之傳將絶，而洙泗之道亦如綫矣。脣亡齒寒之憂，可立而待也。悲夫！

元城曰：所謂「禪」一字，於六經中亦有此理。佛易其名，達磨西來，此説大行。佛法到今，果弊矣，只認色相。若渠不來，佛法之滅久矣。又上根聰悟，多喜其説，故其説流通。某之南遷，雖平日於吾儒及老先生得力，然亦不可謂於此事不得力。世間事有大於死生者乎？此事獨一味理會生死，有個見處，則貴賤禍福輕矣。老先生極通曉，但不言耳。蓋此事總繫利害，若常論，則人以爲平生只談佛法，所謂五經者，不能曉生死説矣。故爲儒者不可談，蓋爲孔子地也。又下根之人，謂寂寞枯槁乃是佛法，至於三綱五常，不肯用意。又其下者，泥於報應因果之説，不修人事，政教錯亂，生靈塗炭，其禍蓋不可勝言者【一一】。故某平生何曾言？亦本於老先生之戒也。

屏山曰：元城之説，爲佛者慮盡矣，爲儒者慮似未盡也。佛書精微幽隱之妙，佛者未必盡知，皆儒者發之耳。今已章章然已。或秘而不傳，其合於吾書者，人將謂五經之中初無此理，吾聖人真不知有此事，其利害亦非細也。吾欲盡發其秘，使天下後世，共知六經之中有禪，吾聖人已爲佛也。其爲孔子地，不亦大乎！彼以寂寞枯槁爲佛法，以報應因果廢人事，或至亂天下者，正以儒者不讀其書，爲所欺爾。今儒者盡發其秘，《維摩》敗根之議，破落空之偏見，《般若》施身之戒，攻着相之愚夫，上無蕭衍之禍，下無王縉之惑矣。雖極口而談，著書而辯，其亦可也。學者其熟思之。

元城曰：看經者當知其義，但尋文逐句，即生誹謗。如《法華》云「念彼觀音力，刀尋段段壞」，言其性也。見《楞嚴》。故祖師「將頭迎白刃，如劍斬春風」耳。此理喻人，不致謗佛也【一二】。

屏山曰：劉子誠辯矣。雖然，理中有事，性即是相。吁，叵測也！佛説「不可思議」，思議求之，或未盡善。

元城曰：《繫詞》亦有非孔子之言，如《左傳》穆姜之言元亨利貞之説是也。

屏山曰：歐陽子之遺毒也，學者其吐之，不然，或殺人矣。穆姜雖有此語，孔子删定之，即孔子語也。

【一一】其禍蓋不可勝言者「可」字原缺，據《近世漢籍叢刊》本、《佛祖歷代通載》本補。

【一二】「見楞嚴」至「謗佛也」語本《元城語録》，然多有删略。參見《元城語録解》卷中「先生問曰：吾友亦嘗看佛書乎」一節。

元城曰：温公著論詆釋氏云：「其妙不能出吾書，其誕吾不信也。」某問：「如何是妙？」曰：「無我。千經萬論，只辨一個『我』字。」又問：「如何是誕？」曰：「其言天堂地獄，不足信。」曰：「今王法雖至殺戮，不能已之。惡人苟有不肖之心，自弃其命，何所不可？佛之設此，俾人易惡而向善耳。且鄒衍謂天地之外，如神州赤縣八九。莊子言六合之外，聖人存而不論。凡人耳目所不及，安知其無？」公曰：「吾欲扶教爾。」

屏山曰：元城與司馬君實如父子然，故心術之發，無所有隱。此言固善。雖然，元城之疑未盡，君實之情亦大矯矣。吾聖人六經中皆有此意，昧者弗知耳。必欲扶教，此說其可誕乎？

元城曰：若由中道，則無時不正。釋老之道皆未免入邪。

屏山曰：苟有意於中正，即入於邪矣。惟學道者知之。

卷五

江民表《性説》曰：性無古今，習通今古。唯通於今古，羊舌鮒之賄死，豈一日之積哉？其來有自矣。是以神靈岐嶷，不獨私於黄帝。不通乎故習者，未能究之也。又曰：性如珠在泥，雖未嘗變，如白受色，隨染而化，無有定色。

屏山曰：江子之《性説》，幾於盡矣。諸儒皆莫及也。雖然，當改數字：如珠在泥，未嘗變者，正性也。如白受色，隨染而化，名故習也。白受色則亡其白矣，習可亡也，性可亡乎？

龜山曰：六經不言無心，佛氏言之。佛氏和順於道德，蓋有之矣；理於義，則未也。

屏山曰：「莫謂無心元是道，分明猶隔一重關。」學佛者知之，理於義則未也。誠中擔板禪和之病，豈佛氏之罪耶？

龜山曰：聖人以爲尋常事者，莊周則誇言之，乃禪家呵佛駡祖之類。如《逍遥遊》，乃子思之所謂「無入而不自得」；《養生主》，乃孟子所謂「行其所無事」而已。曲譬廣喻，此張大其説耳。

屏山曰：楊子見處甚高，知禪者有力於佛，即知莊子有力於聖人矣。曲譬廣喻，張大儒者之説，儒者反疾之，何也？

龜山曰：儒佛深處所差杪忽耳。見儒者之道分明，則佛在其下矣。今之學者曰：儒者之道在其下。是不知吾道之大也。爲佛者既不讀儒書，儒者又自小，然則道何由明哉？

屏山曰：儒佛之軒輊者，不唯佛者不讀儒書之過，亦儒者不讀佛書之病也。吾讀《首楞嚴經》，知儒在佛之下；又讀《阿含》等經，知佛似在儒下；至讀《華嚴經》，無佛無儒，無大無小，能佛能儒，能大能小，存泯自在矣。

龜山曰：老子言「禮者，忠信之薄」，是特見後世爲禮者之弊。先王之禮，本諸人心。雖然，老子薄之者，其意欲民還淳反樸，以救一時之弊而已。然天下豈有此理哉？

屏山曰：吾夫子問禮於老聃，豈不知禮哉？爲此言者，欲學者知禮之所自起，將有得之於俯仰磬欬之間，徑造忘言之妙，即無懷氏之境，不難到也。彼西晉之狂人曰「禮豈爲我輩設」者，假老聃之説以爲姦爾。悲夫！

龜山曰：微生高乞醯以與人，孔子不以爲直。《維摩經》云：直心是大道場。儒佛至此，實無二理。

屏山曰：何止佛儒？八荒之表，萬古之下，聖人之門，當自此入。

龜山曰：「知微之顯」，只是戒慎乎其所不睹，恐懼乎其所不聞。有僧自堂，不言而出。或曰：「莫道無語，其聲如雷。」莊子亦曰：「尸居而龍見，淵默而雷聲。」可謂善言者也。

屏山曰：戒慎、恐懼，猶是聖人門外事，此與「予欲無言」相類。

龜山曰：《圓覺經》言：作、止、任、滅，是四病。作，即助長；止，即不芸苗；任、滅，即無事。

屏山曰：不然。作、止，皆助長也；任、滅，皆不芸苗也。「必有事焉而勿正心」，非作非止，非任非滅矣。

龜山曰：總老言：庵摩羅識，唐言「白净無垢」，即孟子之言性善是也；阿賴耶識，唐言「善惡種子」，即善惡已萌處。

屏山曰：白净無垢識，無善惡者；孔子之所謂善，即阿賴耶識矣。

龜山曰：荆公《字説》謂：「性覺真空者，離人。」若離人之天，即頑空也。

屏山曰：荆公謂離妄而真爲真空。龜山謂即妄而真爲真空。予又不然。所謂真空者，非即非離，非妄非真，非空不空。

龜山曰：孟子所謂精粗兼備，其言甚近，而妙義在焉。如龐居士云：「神通并妙用，運水與搬柴。」此自得之言，最爲達理。如許大堯舜，只於行止疾徐之間做了。

屏山曰：龜山在伊川門下，談道窮高妙。此語似少數字，改作：如許大堯舜之道，只於行止疾徐間，不覺底做了。

《安正忘筌》曰：學佛，爲自爲之人耳。學聖人，不唯可以自覺，致君澤民，躋時於太平，其功利之博，與獨善者豈可同日語哉？

屏山曰：大哉此書！伊川之學不及也。其關鍵似方山《合論》，大略以大象爲體，以太極爲心，居皇極爲正位，破後學爲大夢。不墮禍福之中，超於形數之外。上知桓文之假而明王道，下譏楊墨之取而尊聖人。發黃石之秘以救生靈，傳河汾之業以重師友。借老莊之書，文孔子之《易》。探其淵源，其出於瞿曇氏乎？頗知《華嚴》三觀之旨，竊聞曹洞五位之言，自成一家，獨立千古，亦胠篋之雄者乎！掠人之財，猶謂之盜，而况多於財者耶？何其憎主人之甚也。

又曰：象獲碩果，則貫魚之寵，無不利。既不病耳目，又不憊性命。後之人欲求入道者，往往甘心祝髮，以效鈍根。中人以下所爲。憊，敗音。

屏山曰：吾聞聖人達命【一】，次守節，下失節。吾儕非聖人之無欲者，求寡其欲而未能也，敢以多欲爲無害於道乎？

又曰：學道者嗤禮法之家爲華末，不學道者以學道之士爲空無，皆非達士也。蓋由私見，各繫所取而止，不悟一家也。

屏山曰：横浦張九成著《少儀論》，以議佛氏之枯槁，不如聖學之華滋，與此説蓋同。顧豈知毗盧以萬行因華莊嚴佛果？藥山謂：或從冷淡，或放光明，枯木糝花，寒

【一】吾聞聖人達命　「聖人達命」，《左傳》作「聖達節」，此處疑誤。

灰發焰。初學佛者已自知之矣。予復何言？

《安正忘筌》曰：達者露其端，世人宗其説。其在中國者，曰孔子、孟子，又有老子、莊子；其自西域而至者，又有釋氏。在六合之外【二】，蓋不知幾國，莫不各有先達之士爲師，其晦而不顯者，又不知幾人。如韓退之書毛十八翁，先知若神，又非三教。

屏山曰：此論甚奇，古人所未嘗言者。不然，中間自孔孟、老莊以來，一千五百年，豈無一聖人乎？雖然，學道求師，亦須正眼，如毛十八翁輩固多。怪力亂神，夫子不語；素隱行怪，聖人弗爲。季咸之徒，不足貴也。

《安正忘筌》曰：得失之報，冥冥之中，固未必無司之者。聖人尤探其頤，乃略此而不論。惟聖人超形數而用形數，與造物者游，賢者皆未足以超出而免。此姑就所得之報爾，可以爲大戒。又曰：儒釋二家，歸宿相似，設施相遠，故功用全殊。此雖運動樞機財成天地，終不駭異。三靈被德，以彼所長，施於中國，猶軒車適越，冠冕之胡，決非所宜。儒者但當以皇極經世，乃反一無迹，而超數超形，何至甘爲無用之學哉？

屏山曰：論至於此，儒佛之説爲一家。其功用之殊，但或出或處，或嘿或語，便生分別。以爲同異者，何也？至如劉子翬之洞達，張九成之精深，吕伯恭之通融，張敬夫之醇正，朱元晦之峻潔，皆近代之偉人也。想見方寸之地，既虛而明，四通六闢，千變萬化。其知見只以夢幻死生，操履只以塵垢富貴，皆學聖人而未至者。其論佛老也，

【二】在六合之外　「外」，《安正忘筌集·筌蹄》作「内」。

實與而文不與，陽擠而陰助之，蓋有微意存焉。唱千古之絕學，掃末流之塵迹，將行其説於世，政自不得不爾。如胡寅者，詬罵不已，嘻，其甚矣！豈非翻着祖師衣、倒用如來印者耶？語在《駁崇正辯》。吾恐白面書生輩，不知諸老先生之心，借以爲口實，則三聖人之道，幾何不化而爲異端也？伊川之學，今自江東浸淫而北矣。縉紳之士，負高明之資者，皆甘心焉。予亦出入於其中幾三十年，嘗欲箋注其得失而未暇也。今以承乏於秋闈，考經學數十餘日，乘間漫筆於小稿，意者撤藩籬於大方之家，匯淵谷於聖學之海，搜諸子胸中之秘，發此書言外之機。道冠儒履，同入解脱法門；翰墨文章，皆是神通游戲。姑以自洗其心耳。或傳於人，將有怫然而怒，惘然而疑，凝然而思，釋然而悟，啞音厄。然而笑者，必曰：此翁亦可憐矣！

横浦曰：禮以少爲貴者，寂然不動之時也，喜怒哀樂未發之時也，《易》所謂「敬以直内」也，孟子所謂「盡其心」也。釋氏疑近之矣，然止於此而不進，以其乍脱人欲之營營，而入天理之大，其樂無涯，遂謂廓然無物者爲極致。是故以堯、舜、禹、湯、文、武之功業爲塵垢，以父子、君臣、夫婦、長幼之節爲贅疣，以天地、日月、春夏、秋冬爲夢幻。離天人，絶本末，决内外，煢煢無偶，枯槁索寞，無滋潤之氣，如秋冬之時，萬木彫落，無復婆娑蔽蔭之狀。殆將滅五常，絶三綱，有孤高之絶體，無敷榮之大用。此其所以得罪於聖人也。又曰：人有四端，如人之有手足也。若釋氏，則無手足矣，徒有腹心耳。安知運用行止之理哉？

屏山曰：張子之言，以欺儒者可也，頗知佛書者，豈可欺乎？《維摩》譏弟子，比之焦芽敗種；《華嚴》謂定性二乘，退墮無爲廣大深坑，正恐以出世法壞世間法爾。張子豈知世間法即出世間法哉？藥山有言：或枯淡也得，或光明燦爛也得，禪者謂之枯樹糝花，寒灰發焰。彼欲通身是眼，豈兀然無手足乎？釋氏未嘗得罪於聖人，但得罪於俗儒耳。

東萊曰：一固萬也，不待一塵萬境，而後知其一而萬也；萬固一也，不待萬境一塵，而後知其萬而一也。千載一念，一念千載，切意乾竺之學【三】，俱不免近於辭費也。「不生而説生，不滅而現滅。」不生之生，不滅之滅，果固然之理耶？何爲而復加「現」之一辭也？

屏山曰：「參萬歲而一成純」，莊周氏之語也。「生之所生者死矣，而生之者未嘗生」，列禦寇之語也。豈乾竺之書獨云乎哉？如《法界觀》，亦中國書。有理法界，萬固一也。有事法界，一固萬也。有理事無礙法界，一而萬萬而一。有事事無礙法界，一自一而萬，自萬而一，一之中萬萬之一，萬中之一一之萬。如水之一，如漚之萬。水中之漚一而萬，漚中之水萬而一。水即漚也，一自一而萬；漚即水也，萬自萬而一。論至於此，豈非一中之萬萬之一，萬中之一一之萬，寧有周遮之費辭乎？呂子

【三】切意乾竺之學　吕祖謙《答方教授嚴州》作「竊意竺乾之書」。

於其所不知，盍闕如也。

南軒曰：《樂記》謂：「人生而静，天之性。感物而動，性之欲。」性不能不動【四】，未見其不善。好惡無節，則流爲不善矣。譬諸水，泓然而澄者，其本然也。其水不能不流，流，亦其性也。至於因其流，激汩於泥沙，則其濁也。豈其性哉？

屏山曰：張子之言誠辯矣。既知人生而静，天之性，即感物而動，非天之性，特人欲耳。謂不能不動，至流爲不善，則以其性。水既流矣，其能不濁乎？是不知泥沙之所以來，又不知何物之爲泥沙也。惜哉！

南軒曰：天命之全體，流行無間，貫乎古今，通乎萬物者，衆人自昧之。而是理也，何嘗間斷？而聖人盡之，亦非有所增益也。若釋氏之見，則以爲萬法皆吾心所起，是昧乎太極本然之全體，而反爲自利自私，是亦人心而已，非識道心者也。

屏山曰：張子之所謂「天命之全體」，釋氏之所謂「心」也。其言全出於佛老，無毫髮異矣。雖然，疑萬法非心所爲，而歸之太極，是不知太極爲何物。如父出而忘其家，見其子而不識，與劉儀同何異哉？蓋以情識卜度，雖言道心，而不知耳。反謂佛自私於人心，惑矣。

南軒曰：佛學所謂「存心」，與吾儒所謂「存心」，「存」字雖同，而有公私之異。吾學操而存者，收其放，則公理存，故於所當思而未嘗不思也，於所當爲而未嘗不爲也。學佛

【四】性不能不動　「不動」之「不」字原缺，據《近世漢籍叢刊》本及下文「謂不能不動」補。

之所謂「存心」者，無所爲而已矣，於所當思而不知思也。獨憑藉其無所爲者以爲宗，日用間，將「眼前光爍爍地」，弄爲作用耳。目前一切，以爲幻妄，自利自私，不知天故也。

屏山曰：「存」之一字，非唯佛者、儒者不同，儒者之所謂「存」之一字，亦自不同。「操之則存」，乃求放心之謂也。至於「成性存存」，又「存其所當存」者，道義之門也。方其「無思也，無爲也」，則道是已。其「感而遂通天下之故」，則義是已。此莊子所謂「尸居而龍見，淵默而雷聲」，老子所謂「孰能濁以靜之徐清，孰能安以動之徐生」，佛之所謂「清水現前，名爲初伏客塵煩惱；去泥純水，名爲永斷根本無明」。一切變現不爲煩惱，皆合涅槃清静妙法」。《華嚴》：八地菩薩得無生法忍，菩提心、涅槃心、佛心、菩薩心皆不現起，况復起於世間之心？諸佛摩頂而言曰：「善男子，汝適得此一説耳。此諸法之性，若不出世，此法常住，無有變易。諸佛不以得此法故名爲如來，一切二乘，亦能得此無分別法。諸佛有無量法門，佛子當學。」故焦芽敗種，净名所譏；積塵聚塊，冲虚所笑。禪者亦謂「死水不藏龍」，亦欲絶後重蘇耳，張子不知也。祖師以弄精魂爲野狐精，豈以眼前光爍爍地爲日用哉？儻止以枯槌竪拂爲佛法【五】，是以吟哦之輩爲孔子之道也，悲夫！

南軒曰：異端之惑人，未必非賢士大夫。今日異端之害，烈於申韓，蓋以其説有若高且美

【五】儻止以枯槌竪拂爲佛法　「拂」原作「佛」，據《近世漢籍叢刊》本改。

矣，故明敏之士樂從之。唯其近似而非，逐影而迷真，馮虛而捨實，拔本披根，自謂其直指人心，而初未識心也。使其果識其心，則君臣、父子、夫婦，是乃人道之經，而本心之所存也，其忍斷弃之乎？天下之禍，莫大於似是而非。學者有志於學，必也於此一毫而不屑，而後可以得其門而入也。

屏山曰：張子比佛老於申韓，三尺之童亦不信也。意其近似而非爲天下之禍，又豈獨佛老乎？以世間法爲真實，出世間法爲虛妄，學道者當自知之矣，奚待予言？學者有志於學，必也於此一毫不可不辯其所以然，而後可以得其門而入也。雖然，學者內有三疵，外有四孽。何謂三疵？識，鑿之而賊；氣，馮之而亢；才，蕩之而浮。何謂四孽？學，封之而塞；辯，嘩之而疑；文，甘之而狂；名，錮之而死。此七物者，心之奴也。乘其心，則爲寇盜之媒也；叛其道，則爲仇。此其所以蔽而不開，泥而不化，放而不反也。皆物翳於方寸之地，礫然而落，霍然而散，洗然而净，無介然之私，或見其仿佛矣。

晦庵曰：大抵目前所見，只是儱侗底得個大本達道底影像，便執認以爲是了。自覺殊無立脚下工夫處，蓋只見得個直截根源，傾湫倒海，如在洪濤之中，不容少頃停泊，一向如是。故應事接物處，但覺猛利勇敢，增倍於前，而今而後，乃知浩浩大化之中，一家自一個安身立命處。所以立大本、行達道之樞要，所謂「體用一源、顯微無間」者，乃在於此。

屏山曰：朱子之於性學，蓋嘗深體之矣。惜乎未聞佛書之多，而見禪者之少也。方其一向如是，知理而不知有事，知正而不知有偏，知有文殊而不知有普賢也。及其一家，知事而不知有理【六】，知偏而不知有正，知有普賢而不知有文殊也。至於「體用一源、顯微無間」，始知有理有事，有正有偏，有文殊有普賢而已。顧豈知理事無礙、正偏回互、文殊普賢爲一法身哉？至於周遍含融、兼中到位，與善財入法界品、海印三昧、帝網相羅，未嘗夢見，所以未免科分三段，話作兩橛，暗中摸索，止出於情識卜度耳。謂道在於此，談何容易哉？自謂浩浩大化之中安身立命，不覺識浪湛然之頃，已滔天矣，如急流水，苦不自知耳。學者當審思而明辯，各自體之，或信予言之不妄云。

晦庵曰：大抵天下事物之理，無無對者，唯道無對。以形而上下論之，未嘗無對也。或以左右，或以上下，或以前後，或以多寡，或以類而對，或以反而對，反覆推之，天地之間，真無一物兀然無對而孤立者。此程子所以中夜以思，不覺手舞而足蹈也。

屏山曰：惜乎朱子之才，未讀佛書也。《入楞伽經》一百八句皆對待法，豈止上下、前後、左右、多寡哉？此真生死心也。程子未能洗去此心，謂有生則有死，任之以自寬耳，豈道也哉？蓋榮啓期之徒爾。或謂法界中無孤單法，豈程子意歟？是又不然。程子安知有十玄門哉？一入一切，一切入一，亦會歸於一耳。程子求之於二，止謂世

【六】知事而不知有理　前「知」字上原衍一「不」字，據《近世漢籍叢刊》本删。

間法而已。

晦庵曰：有是理則有是氣，氣則無不兩者。故《易》曰：「太極生兩儀。」而老子所謂道先生一，而後一乃生二，其察理亦不精矣。老莊之失，大抵類此。

屏山曰：理一而氣二，太極未有氣也，豈有二哉？吾夫子既謂「太極生兩儀」，「生」之一字，自無而有之言，與老子「一生二」之言，將無同乎？孰察理不精耶？程氏之失，大抵類此。學者當深思之。

晦庵曰：切病近世學者不知聖門實學之根本次弟，而溺於佛老之説，妄意天地萬物、人倫日用之外【七】，別有一物，空虚之妙，不可測度，其心懸懸然，儌倖一見此物，以爲極致，未嘗不墮於此者。

屏山曰：天地萬物、人倫日用，皆形而下者，形而上者，誰之言歟？朱子耄而荒矣。偶忘此言，以爲佛老之説。吾恐夫子之道，亦將掃地矣。雖然，不可不辨。佛之所謂「色即是空」，老子所謂「同謂之玄」者，豈別有一物乎？朱子劃而爲二，是墮於此而不自知耳。

晦庵曰：「中者，天下之大本。」學者於此涵養栽培，亦皆日用分明底事，不必待極力尋究，忽然有感，然後爲得。必若此云，是溺於佛氏之學而已。彼自謂有見，而於四端五典，皆未嘗見，甚者披根拔本，顛倒錯謬，無所不至。夫所謂見者，殆亦用心太過，端的履踐，

【七】人倫日用之外　「用」原作「月」，據《佛祖歷代通載》本、《晦庵集》改。下「屏山曰」之「日用」同。

豈可同日語哉【八】？

屏山曰：水即波也，無風則不名波。中即和也，無感則不名和。吾夫子有言：「無思也，無爲也，寂然不動，感而遂通天下之故。」豈無所感而然耶？朱子知中而不知所以爲中，止於程氏「涵養」之説，既是自披根拔本，瞥見其影像耳。人無真實知見，寧有端的履踐乎？

晦庵曰：性固不能不動，然無所不有。然不能不動，其無所不有者，曷嘗有虧欠哉？釋氏之病，錯認精神魂魄爲性。果能見性，不可謂之「妄見」；既曰「妄見」，不可言性之本空。此等立語未瑩【九】，恐亦是見得未分明也。

屏山曰：性無動靜，亦無虧成。釋氏有語：「學道之人不識真，只爲從來認識神。」豈以精神魂魄爲性哉？不見性空，謂之「妄見」。見性空矣，豈妄見耶？見見之時，見猶非見，豈不分明？恐未分明。朱子之語，并未瑩耳。

晦庵曰：皇極之「無偏無詖」，不以私言有所去就耳。「無作好惡」，不以私意自爲憎愛爾。豈但包容，漫無分別，流於老莊依阿無心之説？

屏山曰：朱子皇極之辯固美矣，謂包容、漫無分別爲老莊依阿無心之説，則疏矣。老子曰：「上德，爲之而無以爲；下德，爲之而有以爲。」莊子曰：「人之君子，天之小人。天之小人，人之君子。」不曰「上仁不仁」，不曰「人之小人、天之君子」，其明

【八】

「夫所謂見者」至「豈可同日語哉」　朱熹《答廖子晦》作「夫所謂見者，殆亦用心太過，意慮泯絶，恍惚之間，瞥見心性之影象耳。與聖門真實知見，端的踐履，徹上徹下，一以貫之之學，豈可同年而語哉？」

【九】

此等立語未瑩　「瑩」原作「塋」，據《近世漢籍叢刊》本改。

白委曲如此，豈漫無分別乎？又曰：「澤及萬世而不爲仁，齏萬物而不爲義。」豈依阿乎？又曰：「禍莫大於德有心，而心有眼。」所謂「無心於無心」者，天之天也；「有心於無心」者，人之天也。如老莊者，豈有心於無心乎？朱子之誣人，亦太厚矣。

晦庵曰：莊子謂：「爲善無近名，爲惡無近刑，緣督以爲經。」「督」者，「中」也。老莊之學，不論義理之當否，但欲依阿於其間，以爲全身避害之計，正程子之所謂「閃姦打訛」者也。「爲善無近名」，語或似是；「爲惡無近刑」，則尤悖理。擇其不至於犯刑者而竊爲之，巧其途以避禍，小人而無忌憚甚矣。子莫執中，但無權耳。老莊則不明義理，專計利害，又非子莫之比。迹其本心，實無異於鄉原，其揣摩精巧，又非鄉原之所及，乃賊德之尤者。王通謂非老莊之罪，吾不知其何説也。

屏山曰：下士聞道，大笑之，如朱子者，幾罵矣。「督」非「中」也，當訓「督」爲「迫」耳。莊子之言曰：「迫而後動，感而後應，不得已而後起。」「當而不自得，過而不悔。」其理然也，雖或以爲善而遠於名，或以爲惡而遠於刑，不以僞喪其眞耳。朱子詬之以鄉原小人，波及王通，吾亦不知其何説耶。

僕與諸君子，生於異代，非元豊、元祐之黨，同爲儒者，無黄冠緇衣之私，所以嘔出肺肝，苦相訂正，止以三聖人之教，不絶如髮，互相矛盾，痛入心骨，欲以區區之力，尚鼎足而不至於顛仆耳。或又挾其衆也，嘩而攻僕，則鼎覆矣，悲夫！雖然，僕非好辯也，恐三聖人之道支離而不合，亦不得已爾。如膚有瘡疣，膏而肉之；地有坑塹，實而土之。豈抉其肉而出其土哉？僕與諸君子不同者，盡在此編矣。此編之外，凡《鳴道集》所載，及諸君子所著《大易》《詩》《書》《中庸》《大學》《春秋》《語》《孟》《孝經》之説，洗人欲而白天理，剗伯業而扶王道，發心學於語言文字之外，索日用於應對灑掃之中【一〇】。治性則以誠爲地，修身則以敬爲門。大道自善而求，聖人自學而至，嗣千古之絶學，立一家之成説。宋之諸儒皆不及也，唐漢諸儒亦不及也，駸駸乎與孟軻氏并駕矣。其論議時有詭激，蓋冥機耳，皆荀卿子之徒歟？此其所以前儒唱之，後儒和之，跂而望之，踵而從之，天下後世將盡歸之，可謂豪傑之士乎！學者有志於道，先讀諸君子之書，始知僕嘗用力乎其中【一一】。如見僕之此編，又以藉口而病諸君子之書，是以瑕而捨玉，以噎而廢食，不惟僕得罪於諸君子，亦非僕所望於學者。吁！

雜説

吾兒時不喜佛老。以學佛者先壞其身，亡其家，敗國常，而爲天下蠹，作《排佛》。又以從老子法，法而野，野而夷，夷而禽獸，作《辯莊》，意者特楊墨之遺説耳。比因閑

【一〇】索日用於應對灑掃之中　「掃」原作「[氵帚]」，據《近世漢籍叢刊》本、《佛祖歷代通載》本改。

【一一】始知僕嘗用力乎其中　「中」原作「心」，據《近世漢籍叢刊》本、《佛祖歷代通載》本改。

居，稍讀西方書所謂《首楞嚴》者，始知天地之所以成壞，人物之所以生死，因果之根源，聖凡之階級，明白徑直，如指諸掌。孔子之所謂「性近而習遠」，亢倉子之所謂「耳視而目聽」，列子之所謂「有生生者」，莊子之所謂「真君存焉」，孟子之所謂「心莫知其鄉」，《周易》之所謂「神寂然不動」，盡在是矣。特不須注解，殊易解也。雖然，聞「歇即菩提，知見無見，斯即涅槃，不歷僧祇獲法身」之言，尚有所惑。又讀《圓覺經》曰「居一切時不起妄念，於諸妄心亦不息滅，住妄想境不加了知，於無了知不辨真實」，「是即名爲隨順覺性，成就一切種智」，「現世即菩薩」之説，則罔象之得玄珠，混沌之鑿一竅，可以立契於嚬伸謦欬之頃。故以證悟了覺爲賊，作止任滅爲病者，《南華》之所謂「禍莫大於德有心而心有眼」，宣父之所以「毋意、毋必、毋固、毋我」也。又讀《維摩詰經》，獨以默然深入不二法門，則冉求之失問、夫子之不答，得於眉睫間矣。猶疑其所謂「非凡夫行，非聖賢行」「不厭生死，不樂涅槃」「一切塵勞煩惱，爲如來種」「衆生心行中，求諸佛解脱」等語。近讀《華嚴經》云「於有爲界示無爲法，亦不破壞有爲之相；於無爲界示有爲法，亦不分別無爲之性」，「不以世間法礙出世間法，不以出世間法壞世間法」，「如來性即菩薩行，菩薩行即如來性」，「念念嚴浄無量世界，而心無所着；念念調伏無數衆生，而無我我所想」，然則固所謂「尸居而龍現，淵默而雷聲」，「體性抱神，以遊世俗之間」，「無思無爲，感而遂通天下之故」者，雖「顯諸仁而藏諸用」，然「洗心，退藏於密，而吉凶與民同患」，蓋以「道之真治身，其緒餘土苴可以治國家天下」。古之欲明明德於天下者，必自正心誠意始。夫帝王之業，皆聖人之餘事爾，况其幺麽者乎？嘗試論之：「實際理地，不受一塵」，文殊之一吹也，如師子王振迅；「萬行門中，不捨一法」，普賢之一噓也，如象王回旋。乃至毗盧着冠，如蓮花在水，合而言之一也，但體用交參，正偏回互耳。是故至别峰，德雲始遇；入三昧，則普眼中昏。逝多林之神變，迦葉尊者定中不見；彌勒閣之莊嚴，善財童子斂念即開。竪説之，則五十五聖位，行布於彈指頃，如海印頓現；横説之，則五十三法門，圓融於一毛頭許，如帝網相羅。杜順禪師立四法界，曰理，曰事，曰理事不二，曰事事無礙，豈非伯陽之所謂「常無常有，同謂之玄。玄之又玄，衆妙之門」，仲尼之所謂道與器、變通與事業邪？論至於此，舉足而入道場，低頭而成佛道。洒掃應對，得君子之傳；飲食日用，知中庸之味。孰爲儒者，孰爲佛者，孰爲老者，又孰能辨之哉？近代李習之，王介甫父子，程正叔兄弟，張子厚，蘇子由，吕吉甫，張天覺，張九成，張栻，吕祖謙，朱熹，劉子翬之徒，心知此説，皆有成書，第畏人嘲劇，未敢顯言耳。或疑其以儒而盗佛，以佛而盗儒，是疑東鄰之井盗西鄰之水，吾兒時之童心也。悲夫！神人以道之真治其身，緒餘土苴可以治國家天下；聖人洗心，退藏於密，而吉凶與民同患。蓋不離於道之神，可以發於兆外變化之聖；大而化之之聖，可以藏於不可知之之神。道家之説，與儒者之言，其相合如左右券，但老莊與孔孟，或出或處耳。彼楊朱者，知神人之先治其身而已，雖拔一毛而利天下，不爲也；墨翟者，知聖人之與民同患而已，雖摩頂放踵以利天下，而亦爲之。觀其爲人，足以疑天下後世；天下後世，亦以此疑之。列禦寇之弟子，遠取楊朱之説，雜置於其書。韓愈氏稱孔墨之師必相用，不相用不足爲孔墨。吁，亦怪矣！吾自讀《金剛經》，可以徑破二家之誤。有道心者，雖胎卵濕化，有想無想，皆滅度之，肯拔一毛以利天下而不爲乎？心未入道，雖初中後日以恒河沙身命布施，亦無益也，而況止於摩頂放踵哉？所謂聖人、神人者，殆亦不可以此爲之也。

吾自讀書，知孟子爲聖人也。孟子曰：「性善。」荀子曰：「性惡。」楊子曰：「善惡混。」韓子曰：「有性有情。」蘇子曰：「有性有才。」歐陽子曰：「性非學者之所急也。」吾從孟子，不得不與諸子辯。荀子曰：「性惡。」荀子果肯爲惡乎？楊子曰：「善惡混。」楊子之爲善也，其爲惡者，果安在乎？韓子曰：「有性有情。」韓子之爲善者，其性乎？其情乎？蘇子曰：「有性有才。」蘇子之才，其非性乎？歐陽子曰：「性非學者之所急也。」歐陽子之學，何等事乎？當孟子之時，固有以食色爲人性者，有以爲有善有不善者，有以爲無善無不善者，有以爲可以爲善可以爲不善者，孟子猶以爲性善。又曰：「乃若其情，則可以爲善矣。」又曰：「若夫爲不善，非才之罪也。」又讀莊子書，謂和理出於性，和理生道德，道德生仁義，仁義生於禮樂。然性善之説愈明。後讀佛書：以真如性爲如來藏，從本以來，唯有過恒沙等諸净功德，一切煩惱染法皆是妄有。性自本無，故曰白净無垢識。爲無明所薰習，一變而爲含藏識，暗然無記，楊子之所謂「善惡混」者；再變而爲執受識，我愛初生，荀子之所謂「惡」者；三變而爲分別意識，好惡交作，韓子之所謂「情」也；四變而爲支離五識，視聽亦具，蘇子之所謂「才」也。學道者復以真如熏習無明，轉四識爲四智，其一曰大圓鏡，其二曰平等性，其三曰妙觀察，其四曰成所作。初無增減，故號爲如來，特人昧其性耳。性何負於人哉？此孔子之所謂「性相近而習相遠」也。「唯上智與下愚不移」，即吾佛所謂阿鞞跋此云不退轉。與闡提，闡提，此云惡人。非了義也。歐陽子平生不喜佛老，而罪學者言性，吾儕豈可爲此翁所欺哉？《繫辭》尚以爲非聖人語，彼何有於佛老云？

吾觀佛者皆談仁義，竟不知何者爲仁，何者爲義。比讀莊周書曰：「古之治道者，以知養恬，以恬養知。」和生於恬，理出於知。德，和也。道，理也。德無不容，仁也；道無不理，義也。然則道德爲仁義之體，仁義爲道德之用。後世人忘其本，止知有仁義而不知有道德，故老子有激而云，逆求其言，蓋欲合仁義於道德而言之也，豈真搥提仁義者哉？彼韓愈氏者，斬然臆斷，以道德爲虛位，以仁義爲定名，欲離仁義於道德而言之也，果誰坐井觀天哉？孔子曰「志於道，據於德」，道德其虛位乎？孟子曰「由仁義行，非行仁義也」，仁義其定名乎？然則韓愈氏亦不知仁義爲何物也。近世二程氏之學，始講明仁義之説，至以仁爲覺者，是知慈惠寬愛不足以盡仁之實，求其意而未得耶。嘗試思之，「盡反其本」而已。莫如莊周之言爲有次序也，方寸之地，本静而明，明而静，故曰：「治道者以恬養知，以知養恬。」恬以致其静，知以致其明。静極則無所於忤，明極則無所於蔽。無所於忤，則無所不受；無所於蔽，則無所不達，故曰：「德，和也。道，理也。」德之字曰仁，道之字曰義，故曰：「德無不容，仁也；道無不理，義也。」其明白徑直也如此。正如學佛者以妙明之心修止觀之法，以止觀之力得定慧之稱，或以慈心定爲悲增菩薩，或以無礙慧爲智增菩薩，悲智圓修，同登大覺。儒者之所謂仁義，老子之所謂道德，盡在其中矣。吁！安得圓機之士共談真仁義哉！

王通以佛爲聖人矣，曰：「其教中國則泥。」蘇轍知佛爲人天師矣，曰：「以之治世則亂。」不可不深爲之辯。是二君子者，知其一而不知其二，見其小而不見其大，傳聞阿羅漢獨覺之法而未嘗聞諸佛菩薩之行，略讀小乘《阿含》等之語而未嘗讀《華嚴》《維摩》之説，徑發此言，良可惜也【一二】！豈非以梁武之事乎，達磨大士既攻其失矣。果如跋摩尊者告宋文帝之言於治中國乎，何有哉？

韓愈作《原道》以排佛老，罪其爲清凈寂滅之説，有裘葛飲食之喻，最爲可笑。不知愈曾見二家之書否？吾知其未嘗讀也。列禦寇之所謂「積塵聚塊，是無爲而非理」，維摩詰之所謂「焦芽敗種，已入無爲正位，不能復發菩提之心」，雖學佛老者，亦知其爲

【一二】徑發此言良可惜也　原作「徑發此言可惜也」，據《近世漢籍叢刊》本乙正。

病也。如《瓔珞經》云：自三賢位，心心寂滅，自然流入妙覺大海。此如來之所以教智首之起萬法明門。《南華經》云：必清必静【一三】，形將自正。此廣成子之所以戒黃帝之所以遂群生也。此其與吾儒「致知格物」「誠意正心」「齊家治國」「明明德於天下」之言，得無同耶？愈之《大學》，恐「致知格物」近於佛老之所云而删去之，獨取「正心誠意」。又不知愈之所謂正與誠者，何如也？不知此説，而以其心之所不喜而私去之，則不正；知此説，而自欺作意而去之，則不誠。自以爲得孔孟之傳，孔孟之爲孔孟，必不爾也。

司馬光《資治通鑑》載韓愈以排佛老爲有力，其所切者，《送文暢序》曰：「鳥俯而啄，仰而四顧【一四】，獸深居而簡出，猶且不脱焉。獨人安居而暇食，寧可不知其所自耶？」其意以爲，非先王之驅虎豹，放龍蛇，服牛乘馬，則人不得安居而飽食矣。是其智與癡子謂米從臼中來之説，無異也。吾將入其室，奪其矛而刺之曰：「鳥俯而啄，仰而四顧，獸深居而簡出，猶且不脱焉。獨人之安居而暇食，寧可不知所自耶？」學者其深思而熟講之，則佛老之學，不可不知也。

司馬光《答韓秉國書》，其大略曰：子之所謂中者，無思無慮，近於佛老之學；光之所謂中者，無過與不及耳。又有服藥之喻，以爲真得中之説。吾竊以此爲甚易辨。子思有言：「喜怒哀樂之未發，謂之中；發而皆中節，謂之和。」如光之所謂中，非中而似和

【一三】「自然流入妙覺大海」至「必清必静」「妙」字下、「清」字前二十三字原缺。明抄本此處天頭注曰：「『妙』字下落一行：覺大海此如來之所以教智首之起萬法明門南華經云必。」據此及《近世漢籍叢刊》本補。

【一四】仰而四顧　「顧」原作「碩」，據《近世漢籍叢刊》本改。

也。中也者，天下之大本；和也者，天下之達道。致中和，則天地位焉，萬物育焉。聖人之言中和如此其大，何光之自許如此其輕也？是光未嘗深讀佛書，亦止以無思無慮爲佛也。八地菩薩得無生法忍，佛心、菩薩心皆不現起，况復起於世間之心？諸佛加護而告之曰：「善男子，汝適得此一法耳。是諸法法性，若佛出世，若不出世，是法常住，無有變易。如來不以得此法故名爲如來，一切二乘，亦能得此無分別法。如來有無量智慧，佛子當學。」故經師云：「一法若有，毗盧墮於塵勞；萬法如無，普賢失其境界。」善乎蘇轍之言也，曰：「中者，佛性之異名；和者，菩薩萬行之總目也。致中和，而天地萬物由之以生。非佛性，何以當之？」此真知中和之説者也，惜乎一出一入焉。

蘇軾作《司馬光墓志》云：「公不喜佛，曰：其精微，大抵不出於吾書；其誕，吾不信。」嗟乎！聰明之障人如此其甚耶！同則以爲出於吾書，異則以爲誕而不信，適足以自障其聰慧而已。聖人之道，其相通也，如有關鑰；其相合也，如有符璽。相距數千萬里如處一室，相繼數千萬世如在一席。故孔子曰：「西方有聖人焉。」莊子曰：「萬世之後，一遇大聖，而知其解者，是旦暮遇之也【一五】。」其精微處，安得不同？列子曰：「古者，神聖之人先會鬼神魑魅，次達八方人民，末聚禽獸蟲螘，備知萬物情態，悉解異類音聲，先其所教訓，無遺逸焉。」何誕之有？孔子遊方之内，故六合之外，存而不論。鄒衍、禦寇、莊周，方外之士，已無所不談矣，顧不如佛書之縷縷也。以非耳目所及，光不敢信。

【一五】是旦暮遇之也　「遇之」原作「之遇」，據《近世漢籍叢刊》本、《莊子·齊物論》乙正。

既非耳目所及，吾敢不信耶？郭璞，日者也，卜年於晉室，若合符券。疑吾佛不能記百千萬之多劫耶？左慈，術士也，變形於魏都，皆同物色。疑吾佛不能示千百億之化身耶？長房壺中之游，人信之矣。不信維摩丈室容八萬座，與納須彌於芥子中之説乎？邯鄲枕上之夢，人信之矣。不信多寶佛寶塔住五千劫耶？度僧伽如彈指頃之説乎？若俱不信，不知光亦嘗夢否？瞑於牀，栩栩少時也，山川聚落，森然可狀，人物器皿，何所不有，俯仰酬酢於其間，自成一世。此特凡夫弟六分離識之所影現者爾。其力如是，況以如來大圓鏡智菩薩之如幻三昧乎？學者當自消息之，毋爲虚名所劫持也。

程顥論學於周敦頤，曰：「道之不明，異端害之也。古之害近而易知，今之害深而難辨。昔之惑人也，乘其愚暗；今之入人也，因其高明。自謂之窮神知化，而不足以開物成務。名爲無不周徧，而其實乖於倫理。雖云窮深極微，而不可以入堯舜之道。天下之學者，非淺陋固滯，則必入於此。」悲夫！諸儒排佛老之言，無如此説之深且痛也。吾讀《周易》，知異端之不足怪；讀《莊子》，知異端之皆可喜；讀《維摩經》，知其非異端也；讀《華嚴經》，始知無異端也。《中庸》曰：「道并行而不相悖。」《周易》曰：「君子之道，或出或處，或默或語」，「殊途而同歸，一致而百慮」。雖有異端，何足怪耶？《莊子》曰：「不見天地之全、古人之大體，道德爲天下裂」，「如耳目口鼻之不相通，楂梨橘柚之不同味」，「雖不足以用天下，可爲天下用」，「恢詭譎怪，道通爲一」。是異端皆可喜者。《維摩經》曰：「諸邪見外道，皆吾侍者。六地菩薩乃能作魔，謗於佛，毁於法，不入衆數，隨六師墮，乃可取食。」然無異端也。《華嚴經》曰：「入法界品，諸善知識阿僧祇數，皆於無量劫海行菩薩道。國王、長者、居士、僧尼、婦人、童女、外道、鬼神、舡師、醫卜與鬻香者，無非法門，若見五十三種。無厭足王之殘忍，婆須蜜女之淫蕩，勝熱仙人之刻苦，聚沙童子之嬉劇，大天之怪異，主夜之幽陰，皆有大解脱門。」此法界中，無復有異端事。道無古今，害豈有深淺哉？但恐迷暗者未必迷暗，高明者自謂高明耳。嘗試論之：三聖人者，同出於周，如日月星辰合於扶桑之上，如江河淮漢匯於尾閭之淵，非偶然也。其心則同，其迹則異，其道則一，其教則三。孔子遊方之内，其防民也深，恐其眩於太高之説則蕩而無所歸，故約之以名教。老子遊方之外，其導世也切，恐其昧於至微之辭則塞而無所入，故示之以真理。不無有少齟齬者，此其徒之所以支離而不合也。吾佛之書既東，則不如此。大包天地而有餘，細入秋毫而無間。假諸夢語，戲此幻人。五戒十善，開人天道於鹿苑之中；四禪八定，達聲聞乘於鷲峰之下。六度萬行，種菩薩之因；三身四智，結如來之果。登正覺於一刹那間，度有情於阿僧祇劫。竪窮三際，横亘十方，轉法輪於彈指頃，出經卷於微塵中。律儀細細，八萬四千；妙覺重重，單復十二。陰補《禮經》、素王之所未制，徑開道學、玄聖之所難言。教之大行，誰不受賜？如游魚之於大海，出没其中；如飛鳥之於太虚，縱横皆是。薰習肌骨如詹蔔香，灌注肝腸如甘露漿。翰墨文章，亦游戲三昧；道冠儒履，皆菩薩道場。諸君之聰慧辨才，亦必有所從來，特以他生之事而忘之耳。况程氏之學，出於佛書，何用故謗傷哉？又字字以誠教人，而自出此語，將以欺人則愚，將以自欺則狂，惜哉！窮性理之説，既至於此，而胸中猶有此物，真病至於膏肓者也夫！

心説上

大哉心之爲物也！强名真宰，而字曰真君。渾渾淪淪，自本自根，天地以之生，鬼帝以之神。絪絪縕縕，萬物化醇；生生化化，精氣游魂。原始反終，知死生之説。死有所乎歸，生有所乎萌，始終相反乎無端，而骨骸歸其根，精神入其門，出於機而入於機，死于此而生于彼。以形相禪，其形化而心與之然，百骸、九竅、六藏，又賅而存。今一犯人之形，而曰人耳。若人之形者，萬化而未始有極，而無損益乎其真也。不離於真，謂之至人。彼至人者，神矣！挾宇宙，旁日月，河漢沍而不寒，金石流而不熱，疾雷破山而不驚。辯士不得惑，善人不得濫，盗賊不得劫。齊古今於交臂，志毁譽於一吷。喜則與造物者爲人，厭則出六極之外，不知死之可惡、生之可悦。雖視聽不用耳目，在八荒之遠，苟有介然之有，唯然之音，而近於眉睫。夫若然者，綽約若處子，肌膚若冰雪，吸風飲露，騎飛龍而游乎四海，乘白雲而至于帝鄉，彼且擇日而登遐，氣母可襲，而天地可挈矣。有此道者，目擊之妙，殆不容聲，可得不可見；思之則徂喬，可傳而不可受；言之則嚙缺，故三問而三不知，四問而四不説也。嗟！此無他爾，或能瞳焉如初生之犢，魄兮如未孩之子，有口如鼻，有眼如耳，形如木槁，心如灰死，光耀至于無無，虚白生于止止，明如不垢之鑑，清如不雜之水，所謂深根固蒂，長生久視，不導引而壽千歲，厭世去而上仙者歟？不出乎吾心而已。

心説下

有物混成，先天地生，又曰太極，是生兩儀。生生而不生，化化而不化，色色而未嘗顯，聲聲而未嘗發，視之不見，聽之不聞，瞻之在前，忽焉在後，故曰：「常無欲以觀其妙，常有欲以觀其徼。此兩者，同出而異名，同謂之玄，玄之又玄，衆妙之門。」又曰：「形而上者謂之道」，「舉而措之天下之民，謂之事業」。及其「神降明出，聖生王成」，不知成之者性，繼之者善也。「失道而後德，失德而後仁。」「仁者見之謂之仁，智者見之謂之智。」雖愚者預有焉，終身由之而不知其道者衆矣。誰能出不由户？譬如飲食，鮮能知味。蓋甚易知，甚易行，特不失其赤子心而已。然操之則存，捨之則亡，出入無時，莫知其鄉。而其熱焦火，其寒凝冰，其疾俯仰之間，再撫四海之外。古人有言：「道心惟微，人心惟危；惟精惟一，允執厥中【一六】。」又言：「喜怒哀樂之未發謂之中，發而中節謂之和。中也者，天下之大本；和也者，天下之達道。」賢者過之，不肖者不及也；智者過

【一六】允執厥中　「中」字後原衍一「者」字，據《近世漢籍叢刊》本删。

之，愚者不及也。夫極高明而道中庸者，體性抱神，以遊世俗之間，寂然不動，感而遂通天下之故。既獨立而不改，周行而不殆。雖所過者化而所存者神，然顯諸仁，藏諸用，鼓萬物而不與聖人同憂，洗心退藏於密而吉凶與民同患。蓋廢心而用形，有人之形，無人之情，毋意、毋必、毋固、毋我，而無己、無功、無名，所謂「無可而無不可，無爲而無不爲」，固有「尸居而龍現，淵默而雷聲」者耶。故無言亦言，無所不言而亦無所言；無知亦知，無所不知而亦無所知。皆顯道神德行耳。以此在下，素王玄聖之道；以此在上，帝王天子之德。此非天地之全，古人之大體與？其塵垢粃糠陶鑄聖人，緒餘土苴以治天下，亦吾心而已矣。

附録

鳴道諸儒姓氏

濂溪周氏　惇頤　茂叔
涑水司馬氏　光　君實
横渠張氏　載　子厚
明道程顥　伯淳
伊川程頤　正叔
上蔡謝氏　良佐　顯道
元城劉　安世　器之
江民表　《心性》二説
龜山楊氏　時中　中立　《安正忘筌論》

（明鈔本卷首）

鳴道遺説

橫浦張氏　九成　子韶
東萊吕氏　祖謙　伯恭
南軒張氏　栻　敬夫
晦庵朱氏　熹　元晦
屏山劉氏　彦冲　子翬　又號復齋，名也
三山林氏　之奇　少潁
建安游氏　酢　定夫
尹氏　焞　彦明
康節邵雍堯夫
邵伯温
止齋陳氏　傅良　君舉　有《鴻儒論道集》
致堂胡氏　寅　《崇正辯》，屏山有《駁崇正辯》

（明鈔本卷首）

諸儒鳴道集總目

濂溪《通書》一卷

涑水《通書》一卷　《無爲贊》貽邢和叔

横渠《正蒙》八卷

横渠《經學理窟》五卷

《二程先生語録》二十七卷

《上蔡先生語録》三卷

《元城先生語録》三卷

《元城譚録》一卷

《元城道護録》一卷

江民表《心性説》一卷

《龜山語録》四卷

《安正忘筌集》十卷

《崇安聖傳論》二卷堯、舜、禹、湯、文、武、周公、孔子、顔子、子思、孟子，凡十一人。

《横浦日新》二卷

（明鈔本卷首）

自序

天地未生之前，聖人在道；天地既生之後，道在聖人。故自生民以來，未有不得道而爲聖人者。伏犧、神農、黄帝之心，見於《大易》，堯、舜、禹、湯、文、武之心，見於《詩》《書》，皆得道之大聖人也。聖人不王，道術將裂。有老子者，遊方之外，恐後世之人塞而無所入，高談天地未生之前，而洗之以道德。有孔子者，遊方之內，恐後世之人眩而無所歸，切論天地既生之後，而封之以仁義。故其言無不有少相齟齬者，雖然，或噓或吹，或挽或推，一首一尾，一東一西，玄聖素王之志，亦皆有所歸矣。其門弟子，恐其不合而遂至於支離也。莊周氏沿流而下，自天人至於聖人；孟軻氏溯流而上，自善人至於神人。如左右券，内聖外王之説備矣。惜夫四聖人殁，列禦寇駁而失真，荀卿子雜而未醇，揚雄、王通氏僭而自聖，韓愈、歐陽氏蕩而爲文，聖人之道如綫而不傳者，一千五百年矣。而浮屠氏之書，從西方來。蓋距中國數千萬里，證之文字，詰曲侏離，重譯而釋之，至言妙理，與吾古聖人之心，魄然而合，顧其徒不能發明其旨趣耳。豈萬古之下、四海之外，聖人之迹，竟不能泯滅耶！諸儒陰取其説，以證吾書。自李翺始，至於近代，王介甫父子倡之於前，蘇子瞻兄弟和之於後，《大易》《詩》《書》《論》《孟》《老》《莊》皆有所解。濂溪、涑水、横渠、伊川之學，踵而興焉，上蔡、元城、龜山、横浦之徒，又從而翼之，東萊、南軒、晦庵之書，蔓衍四出，其言遂大。小生何幸，見諸先生之論議！心知古聖人之不死，大道之將合也，恐將合而又離，箋其未合於古聖人者，曰《鳴道集説》云。

（明鈔本卷首）

耶律楚材序

屏山居士年廿有九，閲《復性書》，知李習之亦廿有九參藥山而退著書，大發感歎，日抵萬松，深攻亟擊，退而著書。會三聖人理性藴奥之妙，要終指歸佛祖而已。江左道學，倡於伊川昆季，和之者十有餘家，涉獵釋老，膚淺一二，著《鳴道集》。食我園椹，不見好音。竊香掩鼻於聖言，助長揠苗於世典，飾游辭稱語録，教禪慧如敬誠，誣謗聖人，聾瞽學者。噫！馮虚氣，任私情，一贊一毁，獨去獨取，其如天下後世何？屏山哀矜，作《鳴道集説》，廓萬世之見聞，正天下之性命。張無盡謂大孔聖者莫如莊周，屏山擴充，渺無涯涘。豈直不畔于名教？其發揮孔聖幽隱不揚之道，將攀附游龍，駸駸乎吾佛所列五乘教中人天乘之俗諦疆隅矣。張無盡又謂小孔聖者莫如孔安國。鳴道諸儒，又自貶屈，附韓歐之隘黨，其計孰愈尊孔聖與釋老鼎峙也耶？諸方宗匠，偕引屏山爲入幕之賓。鳴道諸儒，鑽仰藩垣，莫窺户牖，輒肆謗議，不亦僭乎？余忝歷宗門堂室之奥，懇爲保證，固非師心昧誠之黨，如謂不然，報惟影響耳。屏山臨終，出此書付敬鼎臣曰：「此吾末後把交之作也。子其秘之，當有賞音者。」鼎臣聞余購屏山書，不遠三數百里，徒步之燕，獻的稿於萬松老師，轉致於余。予覽而感泣者累日。昔余嘗見《鳴道集》，甚不平之，欲爲書糾其蕪謬而未暇，豈意屏山先我着鞭？遂爲序引，以針江左書生膏肓之病焉。中原學士大夫有斯疾者，亦可發藥矣。甲午冬十月五日，湛然居士移剌楚才晉卿序。

（明鈔本卷首）

黄溍序

古者立言之君子，皆卓然有所自見，其學術不苟同於衆人，而惟道之是合，故其言足以自成一家，有托以立於不朽。是故聖人没，道術爲天下裂。諸子者出，言人人殊，而要其指歸，未始不合乎道。夫苟合於道矣，而其言有不傳者，未之有也。嗟乎！君子之立言難矣！若屏山先生李公者，其庶幾古之立言者乎？先生諱之純，字純甫，弘州人。金章宗承安間進士，仕至尚書右司都事。資性英邁，天下書無所不讀。其於莊周、列禦寇、左氏、《戰國策》爲尤長，文亦略能似之。三十歲後，遍觀佛書，既而取道學諸家之書讀之，一旦有會於其心，乃合三家爲一，取先儒之説，箋其不相合者，著爲成書，所謂《鳴道集説》也。觀其爲説，前無古人，誠卓然有所自見，學術不苟同於衆人，而惟道之是合者也。遺山元公嘗以「中原豪傑」稱之，謂其「庶幾古者立言之君子」，豈不信哉！嗟乎！立言之難久矣。世之學者知守經以篤信，而不知會通以求道，故有以一人之見而決千載之是非者，鮮不群疑而衆駭之。先生是書，其雄辨偉識，以一人之見決千載之是非者，往往而是。予故竊論其大旨，著于篇端，使讀之者各有以自得焉。至正十七年，歲次丁酉，二月既望，前翰林侍講學士金華黄溍序。

（《近世漢籍叢刊》本卷首）

汪琬序

金尚書右司都事李君純甫，字之純，別自號屏山居士，弘州襄陰人。一云，純甫，其字也。歷官始末，具在《金史・文藝傳》。元裕之所謂「中原豪傑」者，是已。予得其所著《鳴道集説》，讀之，其説根柢性命，而加之以變幻詭譎，大略以堯、舜、禹、湯、文、武之後，道術將裂，故奉老聃、孔子、孟子、莊周洎佛如來爲五聖人，而推老莊、浮屠之言，以爲能合於吾孔孟。又推唐之李習之，宋之王介甫父子、蘇子瞻兄弟，以爲能陰引老莊、浮屠之言以證明吾孔孟諸書，於是發爲雄詞怪辨，委曲疏通其所見，而極其旨趣，則往往歸之於佛。凡宋儒之闢佛者，大肆掊擊，自司馬文正公而下，訖於程朱，無得免者。予始讀之而駭，中讀之而疑，三讀之而歎其説之過也。蓋自唐宋以來，士大夫浸淫釋氏之學，借以附會經傳，粉飾儒術者，間亦有之，然未有從横捭闔，敢於偭聖人之規矩如屏山者。一何衛浮屠如是之誡，而翦吾儒之羽翼如是之嚴！且力與迹其流敝，視荀卿氏之言性惡，墨翟子之論短喪，殆加甚焉。姑弃其書篋，衍而序之如右。其論學者有云：「内有三疵，外有四孽。何謂三疵？識，鑿之而賊；氣，馮之而亢；才，蕩之而浮。何謂四孽？學，封之而塞；辨，嘩之而疑；文，甘之而狂；名，錮之而死。」此則深中學者之病，故録之。按《金史》以「集説」爲「集解」，殆非。是當從黄侍講序爲正，此序今在《王忠文公集》中。

（汪琬《堯峰文鈔》卷二五）

《佛祖歷代通載》録本念常跋

《諸儒鳴道集》二百一十七種之見解，是皆迷真失性，執相循名，起鬥諍之端，結惑業之咎，蓋不達以法性融通者也。屏山居士深明至理，憫其瞽智眼於昏衢，析而論之，以救末學之蔽，使摩詰、棗栢再世，亦無以加矣。姑録一十九篇，附於《通載》之左。

（釋念常《佛祖歷代通載》卷二十）

《宋元學案·屏山鳴道集説略序録》全祖望案語

祖望謹案：關洛陷于完顔，百年不聞學統，其亦可歎也。李屏山之雄文，而溺于異端，敢爲無忌憚之言，盡取涑水以來大儒之書，恣其狂舌，可爲齒冷。然亦不必辯也。略舉其大旨，使後世學者見而嗤之。其時河北之正學且起，不有狂風怪霧，無以見皎日之光明也。述《屏山鳴道集説略》。

（《宋元學案》卷一百）

《宋元學案·屏山鳴道集説略序録》全祖望跋

屏山《鳴道集説》，鈍翁駁之詳矣。偶閱湛然居士所爲序言，其二十九歲閲《復性書》，知李習之亦年二十九歲參藥山而退，因發憤參萬松師著此書。嘻！屏山歷詆諸儒，以恣其説，自我成佛足矣，何必援昔人以自重？習之斷非佞佛者，即或其言間爲未純，不過學之小疵耳。浮屠輩迨爲此説以誣之，而屏山援之以爲例，可爲一笑。

（《宋元學案》卷一百）

《宋元學案補遺·屏山鳴道集説略補遺》馮雲濠案語

雲濠謹案：《直齋書録解題·儒家類·諸儒鳴道集七十二卷》云「不知何人所集，涑水、濂溪、明道、伊川、横渠、元城、上蔡、無垢以及江民表、劉子彝、潘子醇凡十一家，其去取不可曉」，蓋其書本宋人而屏山爲之説云。

（《宋元學案補遺》卷一百）

《宋元學案補遺·屏山鳴道集説略補遺》王梓材案語

梓材謹案：華川謂屏山之文略似莊、列諸書，其言當是也。至謂其學術不苟同于衆人而惟道之是合，恐不足以服諸儒。要之屏山學術之偏陂，當以鈍翁、謝山之説爲定論云。

（《宋元學案補遺》卷一百）

莫伯驥跋

《鳴道集説》一卷。明寫本。金李之純撰。之純號純甫，襄陵人。承安中進士，前後三入翰林。正大末出倅坊州，未赴。改京兆府判官，卒於南京。是書列周、程、張、邵、朱、吕，蔡諸人之説，加以條辨，大旨以佛爲歸，因而力駁孔子之道，滔滔翻瀾，主要不外乎此。至號爲「中國心學」，則李氏之創論也。前有明王禕序，略云：古者立言之君子，皆卓然有所自見，其學術不苟同於衆人，而惟道之是合。故其言足以自成一家，有托以不朽。是故聖人没，道術爲天下裂。諸子者出，言人人殊，然要其旨歸，未始不合乎道。夫苟合乎道矣，而其言有不傳者，未諸有也。先生資識英邁，天下書無不讀，其於莊周、列禦寇、左氏、《戰國策》爲尤長，文亦略能似之。三十歲後遍觀佛書，既而取道學諸書讀之，一旦有會於其心，乃合三家爲一，取先儒之説，箋其不相合者，著爲成書，所謂《鳴道集説》也。遺山元公嘗以「中原豪傑」稱之，謂其庶幾古者立言之君子，豈不信乎！世之學者知守經以篤信，而不知會通以求道，故有以一人之見、而決千載之是非者，鮮不群疑而衆駭之。先生是書，其雄辨閎論，以一人之見，决千載之是非者，往往而是。予故竊論其大旨，著於篇端。

（《五十萬卷樓藏書目録初編》卷十）

瞿鏞《鐵琴銅劍樓藏書目録》提要

《鳴道集説》一卷。舊鈔本。金李純甫撰。案劉祁《歸潛志》：純甫，字之純，號屏山，再入翰林，連知貢舉，好接引士流，一時才士，皆趨嚮之。善屬文，爲金朝一代作家。終京兆府判。或作名之純者，誤。其書列濂溪、涑水、横渠、二程、上蔡、元城、龜山之説，及江民表《心性説》、崇安《聖傳論》、横浦《日新》論而辨之，其説多出入二氏。嘗曰：「自莊周後，惟王績、元結、鄭厚與吾同。」其學可知。所著又有《老子莊子解》《中庸集解》諸書。卷首有「何焯之印」「屺瞻」二朱記。

（瞿鏞《鐵琴銅劍樓藏書目録》卷十六）

《四庫全書總目》提要

《鳴道集説》一卷。《永樂大典》本。舊本題金李之純撰。案元好問《中州集》、劉祁《歸潛志》并云「李純甫，字之純」，則此書當爲李純甫作。《金史·文藝傳》及《大金國志》作「純甫，字之甫」，殆傳寫誤也。純甫，弘州襄陵人，承安中登進士，前後三入翰林。正大末出倅坊州，未赴，改京兆府判官。卒於南京。是書列周、程、張、邵、朱、吕、蔡諸儒之説而條辨之，末附自作文數篇，大旨出於釋氏，殊爲偏駁。《歸潛志》曰：「之純自類其文，凡論性理及關佛老二家者，號内稿，其餘碑志詩賦，號外稿」，「又解《楞嚴》《金剛經》《老子》《莊子》，又有《中庸集解》《鳴道集解》。案「解」字當爲「説」字之訛，今姑仍原本録之。號爲中國心學西方文教，數十萬言。嘗曰：『自莊周後，惟王績、元結、鄭厚與吾。』或談儒釋異同，環而攻之，莫能屈」。又曰「屏山案「屏山」即純甫之號。平日喜佛學，嘗曰：『中國之書不及西方之書。』作《釋迦贊》云：竊吾糟粕，貸吾粃糠。粉澤邱軻，刻畫老莊。嘗論伊川諸儒，雖號深明性理，發明六經聖人心學，實皆竊吾佛書者也。因此大爲諸儒所攻」云云。可謂之無忌憚矣。《中州集》但云「於書無所不窺，而於莊周、列禦寇、左氏、《戰國策》尤長。三十歲後，遍觀佛書，能悉其精微。既而取道學書讀之，著一書，合三家爲一」，猶諱而渾其詞也。（《四庫全書總目》卷一百二十四）

《中州集》小傳

純甫字之純，弘州人。承安□年進士。仕至尚書右司都事。爲舉子日，亦自不碌碌，於書無所不窺，而於莊周、列禦寇、左氏、《戰國策》爲尤長。文亦略能似之。三十歲後遍觀佛書，能悉其精微。既而取道學書讀之，著一書，合三家爲一，就伊川、横渠、晦庵諸人所得者而商略之，毫髪不相貸，且恨不同時與相詰難也。性嗜酒，未嘗一日不飲，亦未嘗一飲不醉。眼花耳熱後，人有發其談端者，隨問隨答，初不置慮。漫者知所以統，窒者知所以通。傾河瀉江，無有窮竭。好賢樂善，雖新進少年遊其門，亦與之爲爾汝交。其不自貴重又如此。迄今論天下士，至之純與雷御史希顔，則以中州豪傑數之。

（元好問《中州集》卷四）

宋濂《諸子辯·莊子》

金李純甫亦能言之士，著《鳴道集説》。以孔孟老莊同稱爲聖人，則其沉溺之習，至今猶未息也。異説之惑人也深矣夫。

（《潛溪後集》卷一）

宋濂《題金諸儒手帖後》

右金諸儒手帖凡一十六紙，麗陽葉史君購於燕南市中。史君命善工裝潢成一巨軸，持示金華宋濂，請一一疏之。……其名純甫者，襄陰李屏山之純也。承安二年經義進士，仕至尚書右司都事。喜談兵，慨然有經世心。章宗南征，兩上疏策其勝負，上奇之。又力探性理及身毒氏學，作一書曰《鳴道集説》。其説甚偏，詆駁伊洛諸儒無寸完，至以老莊二子與孔孟同稱爲聖人。一時名流頗傾下之。晚以其志不遂，日以文酒爲事，嘯歌袒裼，出禮法外。或飲數月不醒，然未嘗廢著書，《孟子》《中庸》《論語》《易》，皆有傳。

（《宋學士文粹輯補》卷五）

彭紹昇《居士傳·李王董鄭胡傳》

李純甫名之純，自號屏山居士，宏州人也。金承安中進士。少負才氣，自比諸葛孔明、王景略。三入翰林，仕至尚書右司都事。中年度其道不行，遂弃官歸。初好列禦寇、莊周之書，年三十後，遍觀佛經，信解猛利。既歸隱，好與諸方老宿遊。亦頗好飲酒，每酒酣，人有問法者，隨機引導，如傾江湖，無有窮竭。於是窒者通，疑者信，莫不洒然以去也。以謂近世儒者，推闡大道，窮性命之歸，其爲功甚鉅。然其論佛，患不深究《華嚴》圓極之宗、理事無礙之旨，徒執小乘教相，斥爲死灰槁木。又不知性真常中本無生滅，輒謂此身死後斷滅，墮於邪見，疑誤後生。因取先儒闢佛語，分章條辨，名曰《鳴道集説》，爲之序曰：自生民以來，未有不得道而爲聖人者。伏羲、神農、黄帝之心，見於《大易》，堯、舜、禹、湯、文、武、周公之道，見於《詩》《書》，皆得道之大聖人也。聖人不王，道術將裂。有老子者，遊方之外，恐後世之人塞而無所入，高談天地未生之前，而洗之以道德。有孔子者，遊方之内，恐後世之人眩而無所歸，切論天地既生之後，而封之以仁義。故其言不無有少相齟齬者。雖然，或吹或噓，或挽或推，一首一尾，一東一西，玄聖素王之志，亦皆有歸矣。其門弟子，恐其不合而遂至於支離也。莊周氏沿流而下，自天人至於聖人；孟軻氏溯流而上，自善人至於神人。如左右券，内聖外王之説備矣。惜夫四聖人没，聖人之道不傳，一千五百年矣。而浮屠氏之書，從西方來，蓋距中國數千萬里，證之文字，至言妙理，與吾聖人之心，魄然而合。豈萬古之下，四海之外，聖人之心，竟不能泯滅耶！諸儒陰取其説，以證吾書。自李翱始，至於近代，王介甫父子倡之，蘇子瞻兄弟和之，《大易》《詩》《書》《論》《孟》《老》《莊》皆有所解。濂溪、涑水、横渠、伊川之學，踵而興焉，上蔡、龜山、元城、横浦之徒，從而翼之，東萊、南軒、晦庵之書蔓衍四出，其言遂大。小生何幸，見諸先生之議論！心知古聖人之不死，大道之將合也，恐將合而又離，箋其未合於古聖人者，曰《鳴道集説》云。純甫既卒，耶律晉卿讀其書，大好之，爲序以行世。又有《楞嚴》《金剛》《老》《莊》《學》《庸》諸解，皆不傳。同時有劉謐者，著《三教平心録》。至明初，建安沈士榮著《續原教論》，其大旨與純甫略同。

（清彭紹昇《居士傳》卷三十五）

遼志

⊙舊題葉隆禮撰
⊙佚　名摘録

點校説明

《遼志》一卷，舊題宋葉隆禮撰（《説郛》宛委山堂本、《古今逸史》本署元葉隆禮）。元佚名摘録。葉隆禮，生卒年不詳，字士則，號漁林，嘉興（今屬浙江）人。宋理宗淳祐七年（一二四七）進士，十年十月由承奉郎官建康府西廳通判，十二年十月除國子監簿。開慶元年（一二五九）十月任兩浙轉運判官，十一月以朝散郎直秘閣，除軍器少監，又以兩浙轉運判官兼知臨安府，轉朝奉大夫。景定元年（一二六〇）除軍器監，兼職如故，後除直寶文閣，知紹興府，不久離任。宋末居袁州（今屬江西），入元不知所終。著有《契丹國志》二十七卷。然書中《進契丹國志表》末題之「淳熙七年三月日，秘書丞臣葉隆禮上表」，則與其生平仕履相悖，故此書多被疑爲元人僞托。（如余嘉錫《四庫提要辯證》）摘録者生平里貫俱不詳。

是書首題「契丹國志二十七卷」，爲《契丹國志》之摘録本，大略以介紹契丹之民族、風俗、制度爲旨，取原書首之「初興本末」，卷二十三之「族姓原始」「國土風俗」「併合部落」「兵馬制度」「建官制度」「宫室制度」「衣服制度」「漁獵時候」「試士科制」，以及卷二十七之「歲時雜記」，撮爲一卷，名曰《遼志》。其中原「國土風俗」一條析爲「國土風俗」「部落」兩條。

是書見於元陶宗儀之《説郛》，《古今逸史》《歷代小史》諸叢書亦有收録。《説郛》版本衆多，體系複雜，目前通行刻本有二——明陶珽重校一百二十卷本（宛委山堂本，今見有日本早稻田大學藏本、上海古籍出版社《説郛三種》本，另有國家圖書館藏殘本几種）與民國張宗祥校訂百卷本（涵芬樓本，今見有中國書店一九八六年據涵芬樓一九二七年影印本、上海古籍出版社《説郛三種》本）；殘本則見有鈕氏世學樓鈔本（鈐有「會稽鈕氏世學樓圖籍」「稽瑞樓」「何焯之印」印，善本書號：02408）、涵芬樓藏明鈔本（鈐有「涵芬樓」「海鹽張元濟經收」印，善本書號：07557）、滹南書社鈔本（善本書號：A00485）、借樹山房藏明鈔本（鈐有「借樹山房」印，善本書號：A01507）。諸本中，《遼志》見於宛委山堂本卷五十五、涵芬樓本卷八十六、鈕氏世學樓鈔本卷八十六、借樹山房藏明鈔本（未標卷次）。本次點校以《説郛》涵芬樓本爲底本，校以《古今逸史》本、《歷代小史》本、《説郛》宛委山堂本、鈕氏世學樓鈔本、借樹山房藏明鈔本。諸本并有錯訛處，參諸史志等加以校訂。

本末

契丹之始也，中國簡册有所不載。遠夷草昧，復無書可考，其年代不可得而詳也。本其風物，地有二水。曰「地乜里没里」，復名「陶猥思没里」者【一】，是其一也。其源出自中京西馬盂山，東北流，華言所謂「土河」是也。曰「裊羅個没里」，復名「女古没里」者，又其一也。源出饒州西南平地松林，直東流，華言所謂「潢河」是也。至木葉山，合流爲一。古昔相傳，有男子乘白馬浮土河而下，復有一婦人乘小車駕灰色之牛浮潢河而下，遇於木葉山【二】，顧合流之水，與爲夫婦。此其始祖也。是生八子，各居分地，號八部落。一曰祖皆利部，二曰乙室語部，三曰實活部，四曰納尾部，五曰頻没部，六曰内會鷄部，七曰某解部，八曰奚嗢部。立遺像於木葉山，後人祭之必刑白馬、殺灰牛，用其始來之物也。後有一主，號曰「迺呵」，此主特一髑髏，在穹廬中，覆之以氈，人不得見。國有大事，則殺白馬、灰牛以祭，始變人形出視，事已即入穹廬中，復爲髑髏。因國人竊視之，失其所在。復有一主，號曰「喎呵」，戴野猪頭，披野猪皮，居穹廬中。有事則出，退復隱入穹廬如故。後因其妻竊其猪皮，遂失其夫，莫知所如。次復又一主，號曰「晝里昏呵」，唯養羊二十口，日食十九，留其一焉，次日復有二十口如之【三】。是三主者，皆有治國之能名焉，餘無足稱。異矣哉！氈中枯骨化形治事，戴猪首、服豕皮，罔測所終。當其

校勘記

【一】復名陶猥思没里者　「思」原作「里」，據諸本改。

【二】遇於木葉山　「山」字上原衍一「之」字，據諸本删。

【三】次日復有二十口如之　「有」字原缺，據諸本補。

隱入穹廬之時【四】，不知其孰爲之主也，孰爲之副貳也。荒唐怪誕，訛以傳訛，遂爲口實，其詳亦不可得而詰也。自時厥後，牛馬死損，詞訟厖淹，復遭風雨霜雪之害，中遂衰微。八部大人後復稍整兵，三年一會，於各部内選雄勇有謀略者，立之爲主。舊主退位，例以爲常。至阿保機爲衆所立後，併七部而滅之，契丹始立。其國大原興自阿保機，至耶律德光而寖張。遭五季之衰，天未厭亂，石郎胎釁，産禍諸華，毒痡四海，飛揚跋扈，貪殘僭擬，中國帝王名數，盡盜有之，冠履倒植，薰蕕共染，干戈之慘極矣。迨宋真宗屈己和戎，不復以一矢相加遺，含容覆護，百有餘年。聖、興、道三主以來，天誘其衷，革心慕義，貪婪歲幣，顧惜盟好，銷鋒寢柝【五】，號稱無事，南北皆不知兵，各保首領以没，兹非以德懷遠之明效歟！嗟夫！宋列聖之德，可謂至哉！若遼之威服諸夷，奄有全燕，何其强也！天祚昏孱，女真生心，深入一呼，土崩瓦裂，何其弱也！且夫兵者，不祥之器也。天道好還，盛極而微，理固然也。故其興也勃焉，其亡也忽焉。悲夫！今摭舊聞，裒其本末，雖未能考其異而訂其同，要之大略，甚不相遠，後之英主忠臣，志欲溯今泂古，可以鑑矣。

【四】當其隱入穹廬之時　「其」字原缺，據諸本補。

【五】銷鋒寢柝　「鋒」原作「烽」，據諸本改。

族姓原始

契丹都部族，本無姓氏，惟各以其所居地名呼之。婚嫁不拘地里，至阿保機變家爲國之後，始以王族號爲横帳，仍以所居之地名曰世里著姓。世里者，上京東二百里地名也【六】。復賜后族姓曰蕭氏。番法，王族惟與后族通婚，更不限以尊卑。其王族、后族二部落之家，若不奉北主之命，皆不得與諸部族之人通婚。或諸部族私相婚嫁，不拘此限。故北番惟耶律、蕭氏二姓也。

國土風俗

契丹國在庫莫奚東，唐所謂黑水靺鞨者，今其地也。有七十二部落，不相統制，好爲寇盜。父母死而悲哭者，以爲不旺，但以其尸置於山樹上，經三年後，方取其骨而焚之。因酹酒而祝曰：「冬月時面陽食，我若射獵時，使我多得猪鹿【七】。」其無禮頑嚚，於諸夷最甚。其風俗與奚、靺鞨頗同。至阿保機，稍併服諸小國而多用漢人【八】。漢人又教之以隸書，半增損之，作文字數千，以代刻木之約。又制婚嫁，置官號，稱皇帝。

部落

漢時爲匈奴所破，保鮮卑山。魏青龍中，部酋爲王雄所殺，衆遂逃潢水之南【九】、黄龍之北。至元魏，自號曰契丹。在唐開元天寶間，使朝獻者無慮二十。故事，以范陽節度爲押奚、契丹使。至唐末，契丹始盛。

【六】上京東二百里地名也　「東」字原缺，據諸本補。

【七】冬月時面陽食我若射獵時使我多得猪鹿　《說郛》借樹山房藏明鈔本作「夏時向陽食，冬時向陰食。使我射獵，多得猪鹿」。

【八】稍併服諸小國而多用漢人　「多」字原缺，據諸本補。

【九】衆遂逃潢水之南　「潢」原作「横」，據《說郛》借樹山房藏明鈔本、鈕氏世學樓鈔本改。

併合部落

初，契丹有八部【一〇】，族之大者曰大賀氏，後分爲八部，部之長號「大人」，而常推一人爲王。建旗鼓以統八部，每三年則以次相代。或其部有灾疾而畜牧衰耗，則八部聚議，以旗鼓立其次而代之。被代者以爲元約如此，不敢争。及阿保機，乃曰「中國之王無代主者」，由是阿保機益以威制諸國，不肯代。其立九年，諸部共責誚之。阿保機不得已，傳其旗鼓，而謂諸部曰：「吾立九年，所得漢人多矣。吾欲别自立一部，以治漢城，可乎？」諸部許之。漢城在炭山東南灤河上，有鹽鐵之利，乃後魏滑鹽縣是也。其地可植五穀，阿保機率漢人耕種，爲治城郭、邑屋、廛市，如幽州制。漢人安之，不復思歸。阿保機知衆可用，用其妻述律策，使人告諸部大人曰：「我有鹽鐵之利，諸部所食。然諸部知食鹽之利，而不知有鹽主人，可乎？當來犒我。」諸部以爲然。後共以牛酒會鹽池。阿保機伏兵其旁，俟其酒酣，伏兵發，盡殺諸部大人，復併爲一國。東北諸夷皆畏服之。

兵馬制度

晉末，契丹主部下謂之大帳，有皮室兵約三萬騎人，皆精甲也，爲其爪牙。國母述律氏部下謂之屬珊【一一】，有衆二萬。是先，戎主阿保機牙將半已老矣【一二】，每南來

【一〇】契丹有八部　「八」字原缺，據諸本補。

【一一】國母述律氏部下謂之屬珊　「珊」原作「堋」，《説郛》鈕氏世學樓鈔本作「𤥽」，據《宋史·宋琪傳》《遼史·兵衛志》《契丹國志》及《李内貞墓志》等出土墓志改。

【一二】戎主阿保機牙將半已老矣　「主」原作「王」，「半已」二字原作「老」，據諸本改。

【一三】每南來時　原作「每東南來時」，據諸本改。

時【一三】，量分借得三五千騎。述律常留數百兵，爲部落根本。其諸大酋領太子、偉王、永康、南北王、于越【一四】、麻答、五押等，大者千餘騎，次者數百人，皆私甲也。別族則有奚、霫等，勝兵亦千餘人，人少馬多。又有渤海酋領大舍利高模漢兵，步騎萬餘人，并髡髪左衽，竊爲契丹之飾。復有近界韃靼、於厥里、室韋、女真、党項，亦被脅屬，每部不過千餘騎。其三部落，吐渾、沙陀，洎幽州管内、雁門以北千百餘軍【一五】、州部落漢兵，合三五萬餘衆，此是石晉割賂契丹之地。番漢諸族，其數可見矣。每契丹南侵，其數不啻十萬。國主入界之時，步騎甲帳不從阡陌，東行一概而行【一六】。大帳前及東西面，差大首領三人，各率萬騎，支散游奕，百十里内，交相覘邏，謂之欄子馬。戎主吹角爲號，衆則頓合【一七】，環繞穹廬，以近及遠。折木稍屈之爲弓。駐頓不設槍營塹柵之備【一八】。每軍行，聽鼓三伐，不問昏晝，一布便來行。未逢大敵【一九】，不乘戰馬。俟近敵師，即競乘之所，以新羈戰馬，蹄有餘力。其用軍之術，成列而不戰，俟退而乘之，多伏兵，斷糧道，隨冒夜舉火，上風曳柴，積餉自齎，退敗無耻，散而復聚，寒而益堅，此其所長也。

建官制度

賤他姓，貴耶律、蕭氏二姓。其官，有契丹樞密院及行官都總管司，謂之北面，以其在牙帳之北，以主蕃事。又有漢人樞密院、中書省、行官都總管司，謂之南面，以其在牙帳之

【一四】于越　原作「子趙」，據《説郛》鈕氏世學樓鈔本、借樹山房藏明鈔本改。

【一五】雁門以北千百餘軍　「千百餘」，《宋史·宋琪傳》《契丹國志》作「十餘」。

【一六】東行一概而行　《説郛》借樹山房藏明鈔本作「一概横行」，《宋史·宋琪傳》作「東西一概而行」。

【一七】衆則頓合　「頓合」，《説郛》鈕氏世學樓鈔本、《宋史·宋琪傳》《遼史·兵衛志一》作「頓舍」。

【一八】駐頓不設槍營塹柵之備　「駐頓」原作「子輔」，據《説郛》借樹山房藏明鈔本改。《宋史·宋琪傳》《遼史·兵衛志一》作「子鋪」。

【一九】未逢大敵　「未」字原缺，據《説郛》借樹山房藏明鈔本補。

南，以主漢事。其惕隱【二〇】，宗正寺也。夷離畢，參知政事也。林牙，翰林學士也。夷離巾【二一】，刺史也。内外官多效中國者。其下佐吏，則有敝史【二二】、本古思奴古、都奴古、徒奴古。分領兵馬，則有統軍、侍衛、控鶴司，南王、北王，奚王府五帳分，提失哥、東西都省太師兵。又有國舅、軩轄、遥輦、裳衮諸司，南北皮室，二十部族節度，頻必里、九克、漢人、渤海、女真五節度，五治火師【二三】，一百、六百、九百家奚【二四】。凡民年十五以上、五十以下，皆籍爲兵。將舉兵，必殺灰牛、白馬，祠天地及木葉山神。鑄金魚符，調發兵馬，其從馬及傳命，有銀牌二百。軍所舍，有遠探欄子馬，以夜聽人馬之聲。每其主立【二五】，衆所得人户、馬牛、金帛及其下所獻生口或犯罪没入者，别爲行宫領之，建州縣，置官屬。既死，則設大穹廬，鑄金爲像，朔望節辰忌日輒致祭，築臺高丈餘，以盆焚食，謂之燒飯。

宫室制度

十宫各有門户，出兵馬，阿保機曰洪義宫，德光曰永興宫，兀欲曰積慶宫，述律曰延昌宫，明記曰章敏宫，突欲曰長寧宫，燕燕曰崇德宫，隆緒曰興聖宫，隆慶曰敦睦宫，隆運曰文忠宫。王府又有四樓，在上京者曰西樓，木葉山曰南樓，龍化州曰東樓，唐州曰北樓。凡受册，積柴升其上，大會蕃夷其下，已【二六】，乃燔柴告天，而漢人不得預。有諢子部百

【二〇】其惕隱　「惕」原作「陽」，據《説郛》鈕氏世學樓鈔本改。

【二一】夷離巾　「巾」原作「中」，據《説郛》鈕氏世學樓鈔本、借樹山房藏明鈔本改。

【二二】則有敝史　「敝史」，《遼志》多見，均作「敞史」。

【二三】五治火師　《説郛》鈕氏世學樓鈔本作「五治大師」，借樹山房藏明鈔本作「五治太師」。

【二四】九百家奚　「奚」原作「矣」，據《説郛》鈕氏世學樓鈔本、借樹山房藏明鈔本改。

【二五】每其主立　「主」字原缺，據《説郛》鈕氏世學樓鈔本補。

【二六】已　「已」字原缺，據諸本補。

人，夜以五十人番直，四鼓將盡，歌於帳前，號曰「聒帳」。每謁木葉山，即射柳枝，諢子唱番歌前導，彈胡琴和之，已事而罷。

衣服制度

國母與番官胡服，國主與漢官即漢服。番官戴氈冠，上以金花爲飾，或以珠玉翠毛，蓋漢魏時遼人步摇冠之遺像也。額後重金花織成夾帶，中貯髮一總。服紫窄袍，加繫鞊鞢帶，以黄紅色絛裹革爲之，用金玉、水晶、碧石綴飾。又有紗冠，制如烏紗帽，無檐，不撤雙耳【二七】。額前綴金花，上結紫帶，末綴珠。或紫皂幅巾，紫皂窄袍，束帶。丈夫或緑中單，緑花窄袍，中單多紅緑色。貴者被貂毛，以紫黑色爲貴，青色爲次。又有銀鼠，尤潔白。賤者被貂毛、羊、鼠、沙狐裘。弓以皮爲弦，箭削樺爲簳，韉勒輕快，便於馳走。以貂鼠或鵝項、鴨頭爲捍腰。宋真宗景德中，太常博士王曙、户部員外郎李雍往賀國主生辰，還，言國主見漢使，强服衣冠，事已，即帳中雜番騎出郊射獵矣【二八】。

漁獵時候

每歲正月上旬，出行射獵，凡六十日。然後并撻魯河鑿冰釣魚，冰泮即縱鷹鶻以捕鵝雁。夏居炭山或上京避暑。七月上旬，復入山射鹿。夜半，令獵人吹角效鹿鳴，鹿既集而

【二七】不撤雙耳　「撤」，諸本或作「撒」，《契丹國志》《遼史·儀衛志二》作「擻」。「耳」原作「馬」，據諸本改。

【二八】即帳中雜番騎出郊射獵矣　「帳中」，《契丹國志》作「幅巾」。

射之。宋真宗時，晁迥往賀生辰，還，言始至長泊，泊多野鵝鴨，國主射獵，令帳下騎擊扁鼓繞泊，驚鵝鴨飛起，乃縱海東青擊之【二九】，或親射焉。國主皆佩金玉錐，號殺鵝宰鴨錐。每初獲，即拔毛插之，以鼓爲坐，遂縱飲酒醉，以此爲樂。又好以銅及石爲槌，以擊兔。每秋則衣氈裘，呼鹿射之。夏月以布易氈帳，藉毯圍棋、雙陸，或深澗洗鷹。

試士科制

太祖龍興朔漠之區，倥偬干戈，未有科目。數世後，承平日久，始有開闢。制限以三歲，有鄉、府、省三試之設。鄉中曰鄉薦，府中曰甲府解，省中曰及第。時有秀才未愿赴者，州縣必報刷遣之【三〇】。程文分兩科，曰詩賦，曰經義，魁各名分焉。三歲一試進士，貢院以二寸紙書及第者姓名給之，號「喜帖」。明日舉案而出，樂作，及門，擊鼓十二面，以法雷震。殿試，臨期取旨。又將第一人特贈一官，授奉直大夫、翰林應奉文字。第二人、第三人，止授從事郎。餘并授從事郎。聖宗時，止以詞賦、法律取士，詞賦爲正科，法律爲雜科。若夫任子之令，不論文武并奏，蔭亦有員數。

【二九】乃縱海東青擊之　「青」字原缺，據諸本補。

【三〇】州縣必報刷遣之　「報」，《說郛》借樹山房藏明鈔本作「根」。「遣」原作「遺」，據《說郛》鈕氏世學樓鈔本、借樹山房藏明鈔本改。

歲時雜記

正旦

正月一日，國主以糯米飯、白羊髓相和爲團，如拳大，於逐帳内各散四十九個。候五更三點，國主等各於本帳内窗中擲米團在帳外。如得雙數，當夜動番樂飲宴；如得隻數，更不作樂，便令師巫十二人外邊繞帳，撼鈴執箭喝叫，於帳内諸火爐内爆鹽，并燒地拍鼠，謂之「驚鬼祟」。帳人第七日方出，乃解禳之法。北呼此謂之「妳担離」【三二】。漢人譯云：「妳」是「丁」，「担離」是「日」。

立春

立春日，婦人進新春書，以黄繒爲幟，刻龍像銜之，或爲蝦蟆。

人日

人日，京都人食煎餠於庭中，俗云「薰天」，未知所從出也。

中和

二月一日，大族姓蕭者，并請耶律姓者，於本家筵席。此節爲「瞎里尀」。漢人譯云：「瞎里」是「請」，「尀」是「時」。

【三二】北呼此謂之妳担離　「担」，《契丹國志》《遼史·禮志下·嘉儀下·歲時雜儀》作「揑」。下「担離」同。

上巳

三月三日，國人以木雕爲兔，分兩朋，走馬射之。先中者勝，其負者下馬，跪奉勝朋人酒，勝朋於馬上接杯飲之。北呼此節爲「淘里化」。漢人譯云：「淘里」是「兔」，「化」是「射」。

佛誕日

四月八日，京府及諸州縣，各用木雕悉達太子一尊，城上舁行，放僧尼、道士、庶民行城一日爲樂。

端午

五月五日午時，采艾葉與綿相和，絮衣七事，國主著之，蕃漢臣僚各賜艾衣三事。國主及臣僚飲宴，渤海厨子進艾糕，各點大黄湯下。北呼此節爲「討賽離」。又以雜絲或綫結合歡索，纏於臂膊。婦人進長命縷，宛轉皆爲人像帶之。

朝節

夏至日，婦人進扇及脂粉囊，謂之「朝節」。

三伏

六月十八日，大族耶律姓，并請蕭姓者。亦名「瞎里𠯈」。

中元

七月十三日夜，國主離行宫，向西三十里卓帳。先於彼處造酒食，至十四日，一應隨從諸軍并隨部落動蕃樂，設宴至暮，國主却歸行宫，謂之「迎節」。十五日，動漢樂，大宴。十六日早，却往西方，令隨行軍兵大喊三聲，謂之「送節」【三二】。此節謂「賽離拾」。漢人譯云：「賽離」是「月」，「拾」是「好」，是「月好」也。

中秋

八月八日，國主殺白犬於寢帳前七步，埋其頭，露其嘴。後七日，移寢帳於埋狗頭上。北呼此節爲「担褐妳」。漢人譯云：「担褐」是「狗」，「妳」是「頭」。

重九

九月九日，國主打團斗射虎【三三】，少者輸重九一筵席。射罷，於地高處卓帳，與蕃漢臣登高，飲菊花酒，出兔肝，切以生鹿舌拌食之。北呼此節爲「必里遲離」。漢人譯云：九月九日也。又以茱萸研酒灑門户間辟惡，亦有入鹽少許而飲之者。又云男摘二九粒，女摘一九粒，以酒咽之，大能辟惡也。

小春

十月内，五京進紙造小衣甲并鎗刀器械各一萬副。十五日一時進垛【三四】，國主與押蕃臣僚望木葉山，奠酒，拜，用番字書狀一紙同焚燒，奏木葉山神，云「寄庫」。北呼此

【三二】謂之送節　「送」原作「迎」，據《説郛》鈕氏世學樓鈔本、借樹山房藏明鈔本改。

【三三】國主打團斗射虎　「團」，《燕北雜記》作「圍」。

【三四】十五日一時進垛　「進」，《契丹國志》作「推」。

時爲「戴辣」【三五】。漢人譯云：「戴」是「燒」，「辣」是「甲」。

冬至

冬至日，國人殺白羊、白馬、白雁，各取其生血和酒。國主北望拜黑山，奠祭山神。言契丹死，魂爲黑山神所管。又彼人傳云：凡死人，悉屬此山神所管，富民亦然。契丹黑山，如中國之岱宗。云：北人死，魂皆歸此山。每歲，五京進人馬紙甲各萬餘事，祭山而焚之。其禮甚嚴，非祭不敢近山。

臘月

臘月，國主帶甲戎裝，應番漢臣諸司使已上并戎裝，五更三點坐朝，動樂飲酒罷，各等第賜御甲、羊馬。北呼此節爲「抄離尀」。漢人譯云：「抄離」是「戰」，「尀」是「時」，是「戰時」也。

治盗

正月十三日【三六】，放國人做賊三日，如盗及千貫以上，依法行遣。北呼爲「鶻里尀」。漢人譯云：「鶻里」是「偷」，「尀」是「時」也。

行軍

契丹行軍不擇日，用艾和馬糞，於白羊琵琶骨上炙。破，便出行；不破，即不出。

【三五】北呼此時爲戴辣　「辣」原作「辨」，據《説郛》鈕氏世學樓鈔本、借樹山房藏明鈔本改。下「辣」同。

【三六】正月十三日　「正」原作「五」，據《説郛》鈕氏世學樓鈔本、借樹山房藏明鈔本改。

午日

契丹出軍，每遇午日起行。如不用兵，亦須排辦，望西大喊三聲。彼言午是北朝大王之日。

旋風

契丹人見旋風，合眼，用鞭望空打四十九下，口中道「坤不刻」七聲。

舍利

契丹國内，富豪民要裹頭巾者，納牛、駝十頭，馬百匹，并給契丹名目，謂之「舍利」。

跪拜

凡男女，跪拜皆同。其一足跪，一足着地，以手動爲節，數止於三四。彼言「捏骨地」者，即「跪」也。

長白山

長白山在冷山東南千餘里，蓋白衣觀音所居。其山内，禽獸皆白，人不敢入，恐穢其間，以致蛇虺之害。黑水發源於此，舊云粟末河【三七】，太宗破晉，改爲混同江。其俗刳木爲舟，長可八尺，形如梭子，曰「梭船」。上施一槳，止以捕魚。至渡車，則方舟或三舟。

【三七】舊云粟末河　「粟」原作「栗」，據《説郛》鈕氏世學樓鈔本、借樹山房藏明鈔本改。

澤蒲

西樓有蒲，瀕水叢生，一莖如柳，長不盈尋丈，用以作箭，不矯揉而堅。左氏所謂「董澤之蒲」是也。

回鶻豆

回鶻豆，高二尺許，直幹有葉，無旁枝。角長二寸，每角止兩豆，一根纔六七角。色黄，味如粟。

螃蟹

渤海螃蟹，紅色，大如碗，螯巨而厚，其跪如中國蟹螯【三八】。岩舉【三九】、鮀魚之屬，皆有之。

【三八】其跪如中國蟹螯　「跪」原作「脆」，據《契丹國志》改。

【三九】岩舉　《契丹國志》作「石鱟」。

金國志

⊙舊題宇文懋昭撰
⊙佚　名摘録

點校説明

《金國志》一卷，舊題宋宇文懋昭撰（《説郛》宛委山堂本、《古今逸史》本署元宇文懋昭）。元佚名摘録。宇文懋昭，生卒年不詳，著有《大金國志》四十卷。據其《經進大金國志表》，知原爲金人，後降宋，於端平元年（一二三四）任宋承事郎、工部架閣，餘無考。然據四庫館臣、李慈銘、余嘉錫之考證，《大金國志》實爲僞托之作，當作於宋元之間，其撰人名氏亦不得而知。摘録者生平里貫俱無考。

是書書目下題「金國志四十卷」，實爲《大金國志》之摘録本，一卷。其摘録旨趣與《遼志》略同，唯在觀金之初興本末、服制、宗教、習俗等，乃節録《大金國志》卷首之「初興本末」及卷三十四、三十六、三十九之部分條目撮爲一卷，題曰《金國志》。所録與今本《大金國志》稍有異，可資參證，亦可補《金史》之闕。

是書見於《説郛》、《古今逸史》《歷代小史》諸叢書皆有收録。《説郛》諸版本中，《金國志》（或署《金志》《大金國志》）見於涵芬樓本卷八十六、宛委山堂本卷五十五、鈕氏世學樓鈔本卷八十六、借樹山房藏明鈔本（未標卷次）。本次點校以《説郛》涵芬樓本爲底本，校以其他各本，并參考今人整理本《大金國志》及《金史》。

初興本末

金國本名朱里真，番語舌音訛爲女真，或曰慮真，避契丹興宗名，又曰女直，肅慎氏遺種，渤海之别族也。或曰三韓辰之後，拏氏【二】，於北地中最微且賤。唐貞觀中，靺鞨來中國，始聞女真之名。世居混同江之東，長白山下。其山乃鴨緑水源，南鄰高麗，北接室韋，西界渤海鐵離，東瀕海。《三國志》所謂「挹婁」，元魏所謂「勿吉」，唐所謂「黑水靺鞨」者，今其地也。其屬分六部。有黑水部，即今之女真。其水掬之則色微黑，契丹目爲混同江，深二十丈餘，狹處可六七十步，闊者至百步。居江之南者，謂之「熟女真」，以其屬服契丹也。江之北者，謂之「生女真」，亦臣于契丹。後有酋豪，受宣命爲首領，號太師。契丹自賓州混同江北八十里建寨以守。又云契丹乘唐衰，興北方，併吞諸番三十六，女真在其中。契丹恐女真爲患，誘豪右數千家，處之遼陽之南而著籍焉，分其勢，使不得與本國通，謂之「合蘇欵」。自咸州東北分界入宫口至東沫江，中間所居之女真，隸咸州兵馬司，與其國往來無禁，謂之「回霸」。極遠而野居者，謂之「黄頭女真」。又，居東沫江之北、寧州江之東，地方千餘里，人户十萬餘，無大君長，亦無國名，止是族帳，散居山谷間，自推豪傑爲酋長。小者千户，大者數千户，蓋七十二部落之一也。僻處契丹東北隅，臣屬一百餘年，世襲節度使，兄弟相傳，周而復始。或又云其初酋長本新羅人，號完顏

校勘記

【二】拏氏　《大金國志》作「姓拏氏」，《説郛》借樹山房藏明鈔本作「性奴子氏」。

氏。完顔，猶漢言王也。女真妻之以女，生二子，其長即胡來也。其自此傳二人，至傷瞎大師，以至阿骨打，以其國産金及有金水源，故稱爲大金。

初興風土

女真在契丹東北隅，地饒山林，田宜麻穀，土産人參、蜜蠟、北珠、生金、細布、松實、白附子，禽有鷹鸇、海東青之類，獸多牛、馬、麋鹿、野猪、白彘、青鼠、貂鼠。其人勇悍好詐，貪婪殘忍，善騎射，喜耕種，好漁獵。每見野獸之蹤，躡而求之，能得其潛伏之所。又以樺皮爲角，吹作呦呦之聲，呼麋鹿而射之。其居多依山谷，聯木爲柵，或覆以板與梓皮如墻壁，亦以木爲之。冬極寒，屋纔高數尺，獨開東南一扉。扉既掩，以草綢繆塞之。穿土爲牀，煴火其下，而寢食起居其上。厚毛爲衣，非入室不撤衣，衣履稍薄則墮指裂膚。雖盛夏，如中華初冬。俗勇悍，喜戰鬥，耐飢渴辛苦。騎上下崖壁如飛，濟江河不用舟楫，浮馬而渡。其樂惟鼓笛，其歌惟鷓鴣曲，第高下長短如鷓鴣聲而已。其疾病無醫藥，尚巫覡，病者殺猪狗以禳之。或用車載病者，入深山大谷以避之。其親友死，則以刀割額，血淚交下，謂之送血淚。死者埋之而無棺椁。貴者生焚所寵奴婢、所乘鞍馬以殉之。其祭祀飲食之物盡焚之，謂之燒飯。其道路無旅店，行者息於民家，主人初則拒之，拒之不去，方具飯食而納之。其市無錢，以物博易。無工匠，其舍屋車帳往往自能爲之。其禮則拱手退身爲喏【二】，跪左膝、蹲右膝，拱手摇肘爲拜。其節序，元旦則拜日相慶，重午則射柳祭天。稅賦無常，隨用度多寡而斂之。與契丹言語不通，而無文字。賦斂科發，刻箭爲號，事急者三刻之。多以牛驢負物，遇雨則張牛革以禦之。緩則射獵，急則戰鬥。宗室皆謂之郎君，事無大小，皆屬焉。

男女冠服

金俗好衣白。櫟髮垂肩，與契丹異。垂金環，留顱後髮，繫以色絲，富人用珠金飾。婦人辮髮盤髻，亦無冠。自滅遼侵宋，漸有文飾。婦人或裹逍遥，或裹頭巾，隨其所好。至於衣服，尚如舊俗。土產無桑蠶，惟多織布，貴賤以布之粗細爲別。又以化外不毛之地，非皮不可禦寒，所以無貧富皆服之。富人春夏多以紵絲、錦衲爲衫裳，亦間用細皮布；秋冬以貂鼠、青鼠、狐貉或羔皮，或作紵絲紬絹。貧者春夏并用爲衫裳【三】，秋冬亦衣牛、馬、猪、羊、猫、犬、魚、蛇之皮，或獐、鹿、麋皮爲衫。褲襪皆以皮。至婦人衣曰大襖子，不領，如男子道服；裳曰錦裙，裙去左右各闕二尺許，以鐵條爲圈，裹以繡帛，上以單裙襲之。

【二】其禮則拱手退身爲喏　「喏」原作「諾」，據諸本改。

【三】貧者春夏并用爲衫裳　「用爲」原作「以」，據諸本改。

婚姻

金人舊俗多指腹爲婚姻。既長，雖貴賤殊隔，亦不可渝。婿納幣皆先期拜門，親戚偕行，以酒饌往。少者十餘車，多至十倍。飲客，佳酒則以金銀瓶貯之，其次以瓦瓶，列於前，以百數，賓退則分餉焉。先以烏金銀杯酌飲，貧者以木。酒三行，進大軟脂、小軟脂，如中國寒具，以進蜜糕，人各一盆，曰茶食。宴罷，富者瀹建茗，留上客數人啜之，或以粗者煎乳酪。婦家無大小，皆坐炕上。婿黨羅拜其下，謂之男下女。禮畢，婿牽馬百匹，少者十匹，陳其前。婦翁選子姓之別馬者視之，好則留，不好則退，留者不過什二三。或皆不中選，雖婿所乘，亦以充數。大抵以留馬少爲耻。女家亦視其數而厚薄之，一馬則報衣一襲。婿皆親迎。既成婚，婿留于婦家，執僕隸役，雖行酒進食，皆躬親之。三年，然後以婦歸，則婦氏用奴僕數十户、牛馬數十群，每群九牸一牡，以資遣之。夫謂妻爲薩薩，妻謂夫爲愛根。一云婚嫁，富者以牛馬爲幣，貧者以女年及笄，行歌於途。其歌也，乃自叙家世、婦工、容色以伸求侶之意。聽者有求娶欲納之，即攜而歸，後方補其禮【四】，偕來女家，以告父母。父死則妻其母，兄死則妻其嫂，叔伯死則姪亦如之。無論貴賤，人有數妻。

【四】後方補其禮　「其」原作「具」，據《古今逸史》本、《歷代小史》本、《說郛》宛委山堂本改。《說郛》鈕氏世學樓鈔本、借樹山房藏明鈔本作「後方具禮」。

飲食

飲食甚鄙陋，以豆爲醬，又嗜半生米飯，漬以生狗血及蒜之屬，和而食之。嗜酒，好殺，釀糜爲酒，醉則縛之俟其醒，不爾，殺人。

皂隸

皂隸出身與蔭人等，甚以爲重。如州郡都吏出職，并補將仕郎，授録事、判官、司徒、司判、寺丞。至儒林，亦蔭子。部吏缺人，令州縣擇人貢之。十年無公私過，補昭信校尉，授下縣令或録事，漸爾亦可至知州、同州。

浮屠

浮屠之教，雖貴戚望族，多捨男女爲僧尼，惟禪多而律少。在京曰國師，師府曰僧録、僧正，列郡曰都綱，縣曰維那。披剃威儀，與南宋等。所賜號，曰大師，曰大德，并賜紫。所謂國師，在京之老尊宿也。威儀如王者，國主有時而拜，服真紅袈裟。升堂、問話、講經，與南朝等。僧録、僧正，師府僧職也，皆擇其道行高者，限三年爲任，任滿則又别擇人。張官府，設人從，僧尼有訟者，皆理而决遣之，并服紫袈裟。都綱，則列郡僧職也，亦以三年爲任。有師號者賜紫，無者如常僧服。維那，縣僧職也。僧尼有訟者，杖以下決遣之，杖以上者，并申解僧録、都綱司。

道教

金國崇重道教，與釋教同。自奄有中州之後，燕北燕南皆有之。所設道職，於師府置司，正曰道録，副曰道正。擇其法籙精專者授之，以三年爲任，任滿則别擇人。其後熙宗又置道階，凡六等，有侍宸、授經之類。諸大貴人奉一齋施，動獲千緡。道教之傳，有自來矣。

科條

金國之法極嚴。殺人剽劫者，掊其腦而致之死，籍其家爲奴婢。親戚欲得者，以牛馬財物贖之。其贓以十分爲率，六歸主，四没官。罪輕者決柳條，罪重者贖以物。貸命則割耳鼻以志之。其獄掘地數丈，置囚於其中。罪無輕重，悉笞背，州縣官各許專決。當其有國之初，刑法并仍遼制。常刑之外，又有一物曰沙袋，以革爲囊，實以沙石，繫於杖頭。人有罪者，持以決其背，大率似脊杖之屬，惟數多焉。自熙宗立，始加損益，首除沙袋之制。至皇統間，又下學士院，令討論條例，頒行天下，目之曰「皇統新制」，近千餘條。海陵弑熙宗自立，又去脊杖，以其近人心故也。斬刑者，與上古之制一也。處死者，免決重杖，止令紟。紟，絞也。流者，不流犯人之家屬也。徒者，非謂杖脊代徒，實拘役也。徒止五年，五年以上即死罪也。徒五年，則決杖二百；四年，百八十；三年，百六十；二年，百四十；一年，百二十。杖無大小，止以荆決臀，實數也。拘役之處，逐州有之，曰都作院。所徒之人，或使之磨甲，或使之土工，無所不可。脚腕以鐵爲鐐鐮鎖之，罪輕者用一，罪重者二之，朝縱暮收，年限滿則逐便，不得依舊爲百姓。刑法與舊不相遠，惟僧尼犯姦者，强盗不論得財與不得財，并處死。强奸者罪死，則與古法異矣。

赦宥

金國以赦宥最爲大事，或改元，或生子，或册封，或遷都，或災異，并皆肆赦，罪無減等，一例放之。每赦必有恩，内外大小文武百官并與覃遷一資。熙宗臨季年，一歲兩赦。海陵立，常謂赦宥非國家常典，若惠奸宄，則賊良民，詔告天下：自今以往，更不議赦。不兩年，躬自蹈之【五】。其後，復有改正隆赦【六】。迨世宗立，纔數年間，已降三赦。然洪忠宣公《松漠紀聞》云【七】：「北朝惜赦，無郊霈。余銜命十五年，纔見兩赦。一爲余都姑叛，一爲皇子生。」豈是時天會年間惜赦，而此後不惜赦耶？

【五】躬自蹈之　「自」原作「而」，據諸本改。

【六】復有改正隆赦　「隆」原作「條」，據諸本改。「改正隆赦」，《説郛》借樹山房藏明鈔本作「改元降赦」。

【七】松漠紀聞云　「松漠」原作「漢北」，據諸本改。

屯田

屯田之制，本出上古。金國行之，比上古之制尤簡。廢齊國後，慮中州懷土三户之意，始置屯田軍。非止女真，契丹、奚家亦有之。自本部族徙居中土，與百姓雜處，計其户口，給賜官田，使自播種，以充口食。春秋量給衣服，若遇出軍之際，始月給錢米。米不過十斗，錢不過數千。老幼在家，依舊耕耨，亦無不足之歎。今屯田去處，大名府、山東、河北、關西諸路皆有之，約一百三十餘千户，每千户止三四百人。所居止處，皆不在州縣，築寨處村落間。千户、百户，雖設官府，亦在其内。

田獵

金國酷喜田獵【八】。昔會寧四時皆獵。海陵遷燕，以都城外皆爲民田，三時無地可獵，候冬月則出，一出必逾月。后妃、親王、近臣皆隨焉。每獵，則以隨駕軍密布四圍，名曰圍場。待狐、兔、猪、獐、麋鹿散走於圍中，國主必先射之，或以鷹隼擊之，次及親王、近臣。出圍者，許諸餘人捕之，飲食隨處而進【九】，或與親王、近臣共食。遇夜或宿於州府縣，或宿於郊野，無定。海陵以其子光漢年十二獲獐，取而告太廟。熙宗尤甚【一〇】，有三事令臣下不諫，曰作樂，曰飯僧，曰圍場。其重田獵如此。

【八】金國酷喜田獵　「田」原作「佃」，據諸本改。下文「田獵」同。

【九】飲食隨處而進　「食」字原缺，據《大金國志》補。

【一〇】熙宗尤甚　「熙」，《説郛》借樹山房藏明鈔本作「世」。

兵制

金國凡用師征伐，上自大元帥，中自萬户，下至百户，飲酒會食，略不間列，與父子兄弟等，所以上下情通，無閉塞之患。國有大事，適野環坐【一一】，畫灰而議，自卑者始，議畢即漫滅之，不聞人聲。軍將行，大會而飲，使人獻策，主帥聽而擇焉。其合者，即爲特將，任其事。暨師還戰勝，又大會，問有功者，隨功高下多少支賞，舉以示衆，薄則增之。

旗幟

金國以水德王。凡用師行征，旗皆尚黑。雖五色皆具，必以黑爲主。尋常車出入，止用一日旗，與后同乘，則加月旗。二旗相間而陳，或數百隊，或千餘隊。日旗即以紅綃爲日，刺於黄旗上；月旗即以素帛爲月，刺於紅旗上。近御則又有日月大繡旗二。如大禮、祫享、册封，一循古制，旗無大小，皆備焉。然五方、五星、五嶽、青龍、白虎、朱雀、玄武、神鳳外，又有五星聯珠一、日月合璧一、象二、天王二、海馬二、鷹隼二、太白三【一二】。近御又張一大旗，其制極廣，錯綜神物，以猛士執之，傍有數十人護之，各施大繩以借風勢，名曰蓋天。

【一一】適野環坐　「適」原作「邊」，據《大金國志》改。

【一二】太白三　「太」原作「大」，據諸本改。

車轍

后妃并用殿車。其車如五花樓之狀，上以錦繡青氈爲蓋，四圍以簾，秋冬亦用氈，并用金飾緣柱廊，月板護泥皆飾以金玉。或四輪，或兩輪，并朱。車之四角，后用金鳳，妃用金孔雀。如一品、二品車，車之四角，夫人并用銀螭頭。國王轍或紅或黄無定，以金龍爲頂蓋。后用金鳳。太子用金龍。妃紫轍，用孔雀。一品青轍，用銀浮屠。二品、三品用紅浮屠。四品、五品，青浮屠。

服色

服色，各以官品論。如五品官，便可服五品服。如武臣，至四品，皆腰横金；若文官，則加魚，不待錫賜而皆許自服焉。國主視朝服，純紗幞頭，窄袖赭袍，玉帶，黄滿領。如遇祭祀、册封、告廟，則加衮冕法服。平居閑暇，皂巾雜服，與士庶同。

遼東志略

◎戚輔之撰

點校説明

《遼東志略》一卷，元戚輔之撰。戚輔之，字友仁。生年不詳。其《佩楚軒客談》中提及「趙學士子昂」，據《元史》，元世祖至元二十七年（一二九〇），子昂遷集賢直學士，則輔之卒年當在此之後。生平里貫均不詳。

《遼東志略》多取材於歷代正史，略述遼東地區諸部族之「歷代統屬」「因革事實」，涉及遼東、遼西、樂浪、玄菟等七地及肅慎、靺鞨、勿吉等二十二「夷國」。《遼東志略》所記簡略扼要，甚或有過簡之嫌，但其成書於元代，以時間而論，或爲現存東北方志之最早者，有其特殊意義。（孫文良、李向軍《〈遼東志略〉校理》）

是書載於《説郛》。《説郛》諸版本中，《遼東志略》見於張宗祥輯涵芬樓本卷九十七、宛委山堂本卷六十二、鈕氏世學樓鈔本卷九十七、借樹山房藏明鈔本（未標卷次）、滹南書舍鈔本卷八十、涵芬樓藏明鈔本卷九十七。本次點校以中國書店一九八六年據涵芬樓一九二七年影印本爲底本，校以其他諸本。孫文良、李向軍之《〈遼東志略〉校理》采用之底本爲日本關西大學泊園文庫藏本，與宛委山堂本大略相同，應爲同一系統，亦以參校。上海古籍出版社《説郛三種》附有張宗祥一九五八年以休寧汪季青家藏明鈔殘本校涵芬樓本之校勘記，其中於《遼東志略》亦有關涉，亦以參考。

遼東地方數千里，東逾鴨緑而控朝鮮，西接山海而抵大寧，南跨溟渤而連青冀，北越遼水而亘沙漠。又東北至奴兒干，梁海有吉列迷【一】。諸夷之地，咸屬統内。稽古州郡，有沿有革，或合或分，名號不一，難以概載。若不備之於注，則始末奚詳？今以歷代統屬提其要，而以因革事實繫于下【二】，繼之以目。

遼東【三】

一曰遼東，遼在九州之東，故名遼東。

一曰遼陽，水北曰陽，遼東西之地，其南皆遼海【四】，故曰遼陽。

一曰襄平，遼東地所理，漢之城名，不知何所取義。郡名襄平者，以城而得名也。漢初有襄平侯紀通【五】，矯制納周勃于北軍，討平諸吕。

遼西

以在遼水之西，故曰遼西。上谷及漁陽【六】、大寧、廣寧迤東，皆古遼西地【七】。

樂浪音洛郎

漢武元狩中，開其地置郡。本朝鮮地，箕子所封高麗所都之平壤城，即漢之王儉城，

校勘記

【一】梁海有吉列迷　「迷」原作「廷」，據宛委山堂本改。

【二】而以因革事實繫于下　「以因革」原作「因以」，據宛委山堂本、鈕氏世學樓鈔本、滹南書舍鈔本、借樹山房藏明鈔本改。

【三】遼東　此標題原缺，據宛委山堂本補。

【四】其南皆遼海　「海」字原缺，據諸本補。

【五】漢初有襄平侯紀通　「紀」原作「統」，據滹南書舍鈔本、借樹山房藏明鈔本改。

【六】上谷及漁陽　「谷」字原缺，據滹南書舍鈔本、借樹山房藏明鈔本、涵芬樓藏明鈔本補。

樂浪之所理也。

玄菟

古朝鮮地，漢武置郡，去幽州東北三千里。明帝築玄菟城。

真蕃

東夷國名。應劭曰：「玄菟郡本真蕃國。」漢武置郡。

臨屯

漢武元狩中置郡。

帶方

古帶方國，漢末曹操置郡【八】，在遼東之東，屬平州。《括地志》云：「帶方故城在樂浪界。」

【七】皆古遼西地　「地」原作「也」，據諸本改。

【八】漢末曹操置郡　「郡」字原缺，據諸本補。

夷國

肅慎氏

《史記・虞舜本紀》：「北山戎、發、息慎【九】。」鄭玄曰：息慎【一〇】，五百里北與沃沮相接。自周武王至魏高貴鄉公、東晉元帝及石季龍時，皆貢楛矢，名石砮。其國東北山出石，其利如鐵，取以爲鏃，即石砮。

靺鞨

《括地志》云：「肅慎氏即今靺鞨。」有黑水靺鞨、渤海靺鞨。沈括曰：「黑山在大幕之北，有城在其西南，名慶州。予奉使，嘗帳宿其下，土石皆紫黑。水出其西，所謂黑水也。」靺鞨居黑水之北，因名黑水靺鞨【一一】。其渤海靺鞨【一二】，居扶餘城，爲阿保機所滅，改東丹國。

勿吉

本肅慎氏之國，後魏以後名勿吉。

挹婁

東夷種名，肅慎氏國也。在扶餘東北，即魏時挹婁國。

【九】息慎　「息」原作「肅」，據諸本改。

【一〇】息慎　《史記・五帝本紀》鄭玄注：「息慎，或謂之肅慎，東北夷。」據此，「息慎」下疑缺「或謂之肅慎」五字。

【一一】因名黑水靺鞨　「因」原作「國」，據宛委山堂本、鈕氏世學樓鈔本、滹南書舍鈔本、借樹山房藏明鈔本改。

【一二】其渤海靺鞨　「靺鞨」二字原缺，據鈕氏世學樓鈔本、滹南書舍鈔本、《說郛三種》所附之張宗祥校勘記改。

朝鮮

周初封箕子國于朝鮮，餘見後高麗注。

高麗

本朝鮮地，漢武置縣，屬樂浪郡。後漢以後，累代皆受中國封爵，都平壤城，即朝鮮國王儉城也。本扶餘别種，平壤城亦名長安，有水出靺鞨之白山，色若鴨緑水【一三】。人喜學，至窮理，亦矜勉。

新羅

居漢樂浪地，在百濟東南。魏平以後【一四】，分王三韓之地。

百濟

馬韓之屬也。本扶餘王東明之後。有仇台者，篤于仁信，立國于帶方故地，遂爲東夷强國。初以百家濟海，因號焉。東極新羅、高麗，西、南俱限海。其都曰居枝城，亦曰固麻城。

高句麗

東夷國名，居遼東之東，其先出扶餘。王嘗得河伯女，閉于室内，爲日光所照，既而有娠，生一卵，置暖處，有一男破卵而出，及長，字之曰朱蒙。其俗言朱蒙者，善射也，雖一矢，殪獸甚多。扶餘人欲殺之，朱蒙走紇骨城居之，號曰高句麗，因以高爲氏。

【一三】色若鴨緑水　「色」字原缺，據宛委山堂本、鈕氏世學樓鈔本、借樹山房藏明鈔本、涵芬樓藏明鈔本補。

【一四】魏平以後　「平」，宛委山堂本、借樹山房藏明鈔本作「晉」。

扶餘

地名，在長安城北。本高麗國王子名東明者【一五】，王欲殺之，走渡施掩水，因都扶餘，故以爲號。在高麗北，挹婁南。有軍事則祭天，殺牛觀蹄以占吉凶。解者爲凶，合者爲吉。其王葬用玉匣也。

東胡

東胡在瀛州之東北，營州之境即東胡烏桓地【一六】。服虔曰：「東胡乃烏桓之先，其後爲鮮卑。國在匈奴東，故號東胡。」

烏桓

與鮮卑皆東胡種。漢初匈奴冒頓破東胡，餘衆散保烏桓、鮮卑二山，因以爲族。

鮮卑

國在遼東。後有居遼水西者。餘見烏桓注。

渤海

本屬靺鞨附高麗者【一七】，姓大氏。南北皆新羅【一八】，東窮海，西初爲渤海郡【一九】，唐寶應初爲渤海國。北有五京【二〇】、十五府、六十二州。東京曰龍原府，南曰鴨緑府【二一】，去長安八十五里【二二】。

【一五】本高麗國王子名東明者　「名東」原作「東名」，據諸本乙正。「明」字原缺，據宛委山堂本、溥南書舍鈔本、借樹山房藏明鈔本補。

【一六】營州之境即東胡烏桓地　「營」原作「瀛」，據諸本改。

【一七】本屬靺鞨附高麗者　「本」原作「木」，據諸本改。「屬」原作「粟」，據溥南書舍鈔本、借樹山房藏明鈔本改。

【一八】南北皆新羅　《新唐書·渤海傳》作「南比新羅」。

【一九】西初爲渤海郡　《新唐書·渤海傳》作「西契丹」。

【二〇】北有五京　「北」疑爲「地」之訛。《新唐書·渤海傳》作「地有五京」。

【二一】南曰鴨緑府　《新唐書·渤海傳》作「西曰鴨緑府」。

沃沮【二三】

東夷國，在高麗馬大山之東【二四】。

辰國

古有三韓國，曰馬韓，曰辰韓，曰弁韓。此其一也。在朝鮮、真蕃之東，濊貊之南。

濊貊

東夷國名，三韓之屬，與高麗同種。在辰韓之北，高麗、沃沮之南，朝鮮之東，東窮大海。皆以濊爲氏。

北貊

北方貊種，即濊也，與高麗同種。在辰韓北，朝鮮東，東窮大海。

契丹

東胡種，居西樓，在潢水南、黄龍北，得鮮卑故地，或以爲鮮卑遺種。至元魏時，自號契丹。五代末，稱太陽契丹。其地有二水【二五】：一曰北也里没里，華言土河【二六】，源出中京西馬盂山【二七】，東北流；一曰島羅箇没理【二八】，華言潢河，源出饒州西南平地松林【二九】，在東流，至木葉山與土河合流爲一。相傳，初有男子乘白馬浮土河下，一婦人乘小車浮潢河而下，遇于木葉山，顧合流之水，遂爲夫婦，此其始祖。

【二二】去長安八十五里　「八十五」，鈕氏世學樓鈔本、濬南書舍鈔本作「八千」，涵芬樓藏明鈔本作「八十」。

【二三】沃沮　「沮」原作「阻」，據諸本改。

【二四】在高麗馬大山之東　「馬大山」，《後漢書·東夷列傳》作「蓋馬大山」。

【二五】其地有二水　「其」前原衍一「分」字，據宛委山堂本、鈕氏世學樓鈔本、濬南書舍鈔本、涵芬樓藏明鈔本删。

【二六】華言土河　「土」原作「正」，據《契丹國志·初興本末》改。

【二七】源出中京西馬盂山　「西馬盂山」，宛委山堂本作「西南盂山」，據《契丹國志·初興本末》《遼史·地理志》及《秦晉國大長公主墓志》諸出土墓志改。

女真

本完顏氏，始居按出虎水，于是國號大金。至阿骨打始大。按出虎，華言金地【三〇】。有金綫河，在今上京會寧府。女真種類不一，開原以南爲熟女真。宋以前曰女真，元祖名帖木真，改真爲直。

孤竹國

在平州，濱東海。《地志》【三一】：「孤竹國城在遼西令支縣【三二】。」

白霫奚 霫音習

奚本號庫莫奚，其先東胡宇文之别種。爲匈奴所破，竄居松漠之東，與突厥同俗。《魏書》「達奚、薄奚、統奚、吐奚」四氏，皆其部族也。至隋始去「庫莫」而但曰「奚」。唐末居陰凉川，在幽州西南，即白霫蠻也，鐵勒諸部之號。其後契丹强【三三】，奚乃舉部役屬于霫【三四】。有東、西奚。

【二八】一曰島羅箇没理　「島羅箇没理」，《契丹國志・初興本末》作「梟羅箇没里」。

【二九】源出饒州西南平地松林　「西南」原作「南西」，據宛委山堂本乙正。「地」字原缺，據宛委山堂本補。

【三〇】華言金地　「金地」，宛委山堂本作「金也」。

【三一】地志　據孫、李校理本，應作「地理志」。見《史記・伯夷列傳》司馬貞索隱及《漢書・地理志》。

【三二】孤竹國城在遼西令支縣　「令支」原作「今文」，據《漢書・地理志》改。

【三三】其後契丹强　「强」原作「號」，據宛委山堂本改。

【三四】奚乃舉部役屬于霫　「乃」原作「萬」，據宛委山堂本改。

佩楚軒客談

⊙戚輔之撰

點校説明

《佩楚軒客談》一卷，元戚輔之撰。戚輔之，生平已見《遼東志略》點校説明。佩楚軒應爲其室名。

《佩楚軒客談》篇帙短小，然所記駁雜，大抵爲兩類：一爲奇趣逸聞，一爲詩話詩法。觀其所記，大部爲宋末元初時事，其中涉及當時文壇名公如周密、趙孟堅、趙孟頫、李龔、金應桂諸人，應爲輔之舊聞或時聞，頗具價值；少部爲唐、宋間事，應爲輔之讀書之隨筆。

是書見於《説郛》及《古今説部叢書》。《説郛》諸本中，見於張宗祥輯涵芬樓本卷七、宛委山堂本卷二十七、鈕氏世學樓鈔本卷七、涵芬樓藏明鈔本卷七。《古今説部叢書》乃民國國學扶輪社采輯衆書而成，《説郛》亦在其采輯之列，其所收録之《佩楚軒客談》應亦出於《説郛》。諸本大致可歸爲涵芬樓本與宛委山堂本兩個版本系統，異文較多者，見於「《續曲洧舊聞》酒名」及「高續古東墅亭館名」二條，不惟文字多異，即條目中所列諸名之次序亦有舛亂。本次點校以《説郛》中國書店一九八六年據涵芬樓一九二七年影印本爲底本，校以《古今説部叢書》本，《説郛》宛委山堂本、鈕氏世學樓鈔本、涵芬樓藏明鈔本，亦參以地方志及其他材料。諸本之異文，難以斷其正誤者，存於校勘記中俟考。

高疏仙居玉峰山，四畔皆幽蘭，日采數十花，酌明水，箋《離騷》。自謂靈均有知，當領吾意也。

端淳間薦紳四絶：楊嗣翁琴，趙中父棋，張温夫書，趙子固畫。嗣翁號守齋，温夫字即之，子固號彝齋。

木瀆張思聰撫古帖，自名鳳鳳翻身。

杭社試燈花詩，周弁翁擅場，云：「燈花不結三春夢【一】，零落空餘寸草心。」周密字公謹。

趙碧瀾由祚，字右之，琴爲雪夜冰。

安溪山多竹鷄，山中人云春食蘭花。

檇李天聖寺，有唐宣宗墨迹御題羅漢本。府庠有父己鬲。

潘昉字庭堅【二】，號紫巖【三】，有鶴，字紫卿。

李龍字和父【四】，荷澤人【五】，家吴興三匯之交。效元白爲歌詩，不樂仕進。年登耄期【六】，自銘墓云：「孰生予，孰死予，予自不知；爲文之徒，詩之徒，今瘞於斯。孰知伯道之無兒！」未幾死。趙文曜爲志。葬之河道兩山間，梅樹百株。趙德符題其碣曰「宋詩人雪林李君之墓」。

趙子固謂姜堯章爲書家申韓【七】。

校勘記

【一】燈花不結三春夢　「燈花」，《説郛》宛委山堂本、鈕氏世學樓鈔本、涵芬樓藏明鈔本作「繁花」。

【二】潘昉字庭堅　「昉」，劉克莊《潘庭堅墓志銘》、《宋史·潘牥傳》作「牥」。「庭」原作「廷」，據《古今説部叢書》本、《説郛》宛委山堂本、鈕氏世學樓鈔本改。

【三】號紫巖　「號」字原缺，據《古今説部叢書》本、《説郛》宛委山堂本補。

【四】李龍字和父　「李龍」，《江湖後集》、同治《湖州府志》作「李韡」。

【五】荷澤人　《古今説部叢書》本、《説郛》宛委山堂本作「笠澤人」。

吴琚節使蓄雷氏琴，號九霄環珮。

周弁翁釀白醪，字曰秋玉。

金應桂字一之，雅標度，能歐書，受知賈似道。晚居西湖南山中，築蓀薜山房【八】，左弦右壺【九】，中設圖史、古奇器，客至，撫摩諦玩，清談纚纚不得休。每肩輿入城府，幅巾氅衣，望之若神仙然。

丙子之變，宫娥多北遷。有王昭儀下張瓊英題《滿江紅》於南京夷山驛，云：「太液芙蓉，渾不似丹青顔色。常記得，春風雨露，玉樓金闕。名播蘭簪妃后裏，暈生蓮臉君王側。忽一聲，鼙鼓拍天來，繁華歇。　龍虎散，風雲滅【一〇】。千古恨，憑誰説。對山河百二，淚痕沾血。客館夜驚塵土夢，宫車曉轉關山月。問嫦娥，垂顧肯相容，同圓缺【一一】。」

浩然齋有古龍涎香，自復古、睿思、東閣、瓊英、勝古、清觀、清燕、閱古以下，凡數十品。

季宗元云：中原人以黄華王庭筠字子端。字爲珍秘【一二】，猶江南珍温夫也。張即之。然明昌中任仲謀字亦淳，無江南鋒稜澆薄氣。

又云：俗以鏡臍懸玉籤，但知爲美觀。至見銅滑緑處，兩强不相下。以數千載傳世出土物，寶之不足，一旦磨蕩，壞之有餘。

【六】年登耄期　「耄」原作「耆」，據《古今説部叢書》本、《説郛》宛委山堂本、鈕氏世學樓鈔本、涵芬樓藏明鈔本改。

【七】趙子固謂姜堯章爲書家申韓　「趙」字原缺，據《古今説部叢書》本、《説郛》宛委山堂本補。

【八】築蓀薜山房　「蓀薜」原作「薜蘿」，《古今説部叢書》本、《説郛》宛委山堂本作「蓀蒒」，《説郛》涵芬樓藏明鈔本作「孫辟」。《説郛》鈕氏世學樓鈔本作「蓀薜」，據改。又見萬曆《錢塘縣志》、周密《高陽臺·寄題蓀壁山房》。

【九】左弦右壺　「壺」原作「琴」，據《古今説部叢書》本、《説郛》宛委山堂本、鈕氏世學樓鈔本、涵芬樓藏明鈔本改。

鏤花香印，東京有戚順者，極其瑰異。嗣後，羅昇、趙彦先、葉東、張彦使、馬玉效之【一三】，亦工緻。

《續曲洧舊聞》酒名：玉井秋香、薌林秋露向伯芳子恭新【一四】、黄嬌段子新、萼緑春范才元【一五】、瓮中雲【一六】易毅夫、清無底、金盤露阮腴老【一七】、桃花雨茅恕老【一八】、銀光胡長文【一九】、雲露【二〇】范至能、桂子香楊萬里誠齋自釀名冷香。

孟氏在蜀時製十樣錦，名長安竹、天下樂、鵰團、宜男、寳界地、方勝、獅團、象眼、八搭韻、鐵梗衰荷。

謝堂節使有石刻千卷，號爲金石友。

故宫中用縷金合硫黄發燭，名着合。

半金銅虎，漢兵制也。背刻篆云某處發兵符，腹上皆戊癸字。

趙學士子昂論作詩用虚字殊不佳【二一】，中兩聯填滿方好【二二】，出處纔使唐已下字，便不古。又云：歌曲八字一拍，當云樂節，非句也。今樂不用拍板，以鼓爲節，當云樂鼓對用，猶佳。

張仲實爲官時作目云【二三】：棋高一著，量減三分，能書大字，會篆碑文。

張模菊存米老與時書【二四】，自辨非顛也，謂之「辨顛帖」。

高續古東墅亭館名：秀堂、疏閣、分繡閣、足堂【二五】、雪廬、凉觀【二六】、聽雪齋、雪

【一〇】風雲滅　「雲」，《説郛》宛委山堂本作「雪」。

【一一】肯相容同圓缺　《古今説部叢書》本，《説郛》宛委山堂本、鈕氏世學樓鈔本作「肯相同，容圓缺」。

【一二】字爲珍秘　「字」原缺，據《古今説部叢書》本，《説郛》宛委山堂本、鈕氏世學樓鈔本、涵芬樓藏明鈔本補。

【一三】羅昇趙彦先葉東張彦使馬玉效之　「馬玉」原作「馬王」，據《古今説部叢書》本、《説郛》宛委山堂本改。「葉東張彦使」，《古今説部叢書》本、《説郛》宛委山堂本作「陳邦彦使」，依此，此句當斷爲：「羅昇、趙彦先、陳邦彦使馬玉效之。」

【一四】向伯芳子恭新　《古今説部叢書》本、《説郛》宛委山堂本作「向伯恭」。

壑、魚莊、曆齋、清香館、緑漪、墨沼、疏寮、遊雅齋、蘭磴、藏書寮、集硯亭、朝霞【二七】、藻景亭、巖壑亭【二八】、光壁鄉【二九】、剡興亭、蓬萊觀【三〇】、探春塢、霽雪亭、耶溪月、采蘭徑【三一】、陽月菴、雪凹【三二】、西窪、鼇峰、巖壑雲霞【三三】。

鴨脚，皮日休名曰玉棐。

唐宫中以診脉爲對脉。

【一五】范才元　《古今說部叢書》本、《說郛》宛委山堂本作「范方元」。

【一六】瓮中雲　《古今說部叢書》本、《說郛》宛委山堂本作「翁仲雲」。

【一七】阮腴老　《古今說部叢書》本，《說郛》宛委山堂本、涵芬樓藏明鈔本作「軟膄者」，《說郛》鈕氏世學樓鈔本作「軟腴者」。

【一八】茅恕老　《古今說部叢書》本、《說郛》宛委山堂本作「芳冽者」，《說郛》鈕氏世學樓鈔本、涵芬樓藏明鈔本作「芳恕者」。

【一九】胡長文　《古今說部叢書》本、《說郛》宛委山堂本作「胡長之」。

【一一〇】

雲露　《古今説部叢書》本、《説郛》宛委山堂本作「露雲」。

【一一一】

趙學士子昂論作詩用虛字殊不佳　「詩」前七字原缺，據《古今説部叢書》本，《説郛》宛委山堂本、鈕氏世學樓鈔本、涵芬樓藏明鈔本補。

【一一二】

中兩聯填滿方好　「聯填」二字原缺，據《古今説部叢書》本，《説郛》宛委山堂本、鈕氏世學樓鈔本、涵芬樓藏明鈔本補。

【一一三】

張仲實爲官時作目云　「官時」原作「時官」，據《古今説部叢書》本，《説郛》宛委山堂本、鈕氏世學樓鈔本乙正。

【一一四】

張模菊存米老與時書　「與」原作「興」，據《古今説部叢書》本，《説郛》宛委山堂本、鈕氏世學樓鈔本改。

【一一五】

足堂　《古今説部叢書》本、《説郛》宛委山堂本作「是堂」，《説郛》鈕氏世學樓鈔本作「足雪館」。

【一一六】

凉觀　《古今説部叢書》本、《説郛》宛委山堂本作「京觀」。

【一一七】

朝霞　《古今説部叢書》本、《説郛》宛委山堂本作「朝丹霞」。

【一一八】

巖壑亭　《古今説部叢書》本，《説郛》宛委山堂本、鈕氏世學樓鈔本、涵芬樓藏明鈔本作「巖壑臺」。

【一一九】

光壁鄉　《古今説部叢書》本，《説郛》宛委山堂本、涵芬樓藏明鈔本作「光碧鄉」。

【一二〇】

蓬萊觀　《古今説部叢書》本，《説郛》宛委山堂本、涵芬樓藏明鈔本作「蓬萊游」。

【一二一】

采蘭徑　《古今説部叢書》本、《説郛》宛委山堂本作「水蘭徑」。

【一二二】

雪凹　《古今説部叢書》本，《説郛》宛委山堂本、鈕氏世學樓鈔本、涵芬樓藏明鈔本作「雪峃」。

【一二三】

巖壑雲霞　《説郛》宛委山堂本、鈕氏世學樓鈔本析爲二，作「巖壑　雲霞」。